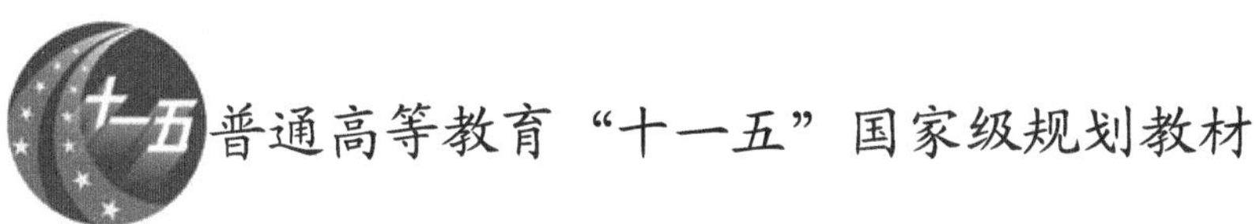

普通高等教育"十一五"国家级规划教材

全国高职高专市场营销类规划教材

服务营销

（第二版）

邱　华　主　编

谢建东　李　璐　熊　伟　副主编

谈留芳　主　审

科学出版社

北　京

内 容 简 介

本书根据教育部对高职高专人才培养目标的基本要求编写，较好地吸收了目前高等职业教育的先进思想，引用了“教—学—做”一体化设计理念，使本书的内容直接与实际的服务过程相连接，因而具有实用和可操作性强的特点。

本书共分三个部分：第一部分为分析篇，对服务过程进行了详细的分析与阐述，帮助读者形成对服务产品和服务营销的基本认识，主要包括服务与服务营销、服务消费行为分析、服务市场定位、服务质量管理和企业内部营销；第二部分为实战篇，这是本书的重点，着重介绍服务营销的策略、方法与技巧，主要包括服务产品与品牌策略、服务定价策略、服务促销策略、服务产品渠道策略、客户关系管理和服务有形展示；第三部分为应用篇，主要介绍服务营销的策略、方法与技巧在旅游业和金融业的应用实例，帮助读者提高营销知识的应用能力。

本书是作为高等职业院校市场营销专业的核心课程而编写的，也适用于经济管理类的其他专业，教学时数设计为 60 学时。本书由于全面贯彻了“教—学—做”一体化的设计理念，特别适合作为各类经济组织员工的培训教材。

图书在版编目（CIP）数据

服务营销/邱华主编.—2 版.—北京：科学出版社，2010
（普通高等教育“十一五”国家级规划教材·全国高职高专市场营销类规划教材）
ISBN 978-7-03-027715-2

Ⅰ.①服… Ⅱ.①邱… Ⅲ.①服务业-市场营销学-高等学校：技术学校-教材 Ⅳ.①F719

中国版本图书馆 CIP 数据核字（2010）第 094976 号

责任编辑：任锋娟 / 责任校对：刘玉靖
责任印制：吕春珉 / 封面设计：东方人华平面设计部

科学出版社出版
北京东黄城根北街16号
邮政编码：100717
http://www.sciencep.com
北京中科印刷有限公司印刷
科学出版社发行 各地新华书店经销
*
2004 年 8 月第 一 版 开本：787×1092 1/16
2010 年 8 月第 二 版 印张：20 1/2
2020 年 1 月第十三次印刷 字数：463 000

定价：49.00 元

（如有印装质量问题，我社负责调换〈中科〉）
销售部电话 010-62134988 编辑部电话 010-62135763-8767（VF02）

前　言

两年前，出版社的编辑告诉编者本书第一版被评为“十一五”国家级规划教材的同时，就提出了修订的要求。欣喜之余，编者也感到了很大压力，感觉修订困难较大。高等职业教育发展非常快，教学思想、教学内容和教学方法不断更新，新修订的教材必须与高等职业教育的发展相适应，既要彰显专业和课程特色，更要彰显高等职业教育的发展特点。如何达到这一目标，编者思考了二年。

2009 年 7 月，编者有幸到香港理工大学参加了一个高等职业教育培训班的学习，在此过程中，对高等职业教育有了一个全新的认识，同时也形成了本次教材修订的完整思路。本书是按“教-学-做”一体化的基本思想来设计，其基本目标是：第一，对教师的课堂教学设计有一定的指导意义；第二，向学生传授本课程的基本教学内容；第三，指导学生完成知识运用过程。其中，第三个目标是编者的最终目标——突出学生运用知识能力的培养。为了达到这个目标，编者做了一些大胆的创新。首先，每章开头设置了预期的学习成果，明确地告诉学生完成本单元学习内容后能够完成哪些工作。其次，每章都设计了情景模拟教学内容，让学生在一个具体角色模拟过程中学习如何运用知识，提高“做事”的能力。第三，课后的练习以“练”为主，然后才是文字表达，强化学生运用知识的过程。编者设计的思考与练习很多是在一般教材中找不到标准答案的。所以，本次编写的内容会与以前同类教材有较大的差异。编者认为，本书最大的特点是内容选择与设计尽可能地贴近实际服务过程，着重解决“如何做”的问题，从而最大限度地去体现高等职业教育的基本思想。

本书重新设计和编写了第一版中 80%的内容。参与本书编写工作的作者有教学经验丰富、思维活跃、富有创意的专业教师，也有丰富实战经验的企业管理者。他们是：武汉船舶职业技术学院的邱华老师，完成教材修订的整体设计，编写了前言、目录、参考文献和第一、二、七章等内容，并负责全书最后的统稿工作；四川商务职业学院的李璐老师，编写了第三、六、十二章；福建商业高等专科学校的谢建东老师，编写第五、八、十章；云南昆明冶金高等专科学校的张瑞珏老师，编写了第四、九、十一章；编者还特别邀请了中国建设银行湖北省钟家村支行的熊伟行长编写了第十三章，并负责全书实战部分的审稿工作。在此对这些老师的辛勤劳动表示衷心的感谢！

本书仍然聘请武汉船舶职业学院经济管理系主任谈留芳先生担任主审。感谢他为本书的写作提出了宝贵建议和评审意见。

编者要特别感谢香港理工大学工业中心的黄德辉老师。黄老师是国家教育部高等职业教育专家，在百忙之中认真审阅了本书的部分书稿，并就如何突出高等职业教育基本特点提出了许多具体的建议，为本书增色不少。感谢科学出版社的领导和责任编辑在本书编写过程给予的大力支持与帮助。

本书从章节设计到编写方法虽然都做了一定的创新，但限于我们教学研究水平和创新能力，一定还存在着很多不足的地方，敬请读者能够提出宝贵的意见与建议，以帮助编者做进一步的改进。期待与广大读者交流，共同提高。来信请寄：sun6128@qq.com。

邱　华
武汉船舶职业技术学院
2010 年 2 月

目　　录

分　析　篇

实 战 篇

应　用　篇

分 析 篇

第一章 服务与服务营销

预期的学习成果

1. 学生能够正确分析服务对现代人类生活的意义。
2. 学生能够举例说明服务的五个基本特征。
3. 学生能够概括出服务产品的基本类型。
4. 学生能够正确介绍服务营销方案的工作流程。

21世纪是以服务为主导的时代——服务经济时代，其显著特征是服务业的快速发展，并成为一个国家的主导产业。服务业对经济增长贡献率的大小已经成为衡量一个国家经济发展的标志。

2008年，美国次贷危机所引发的全球金融风暴，让我们感受到了服务业的发展对人类社会发展的影响。在这样的历史背景下，企业家都在思考：究竟什么是现代企业的核心竞争力？什么是现代企业生存与发展的关键？结论是优质的服务。

在服务经济时代，服务逐步成为现代企业经营管理的核心内容，服务营销已经成为企业参与市场竞争并获取竞争优势的主要手段。现代企业之间的竞争已不局限于产品和产品质量之间的竞争，而提升到围绕着产品所提供的服务和服务质量的竞争。做好服务项目设计、提高服务质量是每个企业都必须面临的新课题。

第一节　服务的概念与特征

一、服务的概念

早在20世纪50～60年代，市场营销学界就开始对服务概念进行研究。

当代最著名的市场营销学专家菲利普·科特勒在《营销管理——分析、计划、执行和控制》一书中是这样给服务定义：服务是交换的一方能够向另一方提供的任何一项活动或利益，它本质上是无形的，并且不涉及所有权转移。它的生产可能与某种有形产品相关，也可能毫无联系。尽管这是目前最能反映服务内涵本质的表达方式，但迄今为止尚未有一个权威性的定义能为人们所普遍接受。由此，我们至少获得以下信息：

1）服务是可以用来交换的产品。

2）服务可以是一种独立的产品，也可以是一种与有形实物相关联的产品。

3）服务的本质是无形的。

4）在服务交换过程中不存在所有权转移的问题。

二、消费者购买目的

3G时代的到来，正改变着我们的生活。很多人都在计划着使用3G手机，但每个人需求并不相同，电信公司必须根据不同需求设计出不同的解决方案（套餐）。消费者目的并不是为了拥有一部3G手机，而是购买满足其自身需求的解决方案(一个服务项目)。3G 手机只是作为消费者享受这项服务的媒介或载体而存在。现代营销理论认为，企业营销的重点已经开始从产品向服务转化，所有硬件（包括有形产品）都是作为服务的媒介而存在。

服务作为一个“独立”产品不是从售后才开始的，它贯穿于企业生产的所有环节：市场调查、产品设计、生产、广告宣传、产品销售、渠道管理、售后服务等。电信公司在推出3G手机之前，会做大量的市场调研，来了解消费者对3G手机的基本要求，从而设计出具有不同功能的手机和各种功能的使用方案。企业按要求生产并做相应的广告宣传和销售。消费者在购买产品的过程中会享受到产品介绍和使用指导等项目的服务。在产品使用过程中消费者还会享受一系列的售后服务。产品的购买只是其中的一个环节。

服务会给产品增加价值，产品在经过每一环节都会接受相关服务而被赋予新的价值。这种价值的高低取决于它是否真正地满足了消费者的利益。在实际购买过程中，有些服务是消费者能够直接感受到的，如产品介绍、使用说明、保修服务等，有些服务是消费者不能直接感受到的，如需求调研、产品设计、产品生产、销售管理等，它们都内化在产品的营销过程中，并通过产品的价格来体现。显然，企业只关注产品销售是远远不够的，还必须注重消费者在消费过程中的全部感受与满意程度。要做到这一点，并不只是售后部门的事情，而是需要企业各个部门的密切配合。

三、服务创造利润

服务在为消费者创造价值的同时，也在为企业创造利润。

案例

一个汉堡包的价值是多少

一个汉堡包的价值是多少，现在越来越难估计。大多数的西方人只要花不到0.5美元，即可得到一个可口、价廉的汉堡包，少数人会花1.5美元买一个大麦克或加奶酪的汉堡包，然而，这些又是过时的风尚了。当今人们随着生活条件的改善，越来越多的人情愿付4美元，买一种新近流行的汉堡包，即所谓美食汉堡，它在一些专门的豪华餐厅出售。

一个名叫起利的餐厅，要一个汉堡包外加薯条和饮料的菜谱，花费6美元，而同样的食物，一般汉堡包店只收2.5美元。但是对有些消费者来说，舒适的环境、豪华的设备加上美味可口的汉堡包，支付6美元完全合理，比到麦克唐纳店出售国王汉堡包的快餐店还划算。

同样是汉堡包，为什么不同企业从中获取的利润相距如此之大？首先是现在的消费者购买汉堡包已经不仅仅是为了满足最基本的温饱需求了，人们追求"吃的过程"享受。他们不仅希望购买到优质汉堡包，更希望获得全方位的问题解决方案；其次，不同企业提供的服务内容和服务质量是不同的，带给消费者的价值不同，给企业创造的利润也不同。

（资料来源：http://blog.veryeast.cn/u/blueyiwu/21485.html）

讨论：

1. 为什么不同的消费者对汉堡包的期望会不同，从而对某价值的估计也会大不同？

2. 在中国，同样的饮料、菜谱，在不同的地方价格也不相同，是否也是上述作用引起的？你若是一餐厅经理，从上述实例中得到什么样的启发？

四、服务的基本特征

服务的特征是相对有形产品而表现。表 1.1 对服务和有形产品的基本特征进行了对比。

为了将服务与有形产品区分开来，自上世纪 70 年代以来，许多学者对服务产品的共同特征进行大量的研究，从而形成了对服务本质性特征的共识。这些特征是：无形性、品质差异性、不可分离性、不可储存性和所有权的不可转让性。

表 1.1 服务和有形产品的差异性对比

有形产品	服　务
实体	非实体
形式相似	形式相异
生产、分销与消费过程分离	生产、分销与消费同时发生
一件物品、一种器械、一样东西	一个行动、一次表演、一项努力
核心价值在生产过程中产生	核心价值在买卖交易过程中实现
顾客一般不参与生产过程	顾客有很强的参与性
质量是一种技术特性	质量是感知的
可以储存	即时消费，无法贮存
涉及所有权的转移	不涉及所有权的转移

1. 无形性

一切服务本质上是无形的，这是服务区别于有形产品最基本的特征。它有两层含义：一是服务的组成元素在许多情况下是无形无质的，人们不可能通过触摸或视觉来感受它的存在；二是客户在消费服务所获取的利益有时很难直接感受到，也很难对这种利益进行准确评价。

2. 品质差异性

服务品质差异性是指服务的构成成份及其质量水平经常变化，很难统一界定。服务的主体与客体都是人。受人类个性的影响，使得不同的服务者因其素质、能力、态度不同所提供的服务质量效果存在差异。同时，由于顾客本身具有不同的知识水平、兴趣和爱好，他们的直接参与也使看似同质的服务具有千差万别的真实瞬间。

3. 不可分离性

服务的不可分离性是指服务的生产与消费过程在时间上是不可分离的。服务者向顾客提供服务的过程，同时也是顾客消费服务的过程。没有顾客的参与就没有服务的产出。

4. 不可储存性

服务的不可储存性是指服务不能在时间和空间上储存起来以备将来使用的特性。服务通常与特定的时间和特定空间相关联，一旦错过了特定时间或离开空间，服务就会立刻消失。这种不可储存性使得生产服务的设备与劳动力在销售淡季长期闲置，而造成资源浪费。在销售旺季，又会因缺乏存货使得客户需求得不到完全满足。因此，如何使波动的需求与企业的实际生产能力相匹配，成为了服务营销管理的一大难题。

5. 所有权的不可转让性

服务所有权的不可转让性是指在服务的生产与消费过程中不涉及任何东西所有权的转移。有形产品购买形式主要表现为物质的流动和所有权的转移，而服务在交易完成

后便自动消失了，顾客在消费过程中所获得的是服务产品的使用权或消费权，而不是所有权。

巧手点金

服务就是服务者向其客户提供的利益。而优质服务是指提供的利益必须达到或超过客户的期待。为此，我们必须解决好三个问题：①客户期待什么；②客户的期待满意的标准是什么；③如何达到并超越客户的期待，仅仅达到客户满意的标准还不够，还要做到最好。

案例

台湾“短命伞”

有一种来自中国台湾的新伞，因其质量低劣买回去后用不过二三次，人称“短命伞”。其销量在内地和台湾都很差。有一家商社却慧眼识真金，将这种伞打入了美国市场，仅在纽约就获得了两万多打的大订单。这家商社还断言，这种伞在欧洲发达国家有极大的潜力。

他们断定至少有两个因素可以使这种短命伞在美国畅销：一是美国人均占有汽车比率为世界之首，下雨天人们只在上下车这一短时间内需要伞，所以伞的利用率不高；二是近年来因交通堵塞，人们短途办事，宁可坐地铁、巴士或干脆步行，所以雨伞的需求在美国有上升趋势。一旦碰上雨雪天，人们乐意花上一两美元买上一把小巧好看但不结实的雨伞，用一次就扔掉。因价格低廉人们反倒不在乎它是否耐用。

这个商社还根据美国市场特点在流行色、花样和价格上大做文章。美国人性格开朗、热情奔放，他们将大量色泽鲜艳的短命伞倾销美国，而将库存的素色、黑色、深蓝色、咖啡色等色彩庄重的短命伞销往英国，以适应英国人保守、稳重的特点。其结果可想而知了。

（资料来源：傅浙铭．2004．产品与服务策略．广州：南方日报出版社）

服务像空气一样遍布在我们生活的每一个角落。生活中的每一项新的需求都会有一个或多个服务产品来满足。俗话说，办法总比问题多。关键是企业要善于发现客户需求，并设计相应的服务产品去满足客户需求。

技巧与方法

服务的无形性常常使我们的顾客在购买服务产品时瞻前顾后。因为购买之前他不知道服务的质量和服务的结果，不能试用，更不能带回家请家人帮助鉴别一下，消费风险无法预料。企业如何让客户打消顾虑，轻松地去消费你的服务产品呢？

(1) 认真挑选服务人员

在多数情况下，服务人员的营销努力决定了服务产品营销结果。这种努力不仅包括服务技能，更重要的是服务态度。

(2) 耐心、细致地介绍产品的特点以及产品会给消费者的利益

在客户货比三家的时候，这种介绍过程的效果对客户最后的购买产生直接影响。

(3) 建立良好的客户关系

良好的客户关系建立的基础是良好的沟通与互相理解。一般说来，当客户拿不定主意时，往往倾向于在其熟悉的地方消费与购买。

实战要点

服务的五个基本特征决定了服务者与客户之间的沟通非常重要。在与客户沟通时，应注意以下几点：

1）发现客户，了解客户的需求。

2）熟悉你的所有服务产品的特点，牢牢地记住它们。

3）根据客户的需求将其做简单的分类，然后依据产品特点对同类客户进行有针对性的沟通和服务。

情景模拟

1. 情景案例

小周是一家消费品公司负责开拓集团消费的一名客户服务人员，他经常说起拜访客户时的苦恼。他最担心拜访新客户，特别是初访，新客户往往是避而不见或者是在面谈二三分钟后表现出不耐烦的情绪。

问题：小周为什么会失败？他应该怎么做？

2. 角色模拟

假设你是一个刚开始工作的客户服务人员，在初次去访问客户时，要做什么样的准备？

3. 思维启蒙

作为客户服务主管，你对小周这样刚入职的下属会给哪些好的建议？

4. 参考答案

1）情景案例：很明显，小周并不熟悉开发客户需要的基本流程与技巧，他可以自己问自己几个问题：自己明确地知道初次拜访客户的主要目的吗？在见自己的客户时，

自己做了哪些细致的准备工作？在见自己的客户前，自己通过别人了解过对手的一些情况吗？在与客户面谈时，是自己说的话多，还是客户说的话多？知道自己的客户真正需要什么吗？

2）角色模拟：拜访客户，下列准备是必不可少的：有关本公司及业界知识、本公司及其他公司的产品知识、有关本次客户的相关信息、本公司的销售方针、广泛的知识、丰富的话题、名片、电话号码本等。

3）思维启蒙：尽快熟悉工作流程；多向有经验的同事请教与交流；走访客户前的准备工作一定要充分，特别是客户的背景资料尤其重要；沟通技巧是成功的关键；

第二节　服务的类型

一、服务的基本类型

服务触及到人类生活的每一个细节。实际上，从产品生产到产品消费过程中的所有环节都存在有各种各样的服务项目。不同的行业对服务的分类采取的标准并不相同。在此，我们做如下简单的归纳：

1）按时间关系，一般分为售前服务、售中服务和售后服务。例如，空调售前广告介绍、售中产品测试和售后产品安装等。

2）按服务的技术含量，可分为技术性服务和非技术性服务。例如，计算机维修属于技术性服务，而打扫卫生一般属于非技术性服务。

3）按服务与所需设备条件的关系，可分为以人为基础的服务和以设备为基础的服务。例如：法律咨询属于以人为基础的服务，健身房主要提供以设备为基础的服务。

4）按服务对象，可分为对个体消费者的服务和为企事业单位的团体服务。例如，银行专门设置为个人服务窗口和为企业服务窗口。

5）按服务提供者和客户的接触，可分为高接触和低接触的服务。例如，理发属于高接触性服务，电信一般都是低接触性服务。

6）按服务的地点，可分为定点服务和巡回服务。例如，商场提供定点销售服务，而公共汽车提供巡回服务。

7）按服务的收费要求，可分为免费服务和收费服务。例如，114 电话查询属于典型的免费服务，美容多属于收费性服务。

8）按服务的频繁程度，可分为一次性服务和经常性服务。例如，婚庆服务与出租车服务。

9）按提供服务的时间，可分为终身服务、长期服务、中期服务和短期服务。例如，在保险项目中，有的是终身保险、有的属于中长期保险，有的属于短期保险。

通过这种分类，我们可以了解到某服务的一般性特点。例如，技术性服务说明该项服务的技术要求较高，需要专业的技术人员来完成，如汽车维修。

二、服务的营销学分类

美国服务营销学家勒夫劳克（C.Lovelock）从市场营销的角度对服务提出了以下10项标准，并做了相应的分类，见表1.2。

表1.2 服务的分类

服务分类标准		服务项目举例
1. 服务的对象	人	保健、美容、教育、信息服务
	物	货物运输、干洗、保险、典当
2. 服务活动的无形程度	高	教育、信息服务、银行、法律咨询
	低	娱乐、兽医服务、修理、健身
3. 服务关系的时间特征	持续	银行、警察、电台、保险
	间断	出租车、邮政、电影院、产品加工
4. 服务关系的归属性质	正式	保险、银行、会员俱乐部、物业管理
	非正式	警察、电视台、物品快递、广告
5. 服务对客户个体重视程度	高	法律、装修设计、零售、家教
	低	中学教育、公共交通、电影院、航空
6. 服务人员灵活处理程度	高	建筑设计、研究生教育、理发、医疗
	低	酒店、银行、公共交通、电影院
7. 服务需求的波动性	大	电话、消防、餐饮、旅游
	小	银行、保险、法律、民政
8. 服务供求平衡的难度	大	餐饮、剧院、旅游交通、消费品供给
	小	汽车修理、宽带、户籍管理、理财服务
9. 服务地点	单一	社区管理、电影院、草坪修整、汽车租赁
	多点	公汽、公用电话、邮政、应急修理
10. 服务者与客户接头方式	客户上门	剧院、酒店、汽车美容、航空
	服务者上门	专业设备维修、草坪保护、空调安装、搬家
	双方接头	信用卡、电视台、广播电台、手机缴费

这种分类方式更多地考虑服务产品自身的特性，为服务营销的分析与操作提供参考依据。下面对以上10类服务产品营销做简单分析。

1）按第一分类标准，对人的服务产品营销应侧重于服务人员的素质和形象，而对物的服务产品营销应侧重于服务技术或设备的质量与功效。例如，百家讲坛聘请的都是知名学者。

2）按第二分类标准，无形性和抽象性比较显著的服务在营销中应尽量有形化、具体化，来弥补无形性带来的不足，如采取统一着装、设计鲜明的企业识别系统（IC）等。而比较“有形”、具体的服务在营销中应增加一点抽象、无形的东西，如美容营销应增加知识、文化气氛，让客户感受到美容背后的“学问”和美容对改善人的文化气质的好处。

3）按第三分类标准，提供持续性服务的企业应保持形象稳定性、可靠性上做好文

章，尽量不出差错。而提供间断性服务企业应抓住每一次服务机会，尽量缩短间断时间，增加服务频率。一家善于营销的电影院是不会放过每一次高票房率的机会。

4）按第四分类标准，服务企业应让持有会员卡的客户充分感受到“正式关系”的优越性，并不断强化它。

5）按第五分类标准，现代服务越来越重视客户个性化的需要，即使是公共服务也应细化服务内容，以满足不需要的群体。现代高等教育的专业细分较好地反映了这一发展趋势。

6）第六分类标准。有些服务项目有给定工作程序，有些服务项目没有给定的工作程序，需要服务人员灵活处理服务过程出现的各类问题。在管理上向一线服务人员适当授权，可以激励他们处理好各种非常规的问题。

7）第七、八分类标准。不同的服务项目需求弹性有较大的差异，如旅游和零售服务受季节的影响而表现出较大的需求波动。在需求旺季，应调动企业的所有资源来提高生产能力，做好每一项服务。而在需求淡季，营销重点应放在新客户的开发上，提高服务资源的利用率。折价机票是航空公司在淡季常用的营销手段。

8）第九分类标准。多网点的服务企业营销重点是网点布局与管理。单一网点的服务营销重点是市场吸引力和辐射力，其关键是服务产品的个性特色。随着服务企业跨区经营、跨国经营的发展，单一网点的服务越来越少，越来越多的企业选择多网点发展。

9）第十分类标准。采取把客户“请进来”服务营销，应将方便客户和有形展示作为重点。而采取服务人员“走出去”服务营销更多的是采取人员推销的营销技巧，服务人员技能与素质是决定性因素。

三、服务的多样性

我们把产品看作是能为客户提供某种价值的物体或过程的一个整体，那么，商品和服务可以被划分为产品的两个基本组成部分。在现实生活中，我们一般很难找出纯粹的商品或纯粹的服务。客户在购买商品时会同时购买某些服务，即使是购买像纯净水这样简单的商品，也会享受到商店给你提供的相关服务。客户在购买服务时，也几乎同时购买了某些商品。由此可见，消费者购买的产品总是由一系列商品成分和服务成分组成的整体。商品成分与服务成分的比例成为人们划分商品与服务的一个大致标准。按此标准我们可以将产品划分为五个基本类型。

1）纯粹的商品（如食盐、香皂等），且不带有明显的服务，其销售标的物是实体物品。

2）附带服务的有形商品（如汽车、空调等）其销售标的物是实体物品。

3）混合型，其包含有大致相同的商品与服务，如餐馆既提供食品又提供服务。

4）伴随有少量有形商品的服务。它是由一项主要服务和附加服务及辅助有形商品所组成（如航空旅行、医疗服务等），其销售标的物是一种非实体性产品。

5）纯粹的服务，其销售标的物是非实体性的项目，如信息、家政、园艺等。

要想把有形商品与无形服务严格区分开来显然是十分困难的。每一个行业都渗透着服务，它们的区分只是在于所包含的服务成分的多少。图 1.1 展示了产品形式的多样性。

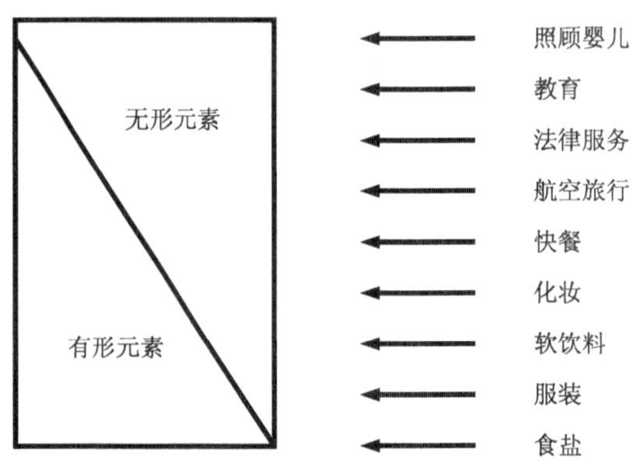

图 1.1　产品无形程度梯度图

产品形式的多样性使我们对产品概念有了一个全新的认识。任何产品都是由无形元素和有形元素构成，两者的比例是我们判断有形产品还是无形服务的参考依据。这也是长期以来广大研究学者无法准确描述服务产品的原因之一。关于产品的整体概念将在后续的相关章节做详细论述。

四、服务的层次性

服务可以分为五个层次，即不合格服务、基本服务、满意服务、超值服务和难忘服务，如图 1.2 所示。

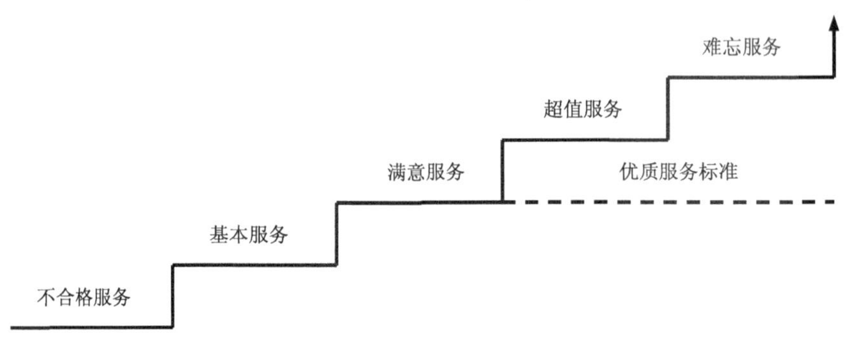

图 1.2　服务的五个层次示意图

1）不合格服务是指客户最基本物质利益没有得到满足的服务。服务者没有按要求完成服务内容和服务过程。

2）基本服务是指客户基本物质利益得到满足的服务。这是服务项目的基本内容，

通常会在服务项目表上看到，如餐厅的菜单、美容院价格表等。

3）满意服务是指客户从中得到心理上满意的服务。客户心理上的满足感来源于完美的基本服务（如色香味美的食物），更取决于服务者的服务过程，包括服务态度、服务技巧和亲和能力等。

4）超值服务是指那些可做可不做但做了之后能够让客户更加满意、收获更大的服务。一般说来，这类服务与基本服务内容没有直接联系，但做好这类服务，客户的满意度会大大地增加。

5）难忘服务是指客户根本没有想到的、远远超出其预期的服务。难忘的服务需要震撼客户的心灵，永远印刻在大脑之中。

巧手点金

服务的层次性是一种对服务的纵向分类方式，其意义在于为服务企业如何提供优质服务指明了方向。不同的服务项目在五个层次上的内容是不同的。企业领导应当认真研究企业的服务在五个层次上有哪些具体内容，明确下来，使其规范化、制度化，从而提升企业整体服务质量，并确保不会有“不合格服务”的情况出现。企业员工是直接为客户服务的操作者，其服务质量完全取决于他对“不合格、合格、满意、超值和难忘”的理解与认识。

案例

周明是一位有10多年驾龄的老出租车司机。上午11点左右，他在火车站附近遇到一位老太太，拖着一只沉重的行李箱。他主动停下车问老太太：“您好，请问您去哪？”老太太拿出一张纸条，说：“这儿，但很多人不知道。”周明一看就知道这是二十年前的老地址，赶紧说：“您别着急，我帮你找，您先上车。”说着就把老太太扶上车，并放好行李。

开车后，周明准备拿一张地图给老太太，后来一想，不对，老太太的眼神哪看得清楚地图上的字。于是，他和老太太聊天。老太太离开这个城市有二十余年，因城区改造，很多地名都没有了。老太太此次回来是看望自己的亲弟弟。二十几年来他们都是电话联系，而此次出行，老太太又忘了带电话号码。但她知道弟弟是住在一个棉纺厂附近。周明很快就将此信息发回公司，请他们帮助寻找。

眼看吃饭时间快过了，老太太有点着急了。周明说：“您别着急，很快会有消息来的。这附近有一个风味小吃，我带您去吃点东西，让您感受一下这个城市的变化。”刚吃上饭，消息就来了。他对老太太说：“地方找着了，您更不用着急了。放心吃，吃完了我就直接将您送到地方。您二十多年没有回来了，今天这顿饭算我给您接风好了。”

第二天，公司无线电台告诉他，说老太太送来一封感谢信，说他像亲生儿子一样对待自己。

从以上小案例我们可以看到，周明为老太太提供了一次难忘的服务。难忘的服务不需要刻意去设计，关键是要用心去做。因为很多时候都是在小事中体现出不平凡意义的。

出租车服务是我们生活中最常见、最简单的一个服务项目，我们可以将其归纳为如下四个层次：

1）基本服务，是安全、快捷、准时。

2）满意服务，是态度友善、说话礼貌，让乘客有一种受尊重的感觉。乘客上车时，司机要说："先生您好，请问您到哪里？"上车后，司机要说："请您系好安全带。"下车时，司机要说："下车请走好，带好您的随身物品。"这就是满意服务。

3）超值服务是，指与出租服务没有太多联系，但对客户能提供方便的一类服务，我们也称之为附加服务。司机主动下车帮助拿行李、开车门；主动为乘客提供当天晚报、面巾纸、当地旅游图和火车时刻表等。

4）难忘服务是，指乘客在乘坐出租车时享受到他根本没有想到的但远远超出其预期的服务。例如，当乘客东西太多而行动不便时，司机主动把乘客送到家中；当乘客将贵重物品丢在车上，司机在乘客下车地点耐心等待或将物品及时送到乘客手中。

优质服务仅仅完成基本服务是不够的，客户更在意服务者的工作态度、说话方式和行为的主动性。因此，优质服务标准应当建立在满意服务基础之上，不但要满足客户物质需求，还要满足客户精神上的需求。

课堂练习：如果你是一名出租车司机，你还可以为乘客提供哪些超值服务？怎样才能为乘客留下难忘的记忆？

技巧与方法

如果要为客户提供优质服务，至少应该牢记以下几点：

1）不要认为完成了自己应该做的内容客户就会满意，因为客户的期待往往与你做提供的服务内容不一致。

2）主动与客户沟通，了解其真正的需求，尽量满足客户的需求。这样做会大大提高客户对你的服务满意度。

3）为自己设计一张精美的名片，这是推销自己、提高服务可信度的简单而有效的方法，成本低，见效快。

4）千万不要认为附加服务是可有可无的。例如，客户买了一个空调，如果公司不提供免费的安装服务，客户是不会满意其产品和销售过程的。所以，要尽可能地提供附加服务，尽管客户不一定使用它，但他会感受得到。

5）站在客户的角度去认识自己的工作，会不断端正自己的工作态度。态度会左右工作表现和服务质量。

实战要点

优质的服务由众多的因素组成，下列因素会对服务的最后效果产生较大的影响。

（1）语言规范

语言规范包括日常礼貌用语、服务接待用语、电话咨询用语等。一般不用“不行”、“我不知道”、“这不是我的事”、“不清楚”、“没法做”、“您找别人吧”、“您自己去问吧”等语句。

（2）行为规范

按规定的要求着装，按规定的程序办事。避免接待客户不抬头，回答客户模棱两可。这是不尊重客户的表现。

（3）设计服务细节的内容

细节内容应根据服务者的能力素质和客户需求而设计，不能夸张，这样会造成承诺无法实现或成本过高。其结果同样会影响细节的服务质量。

（4）出了问题不能推卸责任

员工代表企业，把责任推卸给其他员工，其结果是一样的。因为客户不满意的是企业，不是员工个人。更不能在不了解情况下，将责任推卸给客户。

情景模拟

1. 情景案例

小王是一家公司的销售代表。一天晚上，公司经理给他打电话，让他明天上午8:10去拜访 客户，并告诉他客户的地址。第二天，小王刻意整理了自己的仪表才出门。他准时到了客户公司并与客户见了面。交换名片后，小王非常熟练地介绍了公司的背景、规模和经营范围与优势。客户听完介绍以后，提出想看一看产品项目的文字说明书。小王说：“经理昨天晚上电话里没有提到此事，所以我没有带。非常抱歉！”客户说：“那我们下次再找合作机会吧。”

问题：小王此事失败的原因有哪些？

2. 角色模拟

假设你是小王的顶头上司，你将如何与小王交流此事？

3. 思维启蒙

通过本案例，你认为小王最好的做法是什么？

4. 参考答案

1）情景案例：在本次拜访过程中，小王有三个明显失误的地方：①服务内容没有认真细化，导致了前期准备不充分；②不了解客户现实期待是什么，将客户最需要的资料没有带来；③将没带文字说明书责任推卸给经理，也间接地将责任推卸给客户，客户没有提出明确的要求。

2）角色模拟：批评小王，告诉他错在什么地方；与小王一起研究分析挽救此事的可能性；请小王在当天拟订一个补救方案，并尽快实施。

3）思维启蒙：上网查找一下客户公司的背景资料，了解客户真正的需求；向经理索取客户个人的相关资料；提前上班到公司拿到产品说明书和样品；必要时可向客户做产品操作演示。

第三节　服务营销的本质

一、服务营销组合的基本要素

服务营销组合是指企业对可控制的各种服务营销手段的综合运用。具体地说，就是企业根据环境特点，运用系统方法把服务营销的各种因素进行最佳组合，使它们互相协调配合，综合地发挥作用，实现企业的战略目标。服务营销组合主要包括七个基本要素：产品、价格、渠道、促销、人、有形展示和过程（见表 1.3）。

表 1.3　服务营销组合的基本要素及相关内容

要　素	内　容
产品	领域、质量、品牌、项目、保证、售后服务
价格	标准、折扣与佣金、付款条件、客户认知、质量、差异化
渠道	地点、可达性、分销领域、分销渠道
促销	广告、人员推销、营业推广、公共关系、宣传报道
人	人员选配：培训、选用、投入、激励、人际关系、工作态度
	客户管理：产品认知、行为管理、参与程度、客户之间的接触度
有形展示	装潢、色彩、陈列、噪声、硬件设备、实体线索
过程	政策、程序、器械化、员工能力、客户参与、活动流程

1. 产品

服务产品的主要表现形式为服务范围、服务质量、服务品牌、服务项目、服务保证和售后服务等内容。在具体的营销过程中，并不一定将这些产品因素都组合用上。事实上，不同的企业对其产品的营销重点并不相同。连锁店比较重视服务的覆盖面和服务项目的开发，独立店则强化品牌优势、质量取胜。

2. 价格

服务的无形性决定了人们在享受服务之前无法准确地评估其质量，通常是通过价格来认定服务质量的高低。区别服务质量时，价格作为一种识别方式，帮助客户认识一项服务给他带来的价值大小。这种服务价格与质量关系给企业营销带来了无限的设计空间。

3. 渠道

生产与消费的同步要求生产者与消费者必须面对面地去完成服务过程。生产者与消费者之间是零距离。这是一种最短的营销渠道，我们称之为零层渠道。因此，在营销策略设计中一般不考虑渠道长短，其重点是服务的地点、范围以及地缘的可达性。这里的地缘可达性可直接理解为能否方便地为客户提供服务。

4. 促销

尽管表 1.3 中所列举的促销方法与有形产品的促销方式是一样的，但在实际内容上有很大的差异性。服务营销诉求的重心是企业如何与客户的有效情感沟通，人员推销、公共关系成为了服务促销的主要手段。有形产品的促销手段主要是广告，这在我们现实生活中可以切身感受到。

5. 人

人在服务营销中是起决定性的因素，不仅因为整个服务过程必须由人来完成，而且实际上人是服务产品的一个不可缺少部分。在客户看来，服务营销就是服务者推销其服务技能的过程，服务者也就成为了服务产品（技能）的一个部分（载体）。如果到一个专业发型店理发，接待人员会问："您有专职的发型师吗？"由此人们就不难理解，医院将知名的专家、教授以专家门诊的形式进行营销。在服务者看来，客户同样是产品的一部分。客户是服务的对象，是服务结果的承载者和展示者。客户对服务产品的认知与展示，直接影响到其他客户对服务产品的态度。这也是为什么企业经常请名人做他们产品的代言人，他们将名人的影响力融入到产品之中。

6. 有形展示

在交易市场上没有有形展示的"纯服务产品"极少。现代服务营销运用有形展示的营销手段越来越多。从根本意义上讲，有形展示是帮助客户知道、了解、认识和评价服务产品，最终达到购买产品的目的。随着科学技术的发展，用于有形展示的要素越来越多，有硬件条件的展示，如服务环境、服务设备等，也有软件条件的展示，如服务程序、服务效果等。而有形展示的技术与手段是越来越先进。本书将在特定章节进行专门介绍。

7. 过程

服务是一个特殊的过程，它是服务营销的具体内容。过程的管理、人员的配备、政策的运用、客户的管理、设备的使用、程序的设计等，都构成了“过程”这个要素的基本因子。在具体的营销过程中，并不是所有的因子都会用上，这要根据服务项目的具体要求而确定。

在以上七个基本要素中，人是最重要的因素，因为不仅服务过程必须由人来完成，其他六项因素也是由人来操作完成的。在服务营销组合中，是以人为主线，来设计组合的基本框架和内容。在服务过程中，人的服务表现对整体营销效果产生决定性的影响。

二、制定服务营销策略需要考虑的因素

服务营销是对某一过程的营销，人的因素影响大，不确定因素较多。在制定服务营销策略时主要考虑以下因素：

1. 行业类型

每一个行业都有自己特定的服务项目和服务内容，所对应的营销策略是不相同的。“以设备为基础”的服务行业（如自动洗车）就会突出“设备营销”，有形展示成为营销策略的重点项目。“以人为基础”的服务行业（如家电维修），就会突出“技能营销”，人员推销也就成为营销策略的重点内容。因此，在制定服务营销策略前必须解决两个问题：一是这项服务如何实现；二是用什么设备或人来实施这项服务。

2. 购买动机

根据消费行为学理论，客房购买产品的行为都受到一定动机支配。深入了解客户为什么购买是制定营销策略前必须完成的一件事情。了解客户的购买动机，就可以有针对性设计营销策略，引导客户的消费行为。

3. 竞争特点

现代企业越来越重视运用“服务差异化”来取得市场竞争优势。不同的行业竞争特点不同，不同企业“服务差异化”的程度与内容也是不同。企业营销策略的制定应在充分考虑行业的整体竞争特点基础上，充分发挥企业“服务差异化”所带来的竞争优势，由此创造一种鲜明的企业和产品形象，并取得一种独特的市场定位。

4. 服务效率

许多劳动力密集型服务产业试图以机械化、规范化和利用各种科技及系统方法来提高服务效率。银行自动取款机就是一个典型例子。但“以人为基础”的服务项目往往不能借助于这些辅助的手段。服务效率的提高往往取决于服务者的技能水平和熟练程度。

5. 产品开发

竞争者的模仿会使“服务差异化”所带来的竞争优势会随着时间的推移而逐渐消失。这种现象要求企业不断地进行产品开发，来巩固这种“差异化”和竞争优势，做到“人

无我有，人有我新”。配套服务是现代社会的一个发展趋势（如社区物业管理），这对产品策略设计提出了更高的要求，即开发的不是一个产品，而是一组相关产品。

6. 对其他决策的影响

一般说来，一个大的营销策略制定与执行会牵涉企业的不同职能部门，功能性的冲突不可避免。从宏观面讲，营销策略的制定不能与企业的大政方针相冲突。在微观层次上，应充分发挥各部门的基本职能，加强沟通、协调与配合。

三、服务营销的概念

服务营销是现代市场营销的一个新领域，是在商品经济以服务为中心的背景下，从市场营销学科中独立出来的一门新学科。随着市场经济的不断发展，服务过程已经渗透到人类生活所有领域和工业产品生产的每一个环节，其作用已经远远超出了有形产品本身。企业经营者普遍认识到，现代企业的竞争焦点不是产品质量、产品销售，而是产品服务。服务开始成为企业经营管理的核心内容。

服务营销是企业为了满足客户对产品所带来的服务效用的需求，实现企业预定目标，通过采取一系列整合营销策略而达成产品交易的商务活动或过程。我们可以从三个层面来理解服务营销概念。

1. 服务营销的核心是满足客户对产品的需求

企业必须充分了解客户需求，有针对性地开发新的产品和新的服务项目。客户对产品的需求不是产品本身，而是产品所带来的利益。做好服务营销就是帮助企业如何更好地满足客户所需求的利益。

2. 服务营销的手段是一系列整合的营销策略

服务营销要取得实效，不能单靠某一项营销策略或措施，需要整合企业所有资源，调动企业全员参与，并提供一整套营销方案。这就是现代企业全员营销的基本思想。

3. 服务营销的目的是达成市场交易，实现企业预定的目标

服务营销的本质是研究如何促进产品（包括服务）的交换，它与市场营销在本质上相同的。

四、服务营销与市场营销的区别

由于服务具有无形性、不可分离性、品质差异性、不可储存性和所有权的不可转让性等基本特征，决定了服务营销与有形产品的市场营销之间的区别。主要体现在以下几个方面：

1. 营销的对象不同

市场营销的对象是一个看得见、摸得着的具体物质实体，人们可以通过外形、色彩

等要素去感受产品的存在。服务营销的对象是一项活动、一个过程，本质是无形的。人们更多的是根据服务设施和环境，或从他人传递的信息来感受它的存在。因此客户在购买服务产品时会承担较大的风险。

2. 客户的参与程度不同

有形产品的制造过程都是有固定的生产工艺和生产流程，客户一般不参与具体的生产过程。即使一些企业实行柔性化生产、个人定制生产，客户也仅仅是在产品设计过程中提出一些个性化要求，并没有完全参与生产过程。在服务营销过程中，客户作为产品的一个构成要素，必须全程参与。并且服务产品质量好坏与客户的参与程度有着直接联系。现代企业把客户管理作为了服务营销的重要内容。

3. 人的因素影响不同

有形产品在设计阶段受到人的因素较大，因为产品设计必须以满足客户需求为基本标准。一旦产品设计成熟并成为产品生产的标准时，人的因素影响就开始淡化。服务营销是一个服务者与消费者共同参与的过程，服务绩效的好坏既取决于服务者的态度、技能与素质，也与客户认知水平、参与行为密切相关。

4. 产品质量标准不同

有形产品一般都有严格的质量标准（国际标准、国家标准、行业标准和企业标准）。对照这些标准，就能有效地控制产品质量。在服务营销中，人为因素影响最大，从而导致了服务产品难以有统一的质量标准。虽然有些服务行业也制定的相应的标准，但多为一些定性标准，控制起来也有一定的难度，如酒店服务。不同服务者对服务标准的理解是有差异性的，执行标准的能力也可能不同，导致了服务质量不可控制性。

5. 时间因素影响不同

服务营销对时间因素的要求非常高，既要从方便客户的角度出发，制定准确而清晰的服务时间表，又要在有限时间内，及时、快捷地传递自己的服务，以缩短客户消费过程中的时间成本。在服务营销过程中，时间点和时间长度的管理会对客户的服务质量评价产生较大的影响。在许多医院，专家门诊服务都是以表格形式公示于众，并以预约和排号方式安排服务进程，最大限度降低客户等待的时间成本。有形产品的营销过程中很少会有这类问题，是因为产品在销售前已经储存好，随时可以用来消费。

6. 分销渠道不同

有形产品的销售可根据产品自身的特点，选择生产企业自己的渠道或利用中间商所建立的分销渠道。服务产品因其生产与消费同时性，只能把生产、零售和消费的地点结合在一起来推广产品，最多为了方便消费者而采取连锁经营的方式。服务企业的分销渠道一般都依附于企业生产过程，而不能独立存在。

巧手点金

服务营销有七个基本要素，由这七个基本要素可以组合出多种营销策略。每种策略都会因所针对的产品不同而表现出不同的营销重点。在具体操作上，每种策略都必须做好以下工作：

1）深入调研，准确把握客户期望与需求，这是制定服务营销策略的基础。

2）认真做好人员配备和团队建设工作，这是实施营销策略的根本保证。

3）确定“差异化”的具体内容，并彰显其特色。

4）客户回访环节的设计，这是我们在拟订营销策略方案时容易遗漏的内容。

技巧与方法

不同的客户在产品选购、使用和售后服务等方面都有迥然不同的需求，在区域文化差异性较大的市场，这种差异性显得更为突出。正是这种差异性的存在，使得服务营销策略方案没有一个固定模式。每一个方案都是针对不同的目标、不同的客户群体、不同的市场环境而设计。可以说，每一个方案都是一种创新。在此，我们提出一个服务营销方案的工作流程供大家参考（见图 1.3）。

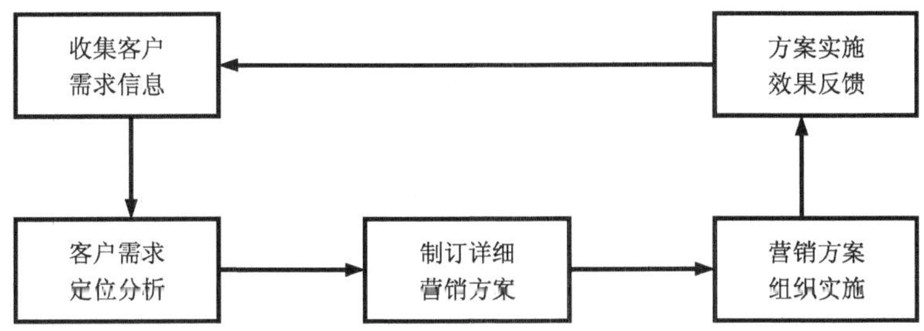

图 1.3 服务营销方案工作流程

（1）收集客户需求信息

收集客户需求信息可采用的方法非常多，大致可分三类：一是通过电话、拜访、客户联谊会等形式直接向客户收集；二是进行市场调研，观察记录市场上每位客户的具体表现；三是与企业内部员工交流客户信息，分享客户资源。

（2）客户需求定位分析

分析客户群体的需求层次，查找企业在产品或服务组合与客户需求的交叉点。这个交叉点构成企业服务营销的基本要求。

（3）制定详细营销方案

企业的目标不是仅仅满足客户的基本需求，而是通过营销过程，持续超越客户的期望值。因此，每个营销策略都是针对特定客户群所制定的产品服务解决方案。

（4）营销方案组织实施

通常企业会将自己最精干的团队放在直接面向客户的环节上，确保能为目标客户提供高品质的服务。

（5）方案实施效果反馈

注重客户意见与反馈，准确把握客户需求变化的趋势，及时调整和改进企业营销策略。这是提高客户满意度和忠诚度、留住老客户的必要手段。

实战要点

1）客户的真正需求不是产品本身，而是产品所带来的利益。这种产品背后的利益才是企业营销的切入点。

2）无论企业规模有多大，企业资源都是有限的。在制定营销策略方案时，要认真核算组织实施所发生的成本。基本要求是企业资源得到合理充分利用，既不能浪费，也不能负荷过重。

3）前期准备工作一定按时到位。在一个大的营销策略方案组织实施之前，召开一次准备会是必要的。确定每一个环节的责任人，让每一位参与者都明确自己的岗位、职责以及相关的工作要求。同时预测在组织实施过程可能会出现的问题，并提出解决办法。

情景模拟

1. 情景案例

于晶晶是一位非常聪明的女孩，刚到一家公司做文员。一天，部门经理让她做一次小型销售活动策划方案。小于是市场营销专业毕业，文笔又非常好，所以，她爽快地接受了任务。晚上回家后，她查找一下手头上的资料，看到了一个其他公司类似策划方案，做了精心修改，形成了自己方案。第二天，交给经理时，经理说："这么快？"小于得意地笑了笑。经理看完她的方案后，让她向老王请教一下，再重新做一次。经理还建议她做好方案后，先到各部门征求意见，修改后再给他看。

问题：小于第一次的方案问题出在哪？经理为什么建议她将做的方案拿到各部门征求意见？

2. 角色模拟

假如，你是一个公司营销部的职员。一天，部门晨会上，营销部经理说，准备启动一次营销活动，营销方案已经做好，其中某一项工作由你负责。下一步你该怎么做？

3. 思维启蒙

请分析小于的优势与不足。

4. 参考答案

1）情景案例：小于的第一次方案出现的问题是她没有根据公司实际情况拟订方案，只是将别人东西进行了修改。同时她也没有考虑各部门的工作情况和实施能力。主观上她过于自信。经理让她向老王请教，并到各部门征求意见，目的有三个：一是给她一个学习过程；二是告诉她任何方案制定都要依据公司的实际情况，包括各部门工作情况；三是给她一次团队意识教育。

2）角色模拟：当你接到任务后，应该做以下几件事：①认真阅读方案内容，明确自己的工作内容与工作要求，思考我该怎么做；②向有经验的同事请教工作方法与注意事项；③到与自己的工作相关部门走走，了解自己的哪些工作是需要别人协作的，别人有哪些工作需要自己协作的。

3）思维启蒙：略。

思考与练习

1. 选择一个服务项目，仔细观察其过程，并按不同的分类标准进行简单分类。
2. 有人说“没有服务就没有营销”，你同意吗？
3. 举例说明服务产品与有形产品的差异性。
4. 选择一个受时间因素影响较大的服务项目，分析时间因素对服务项目的影响。
5. 为你身边的人（可以是家人、邻居、同学、同事或朋友等）做一次服务，认真描述服务过程和意义。
6. 举例分析说明服务的四个层次基本内涵。

首家五星级妇科医院登陆武汉

欧式风格的装修、五彩缤纷的喷泉、金碧辉煌的大厅、温馨柔美的灯光、英伦管家服务，还有书屋、水吧、网络、瑜伽馆和超大会客厅的房间……这是一家星级酒店吧？不，是一家医院。2009 年 8 月 8 日，武汉首家欧式五星级妇科医院——武汉真爱妇科医院在武昌雄楚大道隆重开业。

“它颠覆了我对医院的传统印象！”在开业庆典现场上，不少市民由衷地感叹。走进医院，从大厅、走廊、电梯到不起眼的角落，处处尽显奢华大气。一间豪华 VIP 产房里，除了主人房，还有客房、陪护房，配备有专司厨房、休闲室，仅卫生间就有两三个，更有价值十多万元的贵妃榻和众多价值不菲的小摆设。多数人印象中对医院“一间房、一张床”的概念，早已荡然无存。

人性化服务与关爱也是该院特色之一。记者看到，医院各诊室装修风格迥异，每个诊室和病房的墙纸都不雷同。医院有关负责人解释说，采用什么色彩的墙纸，是根据不同类型病人康复需要而定的。此外，前来就医的患者还将享受“一医、一患、一诊室”的私密环境，“年轻妈妈在这里喂孩子，绝不会出现在传统医院里常见的尴尬场景”。

除了硬件，该院的“软件”也向一流服务看齐。据介绍，医院的导医和护士都是按照空姐的标准挑选的。他们不仅懂得使用各种现代医疗设备，讲一口流利的英语也是必备条件之一。而他们的薪水也远远高于同行，最高的月薪达到近万元。

“如此豪华的星级服务，收费肯定不菲吧？”该院有关负责人坦陈：医院的目标锁定为高收入人群，同样的服务在京、沪等大城市，每位产妇的收费约为 10 万元，考虑到武汉市场的承受能力，估计最低收费在万元左右。

（资料来源：张永波．2009-8-9．首家五星级妇科医院登陆武汉．长江商报）

案例讨论：

1．简要分析这家医院的服务优势。

2．请为这家医院做一个简单的营销策划方案。

第二章 服务消费行为分析

预期的学习成果

1. 学生能够简述我国目前服务消费的发展趋势。
2. 学生能够正确分析服务消费心理的基本特征。
3. 学生能够通过案例正确分析影响消费者购买行为的各种因素。
4. 学生能够正确评价消费者购买服务产品的决策过程。

21 世纪快速发展的服务经济，为人类生活提供了越来越丰富的服务产品或项目。人们选择和购买服务产品的行为直接或间接地受到其消费心理的支配。正是这种支配作用决定了消费者的心理活动必定是企业有效地制定服务营销战略和开展推广活动的重要依据。服务产品的消费行为不同于有形产品的消费行为，其消费心理因素的影响也有别于有形产品的购买过程及决策过程。服务营销的核心是研究消费者，研究消费者的服务购买行为特点，这是企业制定服务营销计划、决策企业营销组合的出发点。

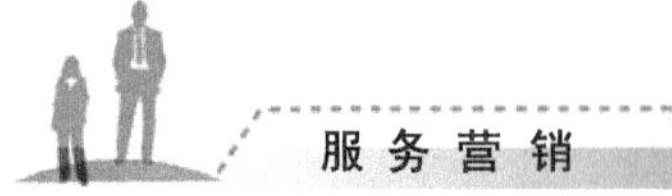

第一节　服务消费的趋势及其购买心理

一、服务消费发展趋势

美国著名消费者行为学家 M. R. 所罗门认为：改变消费者行为的许多生活方式都是由年轻消费者所推动的，他们不断地重新定义什么是最热门的而什么又不是。所以今天的营销界普遍认为：要想超越下一次浪潮，必须比竞争对手先想到消费者心里去。

2005 年，巴黎著名投资银行百富勤发布研究报告认为，中国将进入历史上第三个消费高峰，依据是："自 1978 年开始实施的计划生育政策，1982 年到 1998 年出生的独生子女，总人数已经接近了 3.2 亿，他们不喜欢储蓄，追求消费行为带来的舒适、便利和品牌个性，预计到 2008 年左右将成为中国消费的主力军"。2006 年百富勤就大胆预言，2016 年，将是中国的一个消费繁荣期，"80 后"一代将步入成年，并会成为消费的主力。数据表明：

1）中国的消费结构将随着"80 后"新生一代的消费能力的提升发生历史性的改变。

2）"80 后"一代将引领中国未来 10 年的消费发展大趋势。

"80 后"作为一个庞大的消费群体正在迅速崛起，他们的喜好、文化心理特征以及消费意识极大地影响、左右着时代的潮流趋势，也为企业拓展市场提供了更大的空间。纵观"80 后"一代的消费现状，不难发现，下列服务消费趋势已经开始形成。

1. 服务消费在消费结构中所占的比例呈上升趋势

目前中国居民的生活总体上已达到小康水平，人们的消费重点和消费结构开始发生变化。居民的吃、穿、用、住消费向优质、高档化迈进，花钱买健康、买知识、买时间、买时尚、买新鲜不再是年轻人的专利，而是大部分人正在形成的新的消费观念和追求。在物质需求得到了充分满足后，人们更多地将目光转移到精神享受方面，追求一种高品位的美好生活。为了节省时间，更快地获取信息，电话基本上代替了书信，因而电话费用将是个人的一笔固定支出；"80 后"一代是现代企业的主体员工，8 小时内快节奏、高效率工作方式使他们在 8 小时以外更愿意去享受别人提供的各类服务，使自己的身心得到充分的调节和休息；周末两天是休闲、娱乐和外出旅游的黄金时间，更多的人将其用于学习，进行自我提高，为今后的发展做准备。随着人们生活水平的进一步提高，可以预见，人们的需求多样化的特点将更加明显，满足精神愉悦的服务消费的比例会不断地增加。

2. 服务消费领域的多元化

服务消费已经不再局限于购买商品过程中所享受的各种利益，也不再停留在传统的服务业所提供的服务项目，而是扩大到社会的各个领域和个人生活的各个方面，包括社

会文化教育、人际交往、政治与法律、科学技术、社会组织系统等，其中很多都是全新的领域。网络已经成为“80后”最热衷的领域。还有社区管理、人才交流、技术咨询、法律援助、技能培训、考前辅导、酒后代驾等。可以这样讲，生活中的任何一个“不满意”都可能产生一个或多个为解决这样的“不满意”提供服务的产品。

3. 服务消费向高层次发展

科学技术的进步与发展，丰富了人们的生活，同时也不断提升人们的需求水平。人们对服务产品的需求已经开始向高层次的精神需求转移，如现代人在休闲和购物时就比较注重环境因素，因为优雅的环境能给消费者带来好的心情。有资料表明，现在图书馆内阅览室的上座率比10年前要高得多。事实上，教育作为典型的高层次服务消费项目，备受各阶层人士的重视，在这方面的投资占其收入的相当比例，当然也包括追求享受的“80后”群体。

4. 服务消费品不断地推陈出新

创新的源泉来自于消费者的需求。确切地讲，每一种需求都是服务产品的潜在市场。需求在变化，服务产品也应不断地推陈出新。银行卡、IC卡极大地方便了顾客的现金交易行为；因特网真正满足了人们“秀才不出门，全知天下事”的意愿；电信业分时计费服务给消费者带来了更多的实惠；无线通信的普及提高了信息服务的效率，促进了人们商务活动的开展。

5. 名牌服务意识增强

服务业发展之快，服务产品层出不穷，给人以目不暇接之感。尽管国家出台了《中华人民共和国消费者权益保护法》等相关法规，但由于在实施过程中缺乏规范的管理，欺诈性行为时有发生。“80后”一代喜欢新产品，但忠诚度一般不高，习惯将各种品牌换来换去，因为他们是在海量广告的浸泡中长大，遭受产品和各式信息的“缠绕”。他们更相信自己的感觉和判断，更注重品牌质量，更愿意到服务规范、信誉好、消费者信得过的星级服务企业进行消费。名牌商店是他们经常光顾的目标。

二、服务消费者的购买心理

心理因素是指消费者的自身心理活动因素，它包括需求、动机、经验 、态度、个性等。不同的消费者，其消费心理并不相同。这与每个消费者的社会地位、受教育的程度、个人的生活水平和消费能力等因素直接相关。

在如今这个科学技术占主导的知识经济社会中，一个社会地位和受教育程度均较低的人，其个人收入和生活水平一般都不会很高。他们的需求重点多在较低的物质需求层次上，以衣、食、住、行为主。由此而引起的购买动机和消费心理则突出地表现为求实和求廉、实用和符合个人承受能力是他们选择服务产品的基本标准。相反的情况是，具

有一定社会地位又受过高等教育的人，个人收入和生活水平一般都比较高。满足衣食住行的物质需求已不是他们需求的重点，他们追求较高的生活质量，讲究生活品位和精神享受。他们在购买商品和消费服务时，理性的思考较多，强调购买商品给自己带来更多的潜在利益。他们购买服装，不满足于着装和保暖，同时要展现个人的社会地位和个性特征，求名和求新的动机由此而产生。高等教育给他们带来了开阔的思维空间，也加快了他们消费观念的不断更新。他们更乐意接受新的产品或服务来满足自己新的需求。

据有关部门的问卷调查结果显示，目前消费者购买服务的心理特征主要有以下几点：

1. 追求新奇，讲究时尚

“喜新厌旧”是现代人消费过程中的正常心态。新产品、新功能、新项目、新包装都属于新奇的范畴。这是一个以“80后”的年轻人为主的消费群体，他们思维开放、活跃，受陈旧观念的影响较小，接受新事物快。他们在享受服务时，除了追求服务档次外，更喜欢服务的新奇。陶吧、水吧、书吧、保健操等服务项目都是为迎合消费者这样的心理而出现的，这是一个极富时代气息的人群。正因为如此，他们也成为了企业开拓新产品（新服务项目）市场的主要对象。

在美国的俄勒冈州，有一家名为“最糟菜”的餐馆。它的广告牌上写着：“请来与苍蝇同坐”、“食物奇劣，服务更差”，墙上贴出的即日菜谱上介绍的是“隔夜菜”。奇怪的是，尽管餐馆主人将自己的餐馆贬得一无是处，但开业15年来却常常门庭若市，座无虚席。不论是当地人或外地游客，都慕“最糟菜”之名而来，亲自到餐馆坐一坐，点上几个菜尝一尝，亲眼看看到底是怎么个“糟”法。其实，餐馆老板正是利用了人们这种逆反的好奇心理赢得了顾客。

2. 健康理念，回归自然

随着健康意识的增强，人们对自我安全的需求有了新的要求。吃饱穿暖、出行安全只是生存的基本需要，快节奏的现代生活更需要健康身体和健康心理。健康食品、保健品、健身器械、旅游物品、心理咨询服务和人寿保险服务等成为了现代人的消费时尚。城市生活中噪音、烟尘等各种人造污染严重，妨害人的健康；现代生活中的许多食物都是用化学物质加工而成的，在一定程度上对人体有害。为了健康，回归自然，现代城市人开始向农村流动，减少在城市生活的时间，尽可能食用天然食品。健康需求已不再是老年人的专利，事实上，现代许多中青年人也相当重视健康投资。

3. 追求名牌，张扬个性

“80后”一代喜欢在多姿多彩的生活中张扬自己的个性。市场上每一品牌的女性时装都有多种样式来满足不同个性和审美需求的女性，更有个性者可能自我设计或者请设计师专门设计。现代人已经开始注重自己的生活质量，在经济承受能力以内购买服务，

尽情地享受美好的生活，名品消费也就成为必然的趋势。伴随着个人的收入和欣赏水平的提高，人们对享受名牌服务产品的欲望也在上升。

4. 注重方便，讲究情趣

快节奏的现代生活使人们对“时间就是金钱”的理解更加深刻。如何帮助消费者节约时间也就成为生产厂商在开发新产品和服务项目时考虑的主要因素之一，快餐业的兴起就是一个较典型的例子。为了方便顾客，消费品小巧玲珑、操作简单成为了一种发展趋势，如小包装方便食品、笔记本电脑、MP3&MP4、一次性照相机等，都走进了现代人的生活。8 小时以内快节奏的重复工作，刻板而缺乏乐趣，人如同机器一般；8 小时以外，人们渴求一种轻松、愉快的自由空间，去追求生活情趣，享受美好的生活。因此，家庭影院、KTV、休闲馆、咖啡厅等提高生活品质服务走进了人们的消费领域。

5. 自我服务，理性消费

在这个以竞争为特征的社会里，竞争带来了压力，也带来了动力。为了适应激烈的竞争，人们越来越主动地去寻求那些为提高自身素质和能力的服务，如职业培训、专业进修等。这种理性消费反映出现代人的消费结构逐渐趋于合理化。计算机进入家庭和家庭设备的现代化反映了人们自我服务意识的增强。

中国的消费者人数众多、分布较广，消费者的收入水平、支付能力和购买习惯仍然存在着很大的差异，人们的消费心理也具有多样性，服务营销的决策者应充分考虑到这些情况。

巧手点金

服务的无形性和服务过程的不可重复性给广大消费者以带来购买过程中较多的不确定性和风险感，从而产生不安全心理。这种不安全心理就成为制约其消费行为的重要因素。当前影响消费者服务购买行为的不安全心理因素主要有以下方面。

1. 因信息不对称而引发的不安全感

信息不对称是指在交易活动中，交易双方中有一方拥有另一方所不知道的信息。对于消费者来说，所掌握的与交易行为和交易结果有关的信息可分为公开信息与隐蔽信息两种。公开信息是交易的双方都能拥有和掌握的信息，具有对称分布的特征；而隐蔽信息是一方拥有而另一方无法拥有的信息，它是以分散、不对称的形式存在的。由于信息不对称因素的存在，服务商为了获得交易中的主动权，可能隐瞒的真实信息，只向消费者传递对自己最有利的信息，以此提高消费者对自己的信任程度。在信息不完全和不对称的情况下，消费者不可能做出正确决策，安全风险就无法避免。

2. 因商业信用缺失而引发的不安全感

商业信用缺失是世界市场经济中存在的普遍问题。对市场经营者不良行为缺乏必要的法律与道德的约束，导致假冒伪劣商品泛滥成灾，商业欺诈行为频频发生。商业信用的缺失，引起了严重的商业信任危机，造成消费者对商品生产者和服务提供者所提供的商品和服务产生极度不信任感。这种不信任感进而形成消费者的不安全心理。

3. 因名牌产品频曝安全事件而引发的不安全感

名牌产品在消费者心目当中是质量和信誉的象征。但近年来，新闻媒体接连曝出国内外诸多知名品牌的产品安全事件，强烈冲击着消费者的消费心理。连知名品牌的产品都不可信，那么还有哪些产品可让人放心呢？

据最新消费安全调查显示：有超过九成的消费者将因为产品安全危机而改变消费习惯，在经历过多的产品安全事件后，68%的消费者对当前的消费环境没有安全感而缺乏信心。

技巧与方法

消费者在对某些产品失去安全感以后，最基本的反应是持币观望、拒绝消费该产品或选择竞争对手的产品。消费者为确保在消费过程中自身利益不受损害，就要最大限度地避免或减少这种安全风险，保障安全消费。具体可以通过以下方法：

1. 广泛收集信息，增加知识

消费者收集到的有关信息越多，掌握的知识越多，消费者判断能力越强，选择决策方案的自信心就越强，知觉到的安全风险就越低，安全心理也就越强。

2. 寻求较高价格产品

“一分钱一分货”在多数情况下还是真理。因为信息的不对称，消费者缺乏对产品和服务的实际了解，便倾向于用价格高低来衡量产品质量的好坏和服务的优劣，尤其对某些产品或服务知觉的安全风险较高而又无法消除时，消费者便容易采用高价格这一简便易行的方法。

3. 选择良好的销售渠道和消费场所

消费者在购买产品和服务尤其是与自身健康和安全紧密相关的产品和服务时，往往会通过安全度高、有信誉的销售渠道购买以寻求安全保证，如企业提供的退货制度、权威机构的检测报告、保险公司的质量保险或免费试用等。大部分消费者宁愿花更多的钱从一家值得信任的商家购买商品，也不愿从一家不了解的商家购买便宜货。这是目前为回避风险而采取的一种行之有效的方法。

4. 增强消费者权益的维权意识

消费者的利益要靠自己来保护，维权意识觉醒能形成一种强大的社会力量，迫使企业自律，推动政府有所作为。健全的法制将逼着企业注重消费者权益保护，而挑剔的消费者主张自身的权利也将使消费环境更加安全，使企业更加重视社会的公众形象。

实战要点

安全风险直接关系到消费者对产品或服务的接受程度，因此，企业应该采取多种策略降低消费者所感知到的安全风险，满足他们安全心理的需求。企业可以从以下几方面努力来构建消费者的心理安全。

1. 使消费者建立对品牌的信赖

品牌最根本的作用就是帮助消费者降低搜索信息的成本并降低感知风险，而消费者对任何一个品牌的信赖都是建立在良好体验基础上的。在现实生活中，当人们存在不安全心理时，往往依据对服务品牌的声誉和对名牌产品的认可做出购买决策，而不轻易购买或消费不熟悉或是从没听说过的产品或服务，以此来规避安全风险，满足其安全心理的需要。只有使消费者建立对品牌的信赖，才能够获得消费者的高度认同、信赖和忠诚，让消费者感觉到安全。

2. 在宣传产品信息方面突出安全性

加强营销过程中对安全性的诉求，可以帮助消费者提高对产品安全性的认识。主要有以下三种途径：

1）在营销中适当运用实像传播。实像传播引导消费者通过自己的感知去了解商品的安全性，比平面广告具有更强的说服力。

2）权威机构的鉴定，这是可信度较高的方式。

3）产品的试用，这是最直观的方式。

3. 选择有信誉的渠道来销售产品和提供服务

选择有信誉的销售渠道和良好的销售场所来销售产品和服务，使消费者买得放心。销售渠道因消费品的种类而异，如对于服装和家电可以采用设立专柜或专卖店的方式。服务人员的态度和专业技能水平也会影响到消费者的安全心理。一般情况是服务销售人员的专业技能水平越高，越能有效强化消费者决策时的安全心理。

4. 积极应对危机事件

危机事件发生后，企业如何应对直接影响到品牌资产和消费者对品牌的信任。在企业有很高预期的情况下，出现产品危机时不一定必然带来品牌资产的损失，如果反应得当，还可能将危机变契机，提升品牌价值。事前的严格检测和事后的主动召回应是企业处理隐患产品的根本措施。

1. 情景案例

珠海的张扬和吴倩来自北方的同一城市，他们因工作关系相识，因情感投缘成为恋人。职场八年拼搏，他们都有了自己的公司，也开始有了疲倦感。所以，他们希望有个自己的家，并计划在国庆黄金周结婚。但是他们没有太多时间打理结婚事宜，为此，他们决定请婚庆公司来解决问题。婚庆公司在了解二人基本情况后，提出了三点要求：一是婚前提前一周与策划人员沟通二次，时间为二个全天，其中一天主要是婚纱摄影；二是允许他们到他们公司参观一次；三是介绍一名他们最信任的朋友。

问题：张扬和吴倩为什么要请婚庆公司来筹划他们的婚礼?

2. 角色模拟

如果您是婚庆公司的营销策划人员，根据二人的基本情况和上述问题，您会为他们的婚礼做哪些创意?

3. 思维启蒙

婚庆公司三点要求主要解决什么问题?

4. 参考答案

1）情景案例：时间对他们来讲，是最宝贵的资源，所以，他们不希望在婚庆事情上花太多的时间和精力。时尚与个性、方便与情趣是他们的基本心态。

2）角色模拟：主要思路是策划一个别具一格的婚庆仪式，关键在细节创新。

3）思维启蒙：进一步了解他们和相关群体的兴趣、爱好，提供最满意的服务。

第二节　影响消费者购买行为的因素

如果不了解消费者为什么要购买一种服务、什么时候购买和经历怎样的决定过程，任何营销组合战略都不会成功。影响消费者购买决定的因素可以分为微观因素和宏观因素。

一、影响服务购买行为的微观因素

微观因素一般指对消费者购买行为产生直接影响的因素，我们也称之为直接影响因素。其主要包括消费者个体因素、服务产品因素、相关群体的影响、购买成本、购买信息来源和购后评价等。

（一）消费者个体因素

个体因素是指导消费者个体购买行为最关键、最直接的因素，包括心理因素和个人背景因素。

1. 心理因素

消费心理学认为，消费者的购买行为都是在一定心理因素作用下产生的，而其中影响较大的因素包括需求与动机、学习与知觉、态度与信念等。

（1）动机与需要

需求是指没有得到某种基本满足的感受状态。在服务购买过程中，消费者由于某种未满足的需求而引发动机，在动机的驱使下采取购买行为，使其需求得到满足。因此，需求是消费者产生购买行为的内因，而动机是购买行为产生的直接动力。动机是指人的愿望和理想，具有一定的方向性。因此，同样的需求对于不同的人来讲，可能会产生不同的动机和消费行为。为满足节约时间的需求，有人会采用“乘坐出租车”的方式来节约出行的时间，有人则会采取工作餐方式来节约用餐的时间。很显然，采取何种方式完全在于需求本身和动机的方向性。

（2）学习与知觉

学习是指人们通过不同渠道、运用各种方式获得后天经验的过程。消费者购后评价实际上就是一个典型的学习过程。消费者的购买态度很大程度上取决于其所学习和所经历的一切。心理学上将知觉定义为个人选择、组织并解释投入的信息，以便创造一个有意义的个人世界图像的过程。知觉的产生来自于有选择的学习。人们感觉到的刺激，只有那些与需求相关或出乎预料或目前等待等少数信息才会引起注意、形成知觉，多数会被有选择地忽略掉。而在这个学习过程中，人们对所注意的事物，往往喜欢按自己的经历、偏好、当时的情绪和情境等因素做出解释。这种解释可能与企业的想法、意图一致，也可能相差很大。人们会忘掉大多数信息，却总是能记住与自己态度、信念一致的东西。这类信息是否能留存于顾客记忆中，对其购买决策影响甚大。

（3）态度与信念

通过实践和学习，人们获得了自己的信念和态度，他们又反过来影响人们的购买行为。态度是人对事物持久的、一致的评价和反应，包括三个互相联系的成分，即信念，情感与倾向。态度的形成是渐进的过程，产生于与企业和产品的接触、其他客户的影响、个人的生活经历、家庭环境的熏陶等。态度一旦形成，不会轻易改变。信念是被一个人所认定的可以确信的看法，是对某事物坚定的态度与看法。信念可以建立在不同的基础上。例如：“吸烟有害健康”，以“知识”为基础的信念；“汽车越小越省油”，可能是建立在“见解”之上；某种偏好，很可能由于“信任”而来。消费者更易于依据“见解”和“信任”行事。

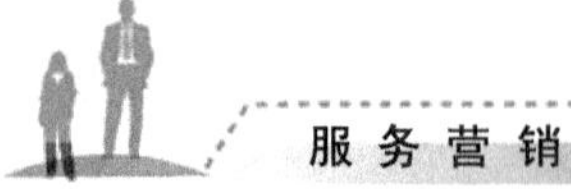

2. 个人背景因素

尽管这类因素比较多，但真正有直接影响的因素主要有以下几种。

（1）消费者的经济状况

即消费者的收入、存款与资产、借贷能力等。消费者的经济状况会强烈影响消费者的消费水平和消费范围，并决定着消费者的需求层次和购买能力。消费者经济状况较好，就可能产生较高层次的需求，购买较高档次的商品，享受较为高级的服务。相反，消费者经济状况较差，其服务需求主要集中在衣食住行等基本生活层次。有调查结果表明，在具有一定经济实力的现代消费者群体中，对音乐会、出国旅游等服务项目支出比例是最高的，女性美容支出及社会交际支出也占了较高的比例。

（2）职业和社会地位

不同职业者，对于商品的需求与爱好往往不尽一致。一个从事教师职业的消费者，服务消费会较多地注重文化品味；而对于时装模特来说，会更多地从审美角度去认识服务产品。社会地位对服务消费的影响日渐明显。社会地位较高的消费者一般会选择消费与身份和地位相对应的服务项目，如打高尔夫球等。

（3）年龄与性别

消费者对服务产品的需求会随着年龄的增长而变化。在当今这个社会，青少年和中年人对网络的依赖远远超过了老年人。老年人更多地需要身体保健和延年益寿的服务产品。男性与女性是两个完全不同的消费群体，其购买行为方式有很大差异。男性消费重结果，看准的产品就出手。女性消费重过程，喜欢逛街是她们的共性。在很多时候，她们逛街并不是目标明确，而是在逛街的过程中寻求一种自我满足感——发现并购买了一件自己喜欢的物品，至于这个产品是不是目前她所需要的，并不太重要。

（4）教育与审美观念

审美观念通常指人们对事物的好坏、美丑、善恶的评价。审美观念对理解某一特定环境中艺术的表现方式、色彩和美好标准等象征意义起了很大的作用。在不同教育背景下成长的人，其审美观念的差异非常大，而这种审美差异直接反映到我们生活的方方面面。受过高等教育的人审美标准会相对高一些，在消费服务产品过程会比较在意文化品味等内在因素。所以，企业在产品设计、广告创意的过程中要把握和重视审美标准，要将文化因素渗透于产品的设计、定价、质量、款式、种类、包装等整个营销活动之中。

（二）服务产品因素

服务产品因其自身特点而对服务消费过程产生影响。服务是以价格论质量，价格高低对消费者的心理产生一定的影响。当消费者在心理上无法确认时，他可能会放弃购买，因为有购买风险的存在。服务是一个过程，并且在多数情况下是不可重复的过程，时机和时间的选择对购买行为非常重要。服务过程往往是在一个特定时间和环境中才能体现出本身的意义。在生活中，人们并不是出门就坐出租车，而当一件非常重要事情需要办而时间又不够时，乘坐出租车的意义就显而易见了。

（三）相关群体的影响

相关群体是指对消费者的态度和购买行为具有影响的群体。作为社会一员，人们都需要与家庭成员、单位同事、亲朋好友、左邻右舍以及某些社会团体等发生信息交流。因口碑效应，他们的建议可能成为我们消费服务的主要参考依据。

家庭成员对消费者购买行为的影响显然最强烈。现在大多数市场营销人员都很注意研究家庭不同成员，如丈夫、妻子、子女在商品购买中所起的作用和影响。其中以话语权较大的一方影响力最大。一般来说，家庭的日常购买服务以妻子的意见为主，而在房子、汽车等固定资产的购买中，丈夫的意见往往起决定性作用。

经常接触、关系密切的亲朋好友、同事同学、左邻右舍等是影响消费者购买行为的另一重要群体。由于经常在一起学习、工作、聊天，甚至购物，这个群体对服务产品的评价就会影响到购买过程的发生，这种影响有时是决定性。

此外，某些社会团体对社会消费者购买行为的影响巨大而直接。如 3.15 协会发布年度信得过的企业，对社会消费群体就有较强的影响力。

（四）购买成本

对服务而言，我们也可以称之为消费成本。它不仅包括货币成本，还包括时间成本、精力成本、体力成本和机会成本。机会成本是指做某项事情而放弃的完成其他事情所带来的收益。在交易过程中，商家往往只看到客户的货币支付成本，而现在的客户恰恰相反，非常关注过程中的时间、精力、体力和机会等成本投入。从每年相关部门对各类产品的满意度测评中可以看到，客户投诉最多的往往不是价格因素，而是等待时间太长、程序太多而支付太多的精力和体力等等。可见，时间、精力、体力和机会等支付成本直接影响到客户对产品和服务的满意程度。

（五）购买信息来源

服务以价格论质量，价格越高、风险越大。为了降低风险，消费者会非常重视信息搜索。信息来源可以有多种，具体如下：

1. 个人来源

亲戚和朋友是较典型的信息来源。在与亲朋好友的谈天中，人们会获得关于商品的知识和信息，并且有相当一部分的消费者喜欢接受别人的建议及购物指南，尽管介绍商品的人的认识或消息来源有时也不十分准确和可靠。

2. 公共来源

公共来源的范围较广，可以是政府或其他组织的评奖，也可以是报纸或杂志中关于产品的评论与介绍，还可以是广播电台或电视台组织的有关产品的节目。

3. 商品来源

主要包括产品广告、推销员的介绍、服务有形展示等，不过这些途径的信息对消费者来讲有时会有先天性的偏差，消费者可以同意或相信，也可以提出问题或根据自己的经验作其他评论。

（六）购后评价

在服务消费过程中，消费者会以购前的期望为标准来检查与衡量自己消费产品。每一次购买或消费过程，消费者都会有新的感受，感受的满意程度是对服务产品最好的评价。满意度高、评价好，消费者重复消费的可能性就会很大。相反，消费者就会放弃再次的消费与购买，或者是转向其他服务商。

二、影响服务购买行为的宏观因素

宏观因素一般指对消费者购买行为产生间接影响的各类因素。我们也称之为间接影响因素，一般包括文化因素、社会因素和政治因素。

1. 文化因素

文化是人类知识、信仰、艺术、道德、法律、美学、习俗、语言文字以及人作为社会成员所获得的其他能力和习惯的总称。文化是人们在社会实践中形成的，是一种历史现象的沉淀；同时，文化又是动态的，处于不断的发生变化之中。文化如同空气一样，弥漫在我们生活有每一个角落，影响着我们每一个人思维和行为方式。

文化一般由两部分组成：①全体社会成员共同的基本核心文化；②具有不同价值观、生活方式及风俗习惯的亚文化。

（1）价值观念

价值观念是指人们对社会生活中各种事物的态度和看法。不同的文化背景，人们的价值观念相差很大。市场的流行趋势都会受到价值观念的影响。例如，美国人希望得到个人最大限度的自由，追求超前享受，人们在购买住房、汽车等时，既可分期付款，又可向银行贷款支付。而在我国，人们则习惯攒钱买东西，人们购买商品往往局限于货币支付能力的范围内。

（2）亚文化

任何文化还都包含着一些较小的群体或所谓的亚文化群。它们以特定的认同感和影响力将各成员联系在一起，使之持有特定的价值观念、生活格调与行为方式。这种亚文化群有许多不同类型，其中影响购买行为最显著的主要有：

1）民族亚文化群。如我国除了占人口多数的汉族外，还有几十个民族，他们在食品、服饰、娱乐等方面仍保留着各自民族的许多传统情趣和喜好。

2）宗教亚文化群。以我国来说，就同时存在着伊斯兰教、佛教、天主教等。他们特有的信仰、偏好和禁忌在购买行为和消费种类上表现出许多特征。

3）地理亚文化群。如我国华南地区与西北地区，或沿海地区与内地偏远地区，都有不同的生活方式和消费习惯，从而对商品的购买也有很大不同。

2. 社会因素

社会因素比较复杂，对服务产品消费影响程序有较大的差异，在此，我们介绍两个影响较为明显的社会因素：参考群体和社会阶层。

（1）参考群体

一个人的消费行为受到许多参考群体的影响。产生直接影响的群体称为相关群体，也称会员群体（membership group），包括家庭、朋友、邻居、同事等主要群体（primary groups）和宗教组织、专业组织和同业工会等次级群体（secondary groups）。崇拜群体（aspirational groups）是另一种参考群体。有些服务与品牌的消费深受参考群体的影响，如时装的设计与消费都是世界明星引领潮流。有些产品和品牌则鲜少受到参考群体的影响。对那些深受参考群体影响的产品和品牌，消费者都会设法收集相关参考群体中的意见领袖（opinion leaders）的意见，并产生追随性的从众行为。

（2）社会阶层

社会阶层是指按照一定的社会标准，如收入、受教育程度、职业、社会地位及名望等，将社会成员划分成若干社会等级。同一社会阶层的人往往有着共同的价值观、生活方式、思维方式和生活目标，并影响着他们的购买行为。美国市场营销学家和社会学家华纳从商品营销的角度，将美国社会分成六个阶层。既然每个社会都有不同的阶层，其需求也具有相应的层次。即使收入水平相同的人，其所属阶层不同，生活习惯、思维方式、购买动机和消费行为也有着明显的差别。因此，企业和营销人员，可以根据社会阶层进行市场细分，进而选择自己的目标市场。

3. 政治因素

政治因素通常由政治制度和国家政策两部分构成。

（1）政治制度

一个国家或地区所奉行的社会政治制度对消费者的消费方式、内容、行为具有深远的影响，如我国封建社会，统治阶级压迫广大妇女，命其缠足裹脚，妇女只能穿尖头小鞋。清王朝灭亡后，妇女缠足现象逐渐消失。为了适应这种变化，其他样式的女式鞋子出现了。所以，政治制度对消费者行为的影响是客观存在的，对消费者的购买行为有着不可忽视的影响。

（2）国家政策

国家政策对消费者的影响表现在当时国家提倡什么、反对什么，以政策形式对消费行为进行规范。党的十一届三中全会以前，我们国家政策中心在意识形态领域，经济落后、社会购买力不强，消费能力严重不足。党的十一届三中全会以后，党中央实行改革开放政策，国家经济快速发展，国力增强，人民的消费水平得到大幅度提高，人们的消费内容越来越丰富多彩。

巧手点金

消费者的购买行为根源于个体的需求。同一种需求会因消费者个性差异而产生不同的动机。消费者具有多种动机。有些动机是明显的，一目了然；有些则是潜在的，很难发现。同一动机可能引起不同的态度；不同动机也可能导致同一态度。只观察消费者的态度是不够的，还要了解其动机何在。例如，一个人决定去国外度假的动机可能有：①了解一个新的国家；②放松一下自己，过一个不同以往的假期；③搞一点体育运动；④认识一些新人（团队旅游）；⑤赢得一种去遥远国度度假的身份标志；⑥乐意自己组织一次旅游。

技巧与方法

购买决策是一个动态过程，而且购买决策的有效行为会随着消费者的特点和环境的变化而变化。因为消费者是在一定的环境条件下，通过与营销人员、产品的交互作用去完成某一特定目标的消费行为。这一行为可用公式表示为

$$B = f(P, E_1, E_2, E_3, \cdots)$$

式中：B——消费者行为；

P——个体因素；

E——个体以外的其他因素。

消费者行为是因变量，个体因素和其他因素是自变量，即 B 是 P、E_1、E_2、E_3，… 变量的函数。这说明，消费者行为既受到个人需要、认知、学习、态度等心理因素和年龄、生活方式、自我形象、个性等个人因素的影响，也会受到家庭、参照群体、社会阶层和文化因素等影响。

在实际生活中，消费者的购买过程是不同的，因为受到的影响因素不同。有些人心理因素比较稳定，受外界影响较小，决策时间较短，表现出果断的购买行为。而有些人受外界因素影响较多，犹豫不决，较长时间内不能做出决策，甚至放弃购买。因此，对每一个消费个体而言，我们可以要找出影响其消费决策的主要原因，分析购买行为与影响因素之间的关联性，从而简化我们的分析过程，有针对性实施营销策略。

实战要点

对服务产品而言，消费者的购后评价（特别是第一次）对他的二次消费是决定性的因素。因为，消费者认为此时的购买风险系数较低。前面提到，购后评价过程也是一个学习过程。学习的结果会改变个体的消费行为。在消费者的学习过程中，以下几点需要特别关注：

1）加强：购后非常满意，会加强信念，以至重复购买。

2）保留：称心如意或非常不满，会念念不忘。

3）概括：感到满意会爱屋及乌，对有关的一切也产生好感；反之，则会殃及池鱼。

4）辨别：一旦形成偏好，需要时会百般寻求。

情景模拟

1. 情景案例

老王某天在电脑市场购买了一个电视卡，以便在电脑上直接收看电视节目。老王回家后按照使用说明书将电视卡插到电脑上，发现果然能搜出九十多个电视频道，而且图像、声音都还不错。但是，第二天问题出现了，老王发现无论如何也收不到电视节目，屏幕上显示的全是雪花。为此，老王找到商家换了一块电视卡，但是问题依旧。就这样反复折腾了好几回，不但花费了不少时间和打车费，还使老王身心疲惫。

问题：老王在购买电视卡的过程中支出了哪些成本？

2. 角色模拟

如果您是销售电视卡的商家，您认为应该如何处理这起纠纷，让老王这样的顾客重新感觉到满意？

3. 思维启蒙

经过此事后，老王再次进入该电脑市场会考虑哪些因素？

4. 参考答案

1）情景案例：资金成本（产品价格和交通成本）；时间成本（反复几次）；精神成本（问题依旧）；体力成本（反复几次）；机会成本（反复所用的时间可以做其他许多事情）。

2）角色模拟：主动更换一块质量较好的电视卡，并安排专业人员上门调试；主动上门赔礼道歉，并征求改进工作的建议；对电视卡保修问题给出优惠条件，并送上相关的电子小礼品以示诚意。

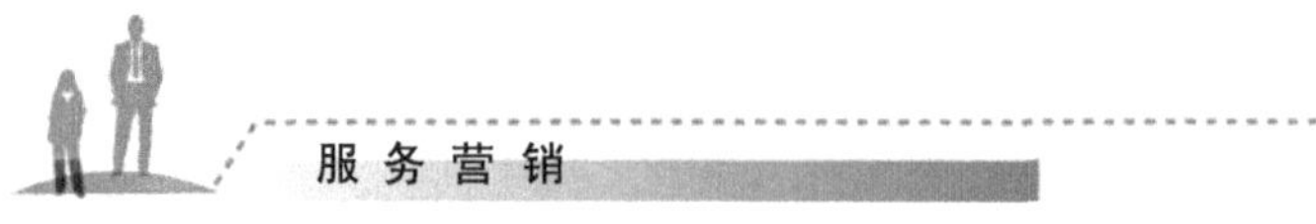

3）思维启蒙：本次事情的处理结果的满意程度，产品质量等。

第三节　服务评价与服务购买决策过程

一、服务评价的依据

作为一种理智的行为，消费者购买服务产品前都要对有关信息进行收集、评价、比较和选择，在这一点上与购买有形产品没有什么区别。但两者在依据条件、具体评价程序和把握上存在着明显的差异，这是由服务产品的不可感知性决定的。因此，客户对服务产品的评估比对有形产品的评估更加复杂和困难。

有形产品与服务产品之间并没有明显的界线，为此，我们选择了以下三个特征作为主要依据来区分消费者对服务过程和有形产品的评价过程：

1. 可寻找特征

可寻找特征是指消费者在购买前就能够确认的产品特征，比如价格、颜色、款式、手感和气味等。像家具、服装和珠宝等产品有形有质，具有较强的可寻找特征，它们实际上是前面所介绍的具有高“调查品质”的有形产品。而像度假、理发、律师援助等服务项目并不具备可寻找特征，而只具备经验特征。

2. 经验特征

经验特征是指那些在购买前不能了解或评估，只能在购买后通过享用该产品才可以体会到的特征，如产品的味道、耐用程度、服务者的技能水平和满意程度等。食物只有品尝后才知其味，理过发后才知理发师的技术和服务水平，听过课后才了解教师的水平和能力。可以看出，具有经验特征或高“经验品质”是有形产品和无形产品所共有的。

3. 可信任特征

可信任特征是指消费者购买并享用之后很难评价，只能相信服务人员的介绍，并认为这种服务确实为自己带来期望所获得的技术性、专业性好处的服务特征。比如，诉讼时寻找律师，诉讼者限于个人对法律认知水平，无法准确判断律师的业务水平。你选择某个律师的前提是，你相信他的业务能力。对诉讼结果，你也认为律师的分析是正确的。其他技术性、专业性服务，如家电维修、汽车修理、保健等都具有这类特征。具有这种特征的产品都是高“信任品质”的无形产品。

从以上分析中我们可以明确，顾客对服务产品的评价主要是以产品的可信任特征（品质）和经验特征（品质）为依据。其中以可信任特征为最主要的依据，这是由服务产品的不可感知性所决定的。

二、产品和服务评价过程的差异

1. 信息收集

产品信息传播一般有两种渠道：一是人际渠道；二是非人际渠道，即产品本身、广告、新闻媒介等。有形产品以非人际渠道为主，而服务产品的信息传播则更依赖于人际渠道，原因有三点：

1）有形产品可寻找特征方面的信息可以通过大众媒体以各种广告宣传方式进行传播，服务产品多为经验特征和可信任特征，只适合于消费者向社会相关群体直接索取。

2）服务提供者往往是独立机构，一般不会专为服务产品做经验特征的广告。在多数情况下实际感受到的服务与广告宣传的内容之间是有差距的，这种差距必然会影响服务产品的可信度。

3）消费者在购买服务之前不了解服务的特征，为了避免购买的风险，乐意接受相关群体（实际接触过相同或类似的服务）口头传播的信息，以为这样的信息可靠性强。

服务信息并不完全排斥非人际渠道的传播，如音像、电视、电影、戏剧等文化服务，广告及其他新闻媒体的宣传往往是消费者采取购买行动的重要原因。

2. 质量标准

有形产品可以用众多的可寻找特征来作为产品质量标准，帮助消费者认识产品的基本特点。服务产品只能从经验特征和可信任特征中提取一些较为抽象的标准。客户通过星级高低来认识酒店的服务质量，而更多的服务是以价格作为服务质量的评价标准。在以设备为基础的服务项目中，消费者可能将服务有形展示（如服务设施）作为质量评价一个标准。如理发、健身、咖啡厅等服务，消费者则主要根据有形的服务设计，包括办公室、场所、人员及其设备等来判断产品的质量。

服务质量判断标准的单一性或连带性容易造成假象，对消费者形成误导。在有些情况下，服务质量不一定与价格成正比关系，优秀的服务场所设计和精良的服务设备并不一定意味着能形成良好的服务质量。

3. 选择余地

一般来说，消费者购买服务的选择余地比有形产品要小，造成的原因主要有以下几点：

1）服务品牌单一，不像零售店陈列的消费品实物那样琳琅满目。

2）在同一个区域内，限于需求的有限性，不可能同时有很多提供同种服务的不同企业供消费者选择，如银行、干洗店、图书馆等在一定区域内的分布都是很有限的。

3）消费者在购买服务前所获得的相关信息也是有限的，这也限制了选择余地。

4. 创新扩散

新产品的推广应用完全取决于消费者对新产品特征的认识。一般而言，创新产品比现有产品具有较高的比较优势和兼容性，并且容易演示和介绍，其扩散速度就会较快；反之，如果产品的结构和性能较为复杂、难以操作，则它的扩散速度就会慢一些。由于服务的不可感知性，使那些技术含量较高的服务项目的现场讲解与演示比较困难，同时因主观因素不同消费者对同一服务的看法和感受又各不相同，阻碍了新的服务项目推广。再者，新的服务可能同消费者现有的价值观和消费习惯相冲突，这也会阻碍服务创新的扩散。

5. 风险认知

消费者购买商品和服务都要承担一定的风险。相比之下，消费者购买服务所承担的风险更大，消费者对风险的认知更难，这是因为：

1）服务的不可感知性和经验性特征决定了消费者在购买商品之前所获得的有关信息较少，信息越少，则伴随的风险会越大。

2）服务质量没有统一的标准可以衡量，消费者在购买产品过程中的不确定性增强，因而风险更大。

3）在许多情况下，服务过程具有不可重复性，如理发、看病、旅游等。即使消费者在消费过程中或消费之后感到不满意，同样的过程也不可能再次发生，其中机会的丧失是主要原因。

4）许多服务都具有很强或较强的技术性或专业性，有时即使在享用过服务之后，消费者也缺乏足够的知识或经验来对其进行评价。

6. 品牌忠诚度

消费者对服务产品的品牌忠诚度一般要高于普通消费品。有以下两个突出的影响因素：

1）风险因素。对一个新的服务品牌，消费者对其风险认知不准确时，不会轻易更换品牌，而只能忠实于原有服务品牌。

2）成本因素。消费者转移对服务产品品牌的选择会增加更多的成本费用支出。例如，病人到第一家医院看病可能要对身体进行系列检查，如果中途想换另一家医院，那家医院可能又会要求病人重新做一次身体检查。这样，消费者增加了不必要的开支，而且不知道医疗效果是否一定会更好。在消费服务的过程中，消费者往往心存由于老顾客的身份而获得更多优惠的侥幸。服务提供者要充分利用消费者的这种心理来稳定老顾客，与消费者建立良好的合作关系。

7. 顾客的抱怨

消费者对购买的商品不满意，不是归咎于中间商，就是归咎于生产厂商，一般不会

归咎于自己。但是，购买服务则不然。由于消费者在很大程度上参与了服务的生产过程，消费者会觉得自己应对服务的不满意负有一定的责任：或是后悔选择对象不当；或是自责没给服务提供者讲清要求；或是为没能与对方配合好而自咎。事实上，服务质量是服务提供者实际提供的服务质量与消费者预期的服务质量之间的差距。这为企业引导和调动消费者配合完成服务过程提出了更高的要求。

三、服务购买决策过程

与所有的社会行为、经济行为一样，消费者服务购买行为也有一定的模式和变化规律。服务企业要想有效地推广其服务，就必须从消费者具体的购买行为过程中研究其消费行为的特点。

服务购买决策过程一般由购前阶段、消费阶段、购后评价阶段三个阶段构成。

1. 购前阶段

购前阶段是指从消费者意识到需求某种服务开始至消费者购买服务之前的一系列活动。购前阶段大致可以分成问题的出现、信息的收集、选择的评估三个阶段。

（1）问题的出现

消费者对某类服务的购买源于消费者自身的生理和心理需要。当某种需要未得到满足时，满意状态与缺乏状态之间的差异构成一种刺激，促使消费者发现需求的所在（问题的出现）。消费者的购买行为就是从对某一问题或需要的认识开始的。例如，国庆节放七天长假，是出去旅游放松自己的好机会，到什么地方旅游，由此而产生动机。

（2）信息的收集

动机强化了需求，人们就会自觉地收集能满足需求的各种服务的相关信息，包括服务功能、方式、收费等方面的内容。用于收集信息的时间和精力的投入取决于消费者从前的经验和他对服务的重要性的认识。信息来源有很多，主要有：以前的消费经验，曾经使用过该服务的亲朋好友的看法，服务商的沟通宣传，服务机构的服务热线咨询、网上咨询，专家咨询等。

（3）选择的评估

针对同一需求，可能会出现多个可供选择的方案，但是最终只可能选择其中最佳的方案。这就要求对可供选择的方案先进行评估、比较，然后再抉择。一般来说，消费者通常根据自己以往的经验和知识，只从有限的几种选择方案中进行筛选。事实上，在购买服务的时候，消费者可供选择的因素非常少，如仅有价格或者品牌信任度，有时还有一些展示的硬件设施等。因此，面对一种服务，消费者的注意力集中在为数极少的几种方案上。

2. 消费阶段

经过购买前的一系列准备，消费者的购买过程进入实际购买和消费阶段。由于服务具有生产和消费同时进行的特点，服务的生产过程也就是服务的消费过程。在这一过程中，顾客要同服务提供人员及其设备发生相互作用。

服务生产与消费同时进行的特征意味着服务企业（或人员）在顾客享用服务的过程中将起着主导作用。离开服务提供者，服务的消费过程是无法进行的。消费者是服务过程的主体，他的需求、个人素质、爱好 甚至情感因素，都会对服务过程、服务质量产生影响。一个衣着严谨、举止端庄、说话严肃的人会给别人一种“爱挑剔”的感觉，这会给服务人员以压力感。服务人员为了赢得顾客的好感，会为顾客提供更加周到的服务，甚至不惜延长服务时间。各种服务设施的作用也不容忽视，这些设施是服务人员向顾客提供服务的工具，它们给顾客的印象还将直接影响到顾客对企业服务质量的判断。值得说明的是，现在许多服务项目或产品对服务的硬件设施的依赖性越来越强。

事实上，顾客在同服务人员及其有关设备打交道的过程中，已经开始对企业的服务进行评价。从企业的角度看来，服务消费过程的这种特点为企业直接影响顾客对产品的判断提供了便利，而这对有形产品的生产者来说是不大可能的。

3. 购后评价阶段

消费者在购买商品后，往往会主动和其他人交换意见，重新评价自己的购买决策是否正确、明智，是否理想、满意，这就是购后感受。购后感受会导致后续的重复消费行为发生。如果消费者感到满意，他会向亲朋好友、邻里、同事介绍他的满意感，同时会再次消费。如果不满意，当程度不大时，他会在其他人面前做出抱怨的表示；当程度大时，或产品缺陷造成了消费者健康、精神损害，消费者将向有关方面投诉，甚至会通过法律程序来解决问题。营销人员应尽早、尽快采取必要措施，来消除和减轻消费者的不满意程度，努力给消费者一个“讲信誉、讲质量、为消费者着想、使消费者满意”的形象。

让客户满意是服务营销过程的最终目的，而顾客的满意度则来自于他们对服务质量的评价。在第四章中，将进一步研究顾客评价服务质量的各种因素。顾客对服务质量的判断取决于体验质量和预期质量的对比，而预期质量受市场沟通、企业形象、顾客口碑及其需求的影响。

服务的购后评价是一个比较复杂的过程。它在客户做出购买决策的一刹那就开始了，并延续至整个消费过程。客户评价不仅受到前述因素的影响，而且受到一些来自社会和环境方面的因素的影响。从某种意义上讲，客户的评价如何将取决于企业能否善于管理客户与客户、客户与员工、客户与企业内部环境以及员工与企业内部环境之间的关系。

巧手点金

各种研究表明，信息收集与整理是消费者购买决策过程中的关键环节。人与人之间的信息沟通被认为是服务消费中较为可靠的一种信息来源。当消费者对某种商品的需求趋于强烈时，就会通过各种渠道去收集相关服务的信息。信息的收集一定要充分，从各种渠道收集的服务信息应足够使消费者做出有效的购买决策。消费者在广泛搜寻信息的基础上，对所获得的信息进行适当筛选、整理，最后将确定出最佳选择方案。

消费者在信息不充分的条件下，进行方案选择的余地就会大为缩小。消费者对某种产品的全部品牌不一定都熟悉，有时也仅仅熟悉其中的一部分（知晓品牌），而这几个品牌的商品符合其购买标准（可供考虑品牌）。当消费者收集了大量信息之后，可能仅有少数品牌作为重点选择对象（选择组）。最后，消费者根据自己的评价，从中选择某一品牌作为最终决策。

服务的不可感知性和不可分离性使得服务企业很难采用实验、样品和展示等方式向消费者传送服务信息。电影的分销者通常能够做得很成功，办法是提前演出电影的一个片段，引起观众的好奇心与兴奋感。其他服务就很难预先创造出这种气氛和条件。比如，一个打算读大学的学生，可以靠一些宣传资料对学校有一定的了解，也可以通过教学计划对学校的教学安排有一定的了解，但只有在上课后亲身体验教学，才能够对学校提供的服务真正全面了解。这就是消费者在购前信息收集阶段要充分考虑的购买决定的风险性，即消费者做出购买决定，造成自己不希望得到的或是产生不满意后果的可能性。

应该说明的是，在购买中和购买后信息的收集工作还需继续进行。服务企业在这些阶段要进行投资，努力为消费者提供更多、更有利的信息，以便赢得和加强顾客的忠诚。

技巧与方法

在实际操作中，不同的服务行业或服务项目，其评价方式并不相同。对评价方式，专家们提出了很多研究模型，由于篇幅受限，我们仅介绍两种模型供大家参考。

1. 多重属性模型

多重属性模型被广泛地应用到市场营销研究领域。它的基本思路是，消费者给服务的不同特征进行打分，然后计算总体表现。

假定我们要测量乘客对 A，B，C，D，E 五家航空公司的评价。每一家航空公司都用五个属性（或标准）进行测量：安全性、正点率、价格、机型和服务员态度，并假设在乘客心目中这五个标准的权重分别为 10，8，9，5，7。通过调查，让乘客给这五家航空公司打分，以 10 分为最好，1 分最差，得到的结果见表 2.1。

表 2.1　某航空公司测评表

属性	A	B	C	D	E	权重
安全性	10	10	9	8	9	10
正点率	10	8	7	6	8	8
价格	9	9	10	10	9	9
机型	10	10	9	8	7	5
服务员态度	9	9	10	8	10	7

根据表 2.1，乘客就可以计算出他们对每一家航空公司的评价：

$$A=10\times10+10\times8+9\times9+10\times5+9\times7=374$$
$$B=10\times10+8\times8+9\times9+10\times5+9\times7=358$$
$$C=9\times10+7\times8+10\times9+9\times5+10\times7=351$$
$$D=8\times10+6\times8+10\times9+8\times5+8\times7=314$$
$$E=9\times10+8\times8+9\times9+7\times5+10\times7=340$$

结果是 A 航空公司得分最高。

2. Servgual 模型

如果采用 Servgual 模型（Servgual 分数＝实际感受分数－期望分数），也可以计算乘客对每一家航空公司服务质量的评价。以航空公司 B 为例，乘客对预期质量和感知质量的打分见表 2.2。

表 2.2　乘客对航空公司 B 服务质量的评价

属　性	预 期 分 数	感 知 分 数	权　重
安全性	10	10	10
正点程度	8	8	8
价格	9	8.5	9
机型	10	10	5
服务员态度	9	9	7

根据表 2.2，即可计算出乘客对航空公司 B 服务质量的评价。

$$B=10\times10+8\times8+9\times9+10\times5+9\times7-(10\times10+8\times8+8.5\times9+10\times5+9\times7)=4.5$$

其他四家航空公司的计算方法与此相同。

AC 尼尔森、麦肯锡等世界著名公司的调查研究给营销人员提出过许多重要的结论：

1）2/3 的消费者是在终端（服务店）做出购买决策的。说明现场服务人员的表现对消费者购买决策影响较大。

2）消费者在终端常常会购买他们原来没有准备购买的品牌。说明终端的品牌展示非常重要。

3）消费者在走进商店之前做出的购买某一品牌决定，在终端店会受到各种因素的影响，从而改换品牌。让客户改换品牌并不是一件太难的事情，关键在于营销人员如何利用各种因素去影响他。

4）消费者在终端的购物计划常常会超出原来的设想。超出部分一定是能够吸引消费者眼球的好品牌。

情景模拟

1. 情景案例

24 岁的 Jacky，3 年前加入一家法国化妆品公司。成为化妆师后，他每周都会流转在淮海路、静安寺等大型商场的柜台帮女孩子试妆。他向记者说，在以女性客户为主的化妆品业，男性导购已占绝对优势。

Jacky 还说，比起女同行，男化妆师在为女性顾客试妆时用色往往更大胆，更能以男性的眼光，帮女顾客设计适合她们的彩妆。“在业内，男导购的营业额和收入也要明显好过女导购。”如今，他每个月都能做到 20 万人民币，搭班的女导购只能完成 10 万元出头。“为促成顾客多买商品，我们常常还会在帮女孩子试妆时夸赞她们皮肤保养的好或脸型长的标致。同样的话换作女导购来说，效果肯定没那么好。”Jacky 说，现在很多女孩子在挑选化妆品时，“都会点名要求男导购进行服务”。

（资料来源：http://wangrongyao88.blog.163.com/blog/#m＝0）

问题：分析在化妆品销售过程中男性导购服务的优势。

2. 角色模拟

如果你是一名女生，请为一男性品牌服装做一次导购服务；如果你是一名男生，请为一女生品牌时装做一次导购服务。

3. 思维启蒙

性别因素对消费者购买过程的影响。

4. 参考答案

1）情景案例：多数女性认为，男性对女性的赞美是真实的，因而对女性具有较强的影响力。因此，男性为女性设计的彩妆是他的审美观念的体现。

2）角色模拟：略。

3）思维启蒙：男女搭配，干活不累。异性相吸的原理，今天在营销上有了新用途。异性服务，更能促进顾客下决定决心，爽快购买。

思考与练习

1．试分析21世纪我国服务消费的发展趋势。
2．服务购买过程包括哪几个阶段？
3．购买服务的决策理论包括哪些内容？
4．请具体分析人们购买服务时的心理状态。
5．顾客对服务产品评价的依据是什么？
6．试述服务产品评价与实物产品评价的差异性。

案例分析

万豪国际酒店的魔鬼细节服务

“奢华舒适的定义所有的人未必相同，但仅仅是一个小的细节就能体现。我们强大的客户管理系统可以做到记录顾客的每一个细节，这一点我们一直不遗余力。在我们的高端品牌里面，您的每一天、每一分钟，我们都会进行追踪服务，我们会研究客人如何更好的使用房间，以及如何在客人下一次到来的时候重新定义房间的使用功能。”Edwin Fuller相信酒店的水平取决于“一个左撇子的客人进入餐厅后，服务员能否通过观察正确地把餐具放到该放的位置上”。

事实上这种“近乎完美的虚幻梦想”并非遥不可及：在抵达酒店以前，客人会提前5天收到人性化的信息，内容包括旅行目的地的天气、交通、购物、特色餐饮以及地图服务；客人可以在网上预订SPA水疗护理和送餐服务，到店就有可口的菜肴送上，因为酒店了解“一个舒服的胃对旅途的重要性”。

“万豪不断面临一些细节服务的挑战，宝洁的一个产品是一年就会更新一次，而对于酒店业而言，资本投入就需要5～7年才能进行更新和升级。所以对拥有将近50万间客房的万豪来说，实施全球标准一致在外界看来并不是容易的事情，但是我们说到做到。”Edwin Fuller透漏，万豪每年会更换将近50万套床上用品来保证客人一定能酣然入梦，无论是床单、被罩，还是枕套，无论是织物面料，还是加工精度，万豪都要求不容许“一针一线”的马虎，为了了解顾客对新床单的态度，万豪甚至对新被褥的舒适程度做深入细致的顾客调研。

“每一个品牌的床都不尽相同，我们必须知道客户需要什么？需要什么样的体验？然后我们实施于整个系统，以满足他们的需求。我们现在已经是换了全球2860家90%的床和95%的床垫，多余的织物几乎可以环绕地球一周，这是不小的投资。”Edwin Fuller说万豪一直在竭力完善服务的细节和内容，客人只要来过万豪旗下的品牌酒店，相关差

异细节将会被有效记录，以便下次做更为完善、周到的服务。“我们不会放过顾客服务的任何细节，也从不认为这些事情是小题大做，一丝不苟、严肃认真的服务将会准确无误地传达出去，甚至万豪的供应商都会感觉到这一点。”

在顾客服务方面，万豪创始人 J.Willard Marriott 堪称典范，万豪是如此擅长酒店业从餐饮、客房、会议服务以及人员等全方位服务，以至于有些酒店在万豪品牌入住以后，在硬件没有任何改变的情况下，入住率可以以高达50%的增长速度猛增。为了更好地赢得顾客回头率，万豪出台了类似航空折扣奖励制度，经常入住万豪的顾客可以享受到诸如免费升级豪华房间、礼品赠送和现金或折扣返券等。为了把这项活动进行的更加彻底，保持顾客最大回馈力度，万豪甚至取消了所有的广告推广计划。

（资料来源：http://news.bjhotel.cn/hotelnews/html/J5541/200612/10081861.html）

案例讨论：

万豪国际集团国际酒店的魔鬼细节服务对购买者购买过程有哪些影响？

第三章 服务市场定位

预期的学习成果

1. 学生能够了解市场细分的概念、意义和作用。

2. 学生能够掌握市场细分的依据，掌握目标市场选择的方法。

3. 学生能了解服务市场定位的原则和作用，掌握服务市场定位的步骤，有效地进行服务市场定位。

服务市场表现为服务消费需求的总和，它包含着各种各样的、千差万别的需求形态，并且由于不同的消费者对同类服务产品的需求和消费具有很大的差异，因此任何一个服务企业，无论其规模有多大，实力有多雄厚，它也没有能力满足所有需求。在服务企业进入市场之前，就必须通过市场调研，将消费者分为若干需求各异的群体，并结合自身的环境和条件，选取其目标市场，并确定自己在市场中的竞争地位。所以，本章所讨论的市场细分，目标市场的选择和市场定位就是围绕这一内容展开的。

第一节 服务市场细分

市场细分就是根据消费者明显不同的需求特征将整体市场划分为若干个消费者群的过程，每一个消费者群都是一个具有相同需求和欲望的细分子市场。通过市场细分，企业能够向目标市场提供独特的服务产品和相关的营销组合，从而使顾客需求得到更为有效的满足，并确保顾客数量的保有和使其保持忠诚。

市场细分对于服务企业具有极为重要的意义，随着服务市场上新的竞争对手不断加入和服务产品项目的增多，企业之间的竞争日益剧烈，市场细分将有助于企业投资，从而避免了资源的浪费，并且，市场细分能有助于企业通过产品的差异化建立起竞争优势。

服务市场的购买者往往存在较大差异，如购买需求、购买态度、购买习惯等，我们可以根据这些差异来对市场进行细分。由于服务市场细分与有形产品市场细分有许多相似性，因此，我们在后面的论述中将结合有形产品的市场细分情况来加以阐述。

市场细分主要依据地理变量、人口变量等进行展开（见表 3.1）。

表 3.1 市场细分变量

变量	地理变量	人口变量	心理变量	行为变量
具体标准	地区，城市大小，人口密度，气候，地形等	年龄，性别，收入，家庭生命周期，职业，教育等	社会阶层，生活方式，个性等	使用时机，追求利益，使用者状况，品牌忠诚，对产品的态度等

1. 地理变量细分

这是根据消费者工作和居住的地理位置进行市场细分的方法，如根据国家、地区、城市规模、人口密度、地形地貌等方面的差异将整体市场分为不同的小市场。

由于同一地区人们的消费需求具有一定的相似性，而不同地区的人们又形成不同的消费习惯和偏好，所以这种方法比较简单明了，为许多人所偏爱，如提供餐饮服务的企业必须考虑当地人们的口味状况。服务策划者可以决定在一个地区或几个地区开展经营活动，但是要注意的是，处于同一地理位置的消费者有时候需求仍然会有较大差异，如我国一些大城市，北京、上海等，流动人口逾百万，虽然这一市场是处于同一地理位置，但是有很多不同于常住人口市场的需求特点，不一定能真实地反映消费者的需求共性与差异，所以还需结合其他细分变量予以综合考虑。

2. 人口变量细分

人口变量是根据消费者的年龄、性别、家庭生命周期、收入、职业和种族等因素将市场细分为若干个群体。人口细分也是区分顾客群体的最常用的方法。

如何使用人口变量来进行市场的细分呢？

1）年龄。消费者的需求和购买量的大小随着年龄变化而变化。5～10 个月大的婴儿在消费潜力上有明显的差异。

2）性别。性别因素在美容、化妆品、服装设计等市场中广泛采用。

3）收入。收入因素是房产、汽车、旅游等行业长期使用的细分标准。不过，收入有时并不一定能准确测出某服务产品的消费者人数。

案例

麦当劳的人口细分策略

麦当劳对人口要素细分主要是从年龄及生命周期阶段对人口市场进行细分，其中，将不到开车年龄的划定为少年市场，将20～40岁的年轻人界定为青年市场，还划定了老年市场。

人口市场划定以后，要分析不同市场的特征与定位。例如，麦当劳以孩子为中心，把孩子作为主要消费者，十分注重培养他们的消费忠诚度。在餐厅用餐的小朋友，经常会意外获得印有麦当劳标志的气球、折纸等小礼物。在中国，还有麦当劳叔叔俱乐部，参加者为3～12岁的小朋友，定期开展活动，让小朋友更加喜爱麦当劳。这便是相当成功的人口细分，抓住了该市场的特征与定位。

（资料来源：http://wiki.mbalib.com/wiki/%E5%B8%82%E5%9C%BA%E7%BB%86%E5%88%86）

3. 心理变量细分

在心理细分中，根据顾客分属不同的社会阶层，具有不同的生活方式、生活态度和个性特征，将他们分为不同的群体。因此前两个细分的依据结合顾客的心理因素，如生活方式等将会变得更有效。很多服务企业已越来越倾向于采用心理因素进行市场细分。

（1）按社会阶层细分

很多企业针对各个社会阶层设计服务或提供服务。由于不同的社会阶层其兴趣爱好不同，对服务产品的需求也就不尽相同。

案例

社会阶层的划分

1）国家与社会管理者阶层：指在党政机关事业单位和社会团体中，行使行政职权的领导干部。

2）经理人阶层：指国有大中企业、城乡各种股份所有制大中型企业、大中型三资企业和私营企业中的中高层管理人员。

3）私营企业主阶层：只拥有私人资本，雇用8人以上的企业主。

4）专业技术人员阶层：指在国家机关，事业单位，包含各种经济成分的企业中从事科学技术的专业人员。

5）办事人员阶层：指协助党政机关，企事业单位的领导处理日常事务的专职业务人员。

6）个体工商户阶层：指拥有少量资本，从事小规模生产和经营活动的小业主，工商户。

7）商业服务人员阶层：指在第三产业中从事体力或非体力劳动的人员。

8）产业工人阶层：指在第二产业（工业、建筑业）中从事直接或辅助性生产的体力，半体力劳动的员工，其中农民工占大多数。

9）农业劳动者阶层：指从事农林牧渔业生产，并以此收入为主要生活来源的农民。

10）城乡无业，失业，半失业人员阶层：包括失业，失地，待业的人员。

（资料来源：陆学艺. 2002. 当代中国社会阶层研究报告. 北京：社会科学文献出版社）

（2）生活方式

消费者对各种服务产品的兴趣是受他们生活的方式所影响。事实上，人们消费什么类型的服务产品也反映了他们的生活方式。鉴于此，服务策划者正趋向于根据消费者的生活方式来细分市场。例如，美国一家妇女时装公司根据不同的生活方式将年轻妇女划分为“淳朴女性”、“时髦女郎”和“中性化女士”，并向她们提高不同品牌的时装，大受市场欢迎。

（3）个性

服务策划者赋予服务产品个性，以迎合相应顾客的个性。福特汽车公司促销福特汽车和雪佛兰汽车时就强调个性的差异。他们认为，购买福特汽车的顾客有独立性，易冲动，有男子汉气概，敏于变革并有自信心；而购买雪佛兰汽车的顾客保守、节俭、重名望，缺乏阳刚之气，恪守中庸之道。

4. 按行为变量细分

在行为细分中，根据消费者对服务产品的了解、态度、使用情况等，可将他们分为不同的群体。

（1）时机

时机细分有助于提高服务使用率。例如，人们一般在早餐时饮用橘汁，服务策划者可以促使他们在午餐，晚餐和其他时间饮用橘汁。

没有必要去寻找与服务产品有关的特定时机，只需要着眼于标志生命进程的各个时机，看它们是否带来了可用某些产品群或服务群满足的需要。

（2）顾客利益

顾客之所以购买某项服务是因为他们能够从中获得某种利益，因此，可以根据顾客在购买过程中对不同利益的追寻而进行市场细分。

案例

牙膏市场的细分

美国营销学家拉赛尔·L. 哈里（Russell L. Haley）对牙膏市场的细分研究　在美国营销界得到了广泛认同。为了具体说明，以表 3.2 为例，了解牙膏市场细分状况。

表 3.2　牙膏市场细分状况

特点	感觉型	社会型	担忧型	独立型
寻求基本利益	口味、产品包装	牙齿洁白明亮	牙齿保健	价格
人口统计重点	儿童	青少年	大家庭	男人
特殊行为特征	偏爱清香牙膏	吸烟者	重度使用者	重度使用者
偏爱的品牌	高露洁	超洁	佳洁士	减价的品牌
个性特征	高度自我参与	高社会型	注重保健	高自主性
生活方式特征	享乐型	活跃型	保守型	价值导向型

如表 3.2 所示，第一个市场为感觉型市场，其消费对象大多是那些自我参与程度较高、追求享乐主义生活方式的具有多重特征的消费者。高露洁在这一市场上相当成功。第二个细分市场是社会型市场，主要是那些对自己牙齿洁白、明亮有兴趣的消费者。在这一市场上超洁品牌最有影响。第三个细分市场是保健型市场，其对牙膏利益点追求的重点是预防龋齿。其大部分使用者来自于牙膏重复使用的家庭，注重健康和牙齿卫生。佳洁士在这个市场上甚受欢迎。第四个细分市场可称为独立型市场。他们在对任何商品作出购买决策时，都会考虑商品本身价值，常常钟情于削价商品。按照上述方式对细分市场加以描述后，就会比较准确地找到与之相对应的广告方式。

（资料来源：http://blog.sina.com.cn/s/blog_5f70daaf0100fkp5.html）

（3）使用者状况

很多市场细分为某种服务产品的经常使用者、一般使用者、偶尔使用者和不使用者、实际使用者和潜在使用者等。服务企业往往关注那些经常使用者，因为他们比偶尔使用者的使用次数要多得多。快餐店愿意为那些经常光顾的食客提供更为快速的服务，价格也较为便宜。市场占有率高的服务企业特别重视将潜在使用者转变为实际使用者，而小企业则努力将使用竞争者服务的顾客转向使用本企业的服务。

以上介绍的是服务企业细分市场时所采用的几种方法。事实上，企业在选择细分市场的依据时不能完全照搬这些方法而应有所创造，以建立起差异化竞争优势。

服务市场细分过程一般分为三个阶段，即调查阶段、分析阶段和细分阶段。

1．调查阶段

服务策划者要与消费者进行非正式的交谈，并将消费者分为若干个专家小组，以便了解他们的动机、态度和行为。在此基础上，以问卷的形式向消费者收集以下方面的资料：

1）服务产品知名度和服务等级。

2）服务产品属性及其重要性的等级。

3）服务产品的使用方式。

4）对该服务产品所属类别的态度。

5）调查对象的人口变动、心理变动以及对宣传媒体的态度或习惯。

为了收集大量资料，精确地细分市场，调查样本数量应该较多一些。

2．分析阶段

服务策划者应用量化的方法对市场进行分析，划分出一些差异较大的细分市场。

3．细分阶段

根据市场细分依据划分出每个集群，然后根据主要的不同特征对每个细分市场进行命名。

技巧与方法

由于市场细分的依据比较多，那么在选择依据时就要根据企业自身的要求和情况，来进行分析，选择出最佳的细分依据。寻找最佳细分依据的方法是：

1）先把各种潜在的、有用的标准罗列出来。比如，一家金融服务公司在选择客户时可以从以下几个方面考虑：地理位置、客户大小、行业类型、购买经验、对服务的需求等。

2）对这些标准的重要性作一评估，选择出最重要的标准作为市场细分的依据。

3）对那些重要标准再作进一步的详细划分。在某些情况下，这种划分可能比较显而易见，如年龄、性别和地理位置等，而对于那些心理因素则要作较为深入的市场调查，以了解它们的特征和需求类型。

由于细分市场是不断变化的，所以市场细分的程序必须定期重复进行。

课堂思考：细分市场内也不存在两个购买者完全一样，怎么解决这个问题？

一项新服务成功地打入被占领的市场最常用的方法就是发现新的细分市场存在的可能性。

案例

利维牛仔裤

利维·斯特劳斯是一名到美国求生的犹太裔裁缝，他在旧金山借淘金热做帆布生意。在一次同军队的交易中，由于某种原因军方决定放弃这次买卖。利维灵机一动，发现淘金者非常需要坚固耐磨的衣服，于是他把这批褐色帆布做成裤子出售。后来又改用一种叫作“尼姆斯粗哔叽”的棉布来制作工作裤，并染成靛蓝色。不久，裁缝戴维斯为了使口袋更结实，在裤口袋四角钉上了铆钉，利维立刻买下这一项发明，并于 1872 年申请了专利。1935 年，牛仔裤首次在著名服装杂志上亮相。利维牛仔裤就此成为了世界品牌。

（资料来源：http://economy.enorth.com.cn/system/2003/10/13/000648891.shtml）

发现新的市场细分的一种方法是，调查消费者挑选产品时，如何以自己的方式选择现有变量的顺序。很多购买者在买车时，首先要决定是买哪个国家的汽车，如购买者首先决定要买美国汽车；然后做第二层选择，比如要买雪佛兰车；紧接着是第三层次，如雪佛兰车的某个系列。

实战要点

对服务市场进行细分必须要有很强的针对性，使用科学的方法，并在系统化兼顾整体利益的前提下进行。如果是仅仅为了细分而细分，结果一定是得不偿失。要正确而有效地进行服务市场细分，必须要注意以下几个问题：

1．服务市场细分的标准要得当

任何一个细分市场的市场主体在我们介绍的四个变量上的表现都存在内在逻辑上的相关性，四个变量的属性表现不是各自为政，而是和谐统一的，对消费者四个变量信息的掌握能使我们对该群体有一个全面而深刻的了解。如中国移动的 M-ZONE 之所以深受目标用户群的追捧，不仅仅是因为它是客户品牌，也不仅仅是短信和语音价格折扣，关键是 M-ZONE 真正满足了目标用户群的期望，在产品开发、形象塑造上对目标用户群的产品态度、利益追求、生活方式、心理特征等进行了生动的交互和响应。面对如此丰富的标准就需要研究人员凭借自己丰富的市场经验、敏锐的洞察力以及科学的分析方法进行筛选提炼，不同的市场形势、不同的产品构成、不同的销售对象等都需要不同的应用标准，即使同一种产品同样的客户，不同的时期也可能需要不同的标准来衡量。

2．服务市场细分步骤要正确

我们进行市场细分具有一定的延时性，因为我们的细分依据都是现实中曾经或现在存在的状况，对以后的状况有一定的预测作用但并不真实。而现代社会市场变化异常迅速，例如像中国移动这样拥有庞大用户群且技术更新日新月异的企业。这就需要企业在进行市场细分时有一定的前瞻性，并进行动态的及时的监测，使市场细分的过程也实现动态变化，市场细分策略及时调整和更新。

3．服务市场细分结果要行之有效

真正的市场细分化不以分割为目的，而是以发现缝隙市场为目的。如果不理解市场“细分”的这一实质，那么很容易陷入为细分而细分的陷阱，这样只会徒增产品种类，使得库存大增、生产量锐减，且会急速降低经营效率，甚至使经营因细分而变细小。

4．服务市场细分要充分考虑消费者的逆向选择和灵活应对

不论如何细分市场，都是站在服务提供者的角度，是一种通过调查分析得到的对现实情况的假设。按照一定的细分后制定的进入特定市场的策略或推广营销手段很可能在执行中被扭曲，特别是营销措施很可能被消费者“巧妙”地运用，这些都是进行市场细分时必须考虑周详的重要环节。例如，某新开业的 KTV 包厢，推出一种比较新的收费方式，就是“按人头收费”，即对每位顾客收取 8 元/2 小时。这种收费方式最大的好处则是广告效应，提高了这家 KTV 的知名度。实际上，这种收费方式也是在开业初期为了提高知名度而做出的行为，从长期来看，肯定不会带来很好的效果，因为消费者可以为了降低成本而以尽量少的几个人共享一个包厢。一般来说，最佳的人数为 2～3 个人，人多了则不划算（成本高，每个人能参与的程度低，或者说成本收益不对称）。所以，好的市场细分服务应该是系统周到的计划安排，避免漏洞和自相矛盾，更好的市场细分服务是通过提供的经过细分的服务内容引导和促进客户更多的购买和使用企业的产品及服务，提高用户的满意度和忠诚度。

5．避免过度细分

在市场细分的早期阶段，企业总是用具有不同卖点的产品作为进入新细分市场的工具，实际产品是否具有卖点所宣传的功能并不是主要问题。比如，在早期，当一家手机制造商上推出具有高像素拍照新功能的手机的时候，消费者会认为该产品具有拍照清晰功能，并且认为该企业的实力强于其他品牌。随着时间的推移，手机市场的细分越来越深入，而消费者消费的理性化程度越来越高：消费者逐渐认识到，产品的差别主要是厂商通过广告、公共关系等手段强加给消费者的，而并非产品真正具有所宣传的功能。由此就形成这样一种情况：市场细分越深入，品牌诚信度越降低。如果是在客户服务领域细分过细，更会造成企业忙于应付，越来越无法满足部分直到整体顾客的需要，满意度和忠诚度降低。在有些时候，市场整合也非常重要。

6．市场细分都应该服从大局，置于整体利益之下

市场细分是根据现有的市场情报分析来制定和执行的营销策略，是针对某一个特定的市场部分采取的手段，因此常常更加关注部分利益和眼前及短期利益，而对整体和长期利益考虑缺乏。但市场是一个整体，市场细分是一种为了整体服务的市场策略，在进行市场细分时在任何时候都不能以牺牲企业和市场的整体利益为代价。我们在进行市场细分、制定营销策略、进入目标市场时，一定要考虑全面长远，从整体出发，系统化地

考虑问题，切不可因小失大。例如，某市公交改革，针对乘客群体进行市场细分，并面向中高端人群提供空调公交车服务。毋庸置疑，这一措施为部分有能力、有意愿享受“恒温、车空”的所谓高端人群所接受，也给公交公司带来了不错的企业效益。但是，与此同时，其显著弊端是此类车辆的乘坐人数有限，即使在上下班高峰时段也会有大量空座位，而其他车辆拥挤不堪，造成公交车运力严重失衡，道路交通更加拥堵。对于企业和部分乘客来说，这样的市场细分是正确而且受欢迎的，但对于整个公交系统来说却是低效率和得不偿失的。在我们进行服务市场细分的时候，一定要从大局出发，舍弃眼前的小利益，使服务价值实现最大最优化。

情景模拟

1．情景案例

日本泡泡糖市场年销售约为740亿日元，其中大部分为“劳特”所垄断。可谓江山唯“劳特”独坐，其他企业再想挤进泡泡糖市场谈何容易。但江崎糖业公司对此却并不畏惧。公司成立了市场开发班子，专门研究“劳特”产品的不足之处，寻找市场的缝隙。经过周密调查分析，终于发现“劳特”的四点不足：①以成年人为对象的泡泡糖市场在扩大，而“劳特”却仍旧把重点放在儿童泡泡糖市场上；②“劳特”的产品主要是果味型泡泡糖，而现在的消费者的需求正在多样化；③“劳特”多年来一直生产单调的条板状的泡泡糖，缺乏新型式样；④“劳特”产品价格是110日元，顾客购买时需多掏10日元的硬币，往往感到不便。

问题：江崎糖业公司是如何使企业发现新的市场机会、巩固现有的市场并制定最优营销策略和战略的?

2．角色模拟

假设你是江崎糖业公司的市场人员，知道了对手的问题。你打算如何通过对市场细分制定策略来对付“劳特”?

3．思维启蒙

通过本节的学习，你对服务市场细分有些什么好的看法和体验?

4．参考答案

1）情景案例：通过发现竞争对手产品的单一性，以及市场潜在消费者的特性，挖掘新的市场，改变产品的特点，制定新的产品价格等。

2）角色模拟：发明新的产品，从口味、咀嚼时间、含糖量、健康程度对消费者情感诉求等方面入手。

3）思维启蒙：略。

第二节　目标市场选择

市场细分揭示了企业所面临的细分市场的机会。一旦企业完成了市场细分后，就必须对这些细分市场进行依次评估，并确定所经营的服务产品进入哪些目标市场。

目标市场是企业投其所好，并为之服务的具有相似需要的客户群体。目标市场是企业营销活动的中心，也是企业制定营销策略的基本出发点。正确选择目标市场必须以准确的市场细分为前提。

企业在确定自己的目标市场并组织实施其目标市场策略时，可以有三种选择：

1. 无差异市场营销策略

无差异市场营销策略是指企业将整个市场都作为企业的目标市场，推出一种产品，实施一种营销组合策略，以满足整个市场中尽可能多的消费者的共同需求。此战略主要关注的是整体市场中所有消费者的需求共性或同质性，忽视其差异性，因而不对市场进行细分。

2. 差异性市场营销策略

差异性市场营销策略是指企业在市场细分的基础上，选择若干个子市场作为企业的目标市场，并对各子市场的需求特点进行分析，分别设计不同的服务产品，运用不同的营销组合策略，以满足多个不同目标市场的需求。

3. 集中性营销策略

集中性营销策略是指企业集中自己所有力量，以一个或少数几个同质性的子市场为目标市场，试图在自己的目标市场取得较大的市场占有率和竞争优势。

巧手点金

企业在组织实施市场策略过程中，应着重解决好二个相关问题：一是细分市场的评估；二是目标市场的选择。

一、评估细分市场

企业策划者在对各种不同细分市场评估时，必须要考虑三个因素：细分市场的规模和发展趋势，细分市场内部结构的吸引力，企业经营的目标和资源。

1. 细分市场的规模和发展趋势

只有那些具有适度规模和一定规律性发展特征的市场才能成为企业的目标市场。对大企业来说，一般指销售量较大的细分市场；而对于小企业而言，则是指不被大企业看重且具有一定发展潜力的细小市场。

2. 细分市场内部结构的吸引力

从经营的角度来讲，有五种力量对细分市场的内在吸引力起着决定性的作用，分别是：同行业的竞争服务产品，潜在的新参加的竞争服务产品，替代服务产品，服务产品的购买者和供应者。这五种力量对本企业的服务产生以下威胁：

（1）市场内产品竞争激烈构成的威胁

当某个细分市场已经有了为数众多的、强大的竞争者，该细分市场就会失去吸引力。此时的市场状况是整体稳定或趋于萎缩，生产能力不断大幅扩张，固定成本过高，撤出市场的壁垒过高，竞争者的投资很大等。本企业要参与竞争就必须付出高昂的代价。

（2）新参加的竞争服务产品构成的威胁

如果某个细分市场可能吸引新的竞争者，他们就会投入大量的资源，增加新的生产能力，并争夺市场占有率，市场的有效空间就会很小而失去吸引力。同时也提高了现有企业进入该市场的门槛和进入成本。

（3）替代服务构成的威胁

市场内现已存在替代服务或潜在替代服务会限制细分市场内价格和利润的增长。服务策划者应密切注意替代服务产品的价格趋势。如果在这些替代行业中技术有所发展，或者竞争日益激烈，这个细分市场的价格和利润可能会下降。

（4）购买者议价能力提高构成的威胁

随着消费者对某产品的深入了解，他们的议价能力不断提高。服务购买者会设法压低价格，对产品质量和服务提出更高要求，并且使竞争者互相争斗，所有这些都会使企业的利润受到损失。

（5）供应商议价能力加强构成的威胁

如果企业的原材料和设备供应商提高价格或者降低服务产品的质量，或减少供应数量，该企业在市场上的竞争力就会明显降低。特别是供应商提供的支持是企业必不可少的投入要素，并且具有不可替代性，供应商的议价能力就会很强。

以上五种威胁的存在都会市场失去对企业的吸引力。

3. 企业经营的目标和资源

即使某个细分市场具有一定规模和发展特征，并且其组织结构也有吸引力，服务策划者仍需将企业的目标和资源与其所在细分市场的情况结合在一起考虑。若某个细分市场虽然有较大吸引力，但不符合企业长远目标，也不得不放弃。因为这些细分市场不能推动企业实现自己的目标，甚至会分散企业的精力，使之无法完成主要目标。即使是市场特征符合企业的目标，企业也必须考虑本企业是否具备该细分市场获胜必需的技术和资源。

因此，如果企业无法在市场创造某种形式的优势地位，就不应贸然进入。

二、选择细分市场

通过对不同细分市场进行评估，服务策划者就要决定进入哪个或哪几个细分市场。通常情况下，有五种模式可供企业选择：

1. 密集单一市场

最简单的方式是公司选择一个细分市场，只提供一类服务供应某一特定的客户群体，进行集中营销。企业选择这种模式的考虑是：企业具备某一专业化服务优势与条件；资金有限，只能服务于某个细分市场；该市场中竞争对手较少；企业将以该市场为基础，取得成功后向更多的市场扩展。

通过密集营销，企业更加了解该市场的需要，并树立了特别高的声望，因此建立巩固的市场地位。

课堂思考：密集单一市场的缺点是什么？

2. 有选择的专门化

选择若干个具有赢利潜力和结构吸引力，同时又符合企业经营目标和资源条件的细分市场作为目标市场。但在各细分市场之间很少或者根本没有联系，然后每个细分市场都有可能盈利。这种选择最大的优点在于可以有效地分散企业经营风险，即使某个细分市场失去吸引力，企业仍可继续在其他细分市场获取利润。

3. 产品专门化

企业向各类消费者提供一种服务产品，如广告商向各种类型的组织提供广告代理服务。很显然，广告商不提供广告业务之外其他类型的服务。这种模式有利于企业专注于某一类服务产品，形成和发展技术上的优势，树立自己的品牌。但如果产品被一种全新的产品所替代，就会发生滑坡的危险。

4. 市场专门化

企业专门提供为满足某一客户群体需要的各种服务，如养老院专门为老年人市场提供各类服务。企业专门为这个客户群体服务，可以获得良好的声誉，并成为这个顾客群体所需要各种新产品的销售代理商。但由于市场太单一，当客户需求下降时，企业的经营便会产生危机。

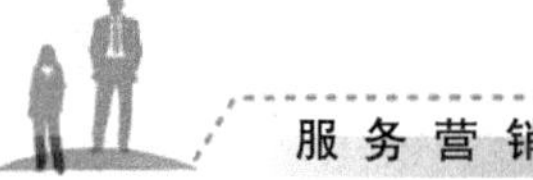

5. 完全市场覆盖

完全市场覆盖是指企业想用各种服务产品满足各种顾客群体的需求。只有大型企业才有财力采用这种模式，如微软公司（计算机软件市场）、通用汽车公司（汽车市场）和可口可乐公司（软饮料市场），而大型企业往往又是领导型服务的生产经营者。

技巧与方法

企业在市场细分的基础上选择了目标市场。目标市场可以是一个子市场，也可以是若干个子市场，还可以是整体市场。针对不同类型的目标市场，企业有三种选择来进行市场运作。

1. 无差异市场营销策略

实施无差异市场营销策略的企业首先忽略了细分市场之间的差异性，只考虑消费者在需求上的共同点。因此，他们将整体市场看作是一个大目标市场，用同一种服务产品、统一的营销组合去经营整体市场。最典型的例子是，可口可乐公司在20世纪60年代以前曾以单一口味的品种、统一的价格和包装、同一广告主题将产品推向所有客户。

无差异营销的理论基础是成本的经济性。生产单一产品，可以减少生产与储存成本；无差异的广告宣传和其他的促销活动可以节省促销费用；不搞市场细分，可以减少企业在市场调研、产品开发、制定各种营销组合方案等方面的营销投入。这种策略对于需求广泛，市场同质性高且能大量生产，大量销售的产品比较合适。

课堂思考：无差异营销的缺点是什么？为什么被视为实行无差异营销典范的可口可乐公司后来也改变了策略？

2. 差异性市场营销策略

采取此策略的企业将整个市场划分为若干个需求相似的细分市场，根据企业的产品特点、资源条件和营销实力选择若干个细分市场为目标市场。企业为不同的目标市场提供不同的服务产品，为每个有明显差异的目标市场精心设计风格不同的营销方案。

案例

爱迪生兄弟公司的目标市场战略

爱迪生兄弟公司经营了900家鞋店，分为4种不同的连锁店形式，每一种都针对一个不同的子市场，例如：钱德勒连锁店专卖高档鞋，贝克连锁店专卖中档鞋，勃特连锁店专卖低档鞋，瓦尔德·派尔连锁店专卖时装鞋。在芝加哥斯泰特大街三个街区的较短距离内就有勃特，钱德勒、贝克三家连锁店。这三家连锁店挨得很近，但并不会影响彼

此的生意，因为它们是针对女鞋市场的不同细分市场的。这种策略使得爱迪生兄弟公司成为了美国最大的女鞋零售商。

（资料来源：http://ty.cbinews.com/news/33491.html）

差异市场营销策略往往比无差异市场营销策略能赢得更大的总销售额，因为它灵活，针对性强，能使消费者的需求更好地得到满足，但也会增加成本，可能使企业的资源配置不能有效集中，顾此失彼，甚至在企业内部出现彼此争夺资源的现象。因此，实施此战略对企业的整体实力有较高的要求。

3. 集中性市场营销策略

企业策划者集中力量进入一个或少数几个细分市场，实施专业化生产和销售服务产品。实施这一策略，企业并不追求在一个大市场角逐，而是力求在一个或几个子市场占有较大份额。

这种策略特别适合于资源力量有限的中小企业，由于它们受财力、技术等方面因素制约，在整体市场可能无力与大企业抗衡，但如果集中优势资源，在大企业尚未估计或尚未建立绝对优势的某个或某几个细分市场上竞争，成功的可能性更大。但由于集中性营销策略的市场区域相对较小，且一旦目标市场突然发生变化，那么可能使企业因没有回旋余地而陷入困境。

案例

星纯——专为大学生设计的校园护肤品牌

柏兰生物技术（广州）公司通过对市场调研发现，虽然各个市场领域中都有不同的品牌主导，但迄今为止尚未出现专门针对大学生群体的校园护肤品牌。由此设想，如果能有一个针对大学生肤质的校园品牌，必将有着极为广阔的市场发展空间。于是，公司推出了针对大学的"星纯"护肤品。"星纯"的销售渠道只在校园内，以专卖店为销售、培训基地，在学生中招收一批直销员开展直销工作。在开发顾客方面，大力推广会员制。利用现成的校园资源，采用多种传播方式，如校园刊物、校园广播、悬挂横幅、张贴海报、赞助校园活动等，进行促销活动。宣传诉求重点：星纯，专为学生设计的校园护肤品。品牌广告语：我有我的一套！2003 年 10 月底，在广州华南农业大学 7 天时间，现场销售星纯产品将近 5 万元。

（资料来源：http://www.yjue.com/caiwulilun/200808/03-311682.shtml）

实战要点

在实践中服务企业如何选择目标市场策略，取决于服务企业本身、服务产品、市场等多方面条件。

1）服务企业资源充足，实力雄厚，管理水平较高，可选择差异性或无差异性市场策略；资源有限，无力顾及整体市场或多个细分市场的服务企业可采用集中性策略。

2）服务产品性质是指顾客对服务产品特征感觉是否同质。如果顾客的需求、购买行为基本相同，对营销方案的反应也基本一样，可采用无差异营销。反之，则采用差异性或密集性市场策略。

3）对新开拓的市场理想的方式是集中性营销。如果服务产品在未来一段时期内供不应求，可采用无差异营销。当产品进入市场成长期或成熟期时，差异性营销是理智的选择。当产品进入市场的衰退期，选择集中性营销可以最大限度地降低企业损失，提高收益率。

4）竞争对手的市场策略是无差异策略，企业就应采用差异性策略，以提高竞争能力；双方都采用差异性策略，企业就应进一步细分市场，实行更有效的差异性或集中性营销；竞争对手弱，可采用无差异营销。

选择适合本企业的目标市场策略是一个复杂多变的工作。企业内部条件和外部环境在不断发展变化，经营者要不断通过市场调查和预测，掌握和分析市场变化趋势与竞争对手的条件，扬长避短，发挥优势，把握时机，采取灵活的适应市场态势的策略，去争取较大的利益。

情景模拟

1. 情景案例

2003年12月13日，由中国移动发起的“‘动感地带’2003中国大学生街舞挑战赛总决赛暨颁奖晚会”在京举行，该活动历时3个多月，直接影响了600万大学生，最后海南职业技术学院和华东理工大学最终凭借动感出众的编舞、挥洒自如的舞姿、高难度的动作技巧脱颖而出，分别获得BREAKING BATTLE和HIP-HOP的第一名,成为“动感地带”的第一代街舞舞王。

“动感地带”面世以来的一系列活动吸引了众多注意力，促使“动感地带”的知名度和市场占有率迅速提升。一位广告界人士说：“动感地带是中国移动通讯领域的第一个真正意义上的品牌。”系列广告中周杰伦现身说法，展现出品牌新奇、时尚、好玩、探索的个性，吸引年轻的消费者融入“动感地带”的天地，拓展出一方属于自己的领地。

“动感地带”是中国移动继“全球通”、“神州行”之后推出的第三个品牌，与前两个品牌对所有的消费者大包大揽不同，“动感地带”一推出就确定了自己的目标市场和定位。它的目标市场是15～25岁年龄段的崇尚新奇事物的年轻一代，通过提供时尚、好玩、探索的移动服务，拉近与消费者的距离，使自己成为消费者生活的一部分。

问题：“动感地带”成功的基础是什么？

2. 角色模拟

假如你是中国联通的总经理，面对中国移动的强势攻击，你该如何去做?

3. 思维启蒙

通过本节的学习，你对目标市场的选择是怎样理解的?

4. 参考答案

1）情景案例：能够有效地针对细分市场进行宣传和推广，并且针对细分市场推出这个市场的产品，结合市场消费者的特性。

2）角色模拟：除了在已有的年轻人的子市场上推出具有竞争力的产品以外，还需要进入其他的子市场，如老年人、妇女、情侣等，推出相应的产品。

3）思维启蒙：略。

第三节　服务市场定位

市场定位这一概念是在商品经济高度发达的情况下产生的。随着现在生产力不断提高，商品日益丰富，在市场有限、消费者能力有限的情况下，丰富的同类商品不可避免地带来同行业之间的竞争。企业要想战胜竞争对手，唯一的方法就是占领消费者的心理位置，成为消费者钟情的企业或首选的商品。

而服务市场定位是指服务企业根据市场竞争状况和自身资源条件，建立和发展差异化竞争优势，以使自己的服务产品在消费者心目中形成区别并优于竞争者产品的独特形象。定位为服务差异化提供了机会，使每家服务企业及其产品在顾客心目中都占有一定的地位，形成特定的形象从而影响消费者的购买决策。定位可以是自发地随时间延长而形成的，也可以是经规划纳入营销战略体系，针对目标市场而进行。

在考虑企业定位以及产品定位之前，服务企业必须首先考虑自己所在的行业在整个服务产业中的位置如何。对于小的服务企业来说，定位策略相对较简单，而对于一些规模大、开展多种业务的服务机构，定位的策略就相对来说就复杂。

服务市场定位主要包括两个互相联系、互相制约、互相影响的因素，即服务产品定位和服务企业定位。

一、服务产品定位

服务产品定位是将某个具体产品定位在消费者心中，无论何时何地，只要消费者产生了相关需求，就会首先想到这种服务产品，达到先入为主的效果。服务产品定位是服务企业定位的基础，因为企业最终销售出去的是服务产品，没有产品在消费者心目中的鲜明形象，就不用再谈企业在消费者心目中的鲜明形象了。

服务产品往往是无形的东西，如美发、音乐会、咨询等，但也可以是有形的产品，如饭店的顾客需要的是高质量的食品。服务定位的目的就是让这些有形无形的服务产品在消费者心目中留下深刻的印象。

案例

香港银行的不同定位

在香港，金融业之兴旺发达，用“银行多过米铺”这句话来形容毫不过分。在这个弹丸之地，数千家各类银行遍布各处，竞争达到白热化程度。在这一狭小而竞争过度的市场空间中，为了站稳脚跟，并把自己手中的蛋糕愈做愈大，各银行使出浑身解数，走出了一条细分市场，利用定位策略，突出各自优势之路，使得香港的金融业呈现出一派繁荣景象。

1. 汇丰银行

其定位于分行最多、实力最强、全香港最大的银行。这是以自我为中心，实力展示式的定位。20 世纪 90 年代以来，为拉近与顾客的感情距离，汇丰银行改变了定位策略。新的定位立足于“患难与共，伴同成长”。旨在与顾客建立同舟共济、共谋发展的亲密朋友关系。

2. 恒生银行

定位于充满人情味的、服务态度最佳的银行。通过走感情路线赢得顾客心。突出服务这一卖点，也使它有别于其他银行。

3. 渣打银行

定位于历史悠久的、安全可靠的英资银行。这一定位树立了渣打银行可信赖的“老大哥”形象，传达了让顾客放心的信息。

4. 中国银行

定位于有强大后盾的中资银行。直接针对有民族情结，信赖中资的目标顾客群，同时暗示它提供更多更新的服务。

5. 廖创兴银行

定位于“助你创业兴家”的银行。以中小工商业者为目标对象，为他们排忧解难，赢得事业的成功。香港中小工商业者是一个很有潜力的市场。廖创兴敏锐地洞察到了这一点，并摸透他们的心理：想出人头地，大展宏图。据此，廖创兴将自身定位在专为这一目标顾客群服务，给予他们在其他大银行和专业银行不能得到的支持和帮助，从而牢牢地占有了这一市场。

（资料来源：http://zhidao.baidu.com/question/92679356.html?si=1）

服务产品的各个要素都要与其定位形象相吻合，一个服务产品应该包括以下因素：

1）服务产品的基本层次就是核心服务产品，也就是顾客真正购买的服务或利益。它体现服务产品的使用价值，能满足消费者某些方面的需要。如对于酒店来说，晚间的顾客购买的就是“休息和睡觉”。

2）服务产品的第二个层次是形式服务产品，指的是服务产品的外在形体，它是核心服务产品的载体。如酒店的形式服务产品就是许多供顾客休息的房间。

3）第三个层次是期望服务产品，也就是顾客购买服务产品时期望的一整套属性和条件。如对于住酒店的顾客来说，期望的就是干净卫生的居住条件和清爽的环境。

4）第四个层次是附加服务产品，指购买这种服务产品的顾客所得到的附加利益和服务。对于酒店来说，可以通过提供鲜花，快速结账服务，优质客房服务等来增加其服务产品的内涵。

5）第五个层次是潜在服务产品，也就是该服务产品将来可能的所有增加和改变。这一层次消费者现在可能体会不到，将来在条件改善后才能享有。

服务产品定位是服务市场定位的第一步。为了取得强有力的地位，企业必须围绕这五个层次进行，务必使自己的服务产品与市场上其他同类服务产品有所不同。

二、服务企业定位

服务企业必须首先定位它们的产品，然后才能在公众中树立起企业的美好形象。而作为定位的最后一步——服务企业定位对前一步起着强化的作用，即企业定位好，则企业的产品定位也会相应地得到持续巩固，还会使企业产生长期效益。

企业定位的内容和范围比产品定位要广得多。一个良好的企业形象和较高的社会地位不仅仅会得到消费者的认可，还会得到与企业相关的所有人员和机构的认可。几乎所有的环节包括产品、财政、广告、价格和公共关系等，都会对企业定位产生影响。

服务企业定位可根据自身的资源优势和在市场上的竞争地位作出以下选择：

1）市场领先者，即在行业中处于领先地位。

2）市场追随者，即在行业中居于次要地位，一时不能建立领导者地位，而采取与市场领先者拉在一起，造成“我也是”的平起平坐的企业定位。

3）市场挑战者，即在同行业中虽居于次要地位，但却以发起与领导者的竞争并迅速的后来居上的企业定位。

4）市场补缺者，即力量单薄的企业在市场中某些部分实施专业化经营，以避免与主要企业发生冲突和重叠而偏安一隅。是仅为市场提供某些有效的专业化服务的企业定位。

任何企业都希望成为市场领先者。有许多不同的差异化途径能够帮助企业创造奇迹，使之成为市场领先者。表 3.3 列举了 12 种不同的定位方式，企业可以根据竞争者和自身的实际状况加以选择。

表 3.3 企业定位方式

定位选择	含义
市场份额领先者	最大的规模
质量领先者	最好的或最可信的产品或服务
服务领先者	最迅速地为客户排忧解难
技术领先者	最早发明的新技术
创新领先者	在技术运用上最具有创造性
灵活领先者	最具适应性
关系领先者	在致力于客户服务方面最成功
知识领先者	具有最好的技术和服务功能
全球领先者	在国际市场上占据最佳位置
折扣领先者	最低的价格
价值领先者	最优的性价比

由于市场定位的最终目的是提供差异化的产品或服务，使之区别和优于竞争对手的产品或服务。虽然服务产品的差异化不如有形产品那样明显，但是，每一种服务都能让消费者感受到不同的特征。因此，服务企业在进行定位时必须尽可能地使其产品具有十分显著的特色，以最大限度地满足顾客的要求。通常，有以下几个原则要求服务企业满足：

1）重要性。该差异所体现出的需求对顾客来说是非常重要的。

2）显著性。服务企业产品同竞争对手之间具有明显的差异。

3）沟通性。这种差异能够很容易被顾客所认识和理解。

4）独占性。这种差异很难被竞争对手模仿。

5）可支付性。目标顾客认为因服务产品差异而付出额外花费是值得的，从而愿意并有能力购买这种差异化产品。

6）盈利性。服务企业能够通过实行差异化而获得更多的利润。

三、服务企业定位的方法

1. 以服务特色进行企业定位

企业的服务特色是构成服务产品名牌效应的重要因素。此种方法可以造成服务产品带动企业，企业托起服务产品特色的互动效应，使消费者在接受优质服务的同时接受企业。

2. 以企业形象设计、整合、宣传，进行企业定位

企业通过设计，整合，宣传崭新的企业形象来扩大影响，深入人心，通过企业魅力和张力确定自身的定位。

3. 以企业的杰出人物定位

企业的杰出人物在社会上易产生轰动效应，消费者的心理容易产生爱屋及乌的连带效应，由对杰出人物的崇敬和爱戴而产生对企业的好感，从而在公众心目中确定企业的位置。

4. 以公共关系手段进行企业定位

即以社会名流的视察、赞颂，或以承办某些大型公益性、娱乐性活动，或通过展示会、研讨会等形式，强调企业在社会公众中的影响，以确定企业在消费者心中的位置。

5. 以满足顾客自身利益进行企业定位

企业通过顾客所能获得的利益，解决问题的方法及需求满足的程度，来使顾客感受到它的定位。例如，在汽车市场上，德国的“大众”享有“货币的价值”之美誉；日本的“丰田”侧重于“经济可靠”；而“梅赛德斯”则是“身价的象征”。

6. 以使用者的情况进行企业定位

企业将其归入某个细分市场，试图让消费者对企业本身产生一种量身定制的感觉。

案例

米勒啤酒公司的定位

美国米勒啤酒公司曾将其定位于“啤酒中的香槟”，吸引了许多不常饮用啤酒的高收入妇女。后来发现，占30%的狂欢者大约消费了啤酒销量的80%，于是，该公司在广告中重新了展示石油工人钻井成功后狂欢的镜头，还有年轻人在沙滩上冲刺后开怀畅饮的镜头，将其塑造成一个“精力充沛的形象”，在广告中还提出“有空就喝米勒”，从而成功占领啤酒狂饮者市场达10年之久。

（资料来源：http://www.henanwine.com/a/Jiaocheng/9/2010/0126/3914.html）

四、服务企业定位的传播

企业和服务的定位需要通过它所有的与顾客隐性和显性的接触来传播出去，即意味着企业的员工，政策和形象都应当反映类似的形象，传递期望中的市场定位。而事实上，

企业期望的定位和实际传播的定位往往不相一致。因此，当企业制定了一个明确的定位战略以后，那么必须要通过有效的方式和途径将其传播出去。

1. 服务产品

服务产品本身能够传播定位，如巴克莱联系卡就帮银行把企业定位为具有创造性的革新者。这种卡具有多种功能，如现金提取、支票担保、万事达卡的使用直接记入现有支票账户及储蓄卡等。

2. 价格

连锁商店非常清楚价格在定位中的作用。价格以及一定价格带来的服务质量的改变有助于企业进行重新定位。

3. 服务的便利性和地理位置

现在很多银行把自己定位为更加接近顾客——广泛使用自动柜员机，同时还延长银行的营业时间。

4. 促销

促销和定位的联系十分密切，因为正是广告和促销方案使得定位得以传播。以下的定位主题或口号有助于强化企业期望的定位：

IBM——每时每刻为每个顾客提供快速可靠地服务；

宏基——为每个人提供现代化技术；

联邦快递——完全地不分昼夜地递送。

5. 员工

员工对定位起着关键作用。企业在传递其定位之前，首先要对员工进行培训以提高其服务表现。

6. 顾客服务

顾客对自己直接接受的服务质量的高低最有感触，因此可以把对顾客的直接服务作为一个竞争者不易模仿的武器来使用，获取竞争优势。

实战要点

服务定位的关键在于对消费者需求心理的把握，对消费者心理越了解，定位就会越准确。

追求差异化来赢得竞争优势地位。通过各种媒体和渠道向消费者传递企业差异化特征信息，引导消费者关注企业的品牌、产品，并产生联想。在香港，报纸发行的密集度相当高，有 60 多种，竞争十分激烈。而其中佼佼者都是通过差异化策略形成自己的特

色来赢得竞争优势地位：明报——政论性；信报——财经与商业；东方日报——市民家居；星岛日报——社区新闻等。

赋予服务产品个性，使竞争对手无法模仿。这个个性可能与产品无关，但只要有创意并能得到消费者的认可，就能成为战胜竞争对手的有力武器，并在市场上占领有利地位。

市场是在不断变化的，消费者需求在变、技术在变、产品在变，竞争也在变。企业必须根据这些变化及时调整其定位策略，以适应市场的发展，确保自己的竞争地位。

情景模拟

1. 情景案例

小李是某个体水果店的老板，前段时间进了一批水果，原以为临近圣诞节，可以赚一笔。但由于进货价格偏高，加上做水果生意的人多，苹果销售一直不理想，眼看苹果就要烂了，看来亏损已成定局。这天他看着街上一对对情侣，突发奇想。他到附近商店买来节日织花用的红彩带，将苹果两两扎在一起，然后树起一块广告牌，上面写着："情侣苹果心心相印"。许多经过的情侣们看到这个广告感觉很新鲜，用红彩带扎在一起的一对对苹果看起来很有情绪，因而来买的人很多。结果没几天小李店内积压的苹果全部卖光了，小李不但没有亏本，还赚了一笔。

问题：小李为什么能扭亏为盈？

2. 角色模拟

你从中能得到什么启示？

3. 思维启蒙

通过本节的学习，如何来运用服务市场定位的知识。

4. 参考答案

1）情景案例：因为小李巧妙的对市场进行了细分，成双成对的情侣给了他突发灵感，其对产品定位更是心迹奇巧，用红彩带两个一扎，称为"情侣"苹果，对情侣非常具有吸引力，即使苹果不好销的大冷天也高价畅销了。

2）角色模拟：一是市场营销需要知识和智慧；二是在市场营销中，要注意分清众多细分市场之间的差别，并从中选择一个或几个细分市场；三是要针对这几个细分市场进行有效的、差异性的市场定位。

3）思维启蒙：略。

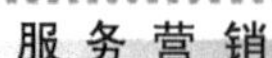

知识链接

品牌定位（brand positioning）是在综合分析目标市场与竞争情况的前提下，建立一个符合原始产品的独特品牌形象，并对品牌的整体形象进行设计、传播，从而在目标消费者心中占据一个独具价值地位的过程或行动。其着眼点是目标消费者的心理感受，途径是对品牌整体形象进行设计，实质是依据目标消费者的特征，设计产品属性并传播品牌价值，从而在目标顾客心中形成该品牌的独特位置。品牌定位是企业在市场定位和产品定位的基础上，对特定的品牌在文化取向及个性差异上的商业性决策，它是建立一个与目标市场有关的品牌形象的过程和结果。

品牌定位是市场定位的核心和集中表现。企业一旦选定了目标市场，就要设计并塑造自己相应的产品，品牌及企业形象，以争取目标消费者的认同。由于市场定位的最终目标是为了实现产品销售，而品牌是企业传播产品相关信息的基础，品牌还是消费者选购产品的主要依据，因而品牌成为产品与消费者连接的桥梁，品牌定位也就成为市场定位的核心和集中表现。

品牌定位的目的就是将产品转化为品牌，以利于潜在顾客的正确认识。成功的品牌都有一个特征，就是以一种始终如一的形式将品牌的功能与消费者的心理需要连接起来，通过这种方式将品牌定位信息准确传达给消费者。因此，企业最初可能有多种品牌定位，但最终的是要建立对目标人群最有吸引力的竞争优势，并通过一定的手段将这种竞争的优势传达给消费者转化为消费者的心理认识。

思考与练习

1．区别概念：服务产品定位与服务市场定位。
2．如何评价服务产品差异化特征？
3．服务市场细分的依据有哪些？
4．评估细分市场应该考虑哪些因素？
5．服务产品定位的方法有哪些？

中国移动的动感地带品牌

根据麦肯锡对中国移动用户的调查资料表明，中国将超过美国成为世界上最大的无线市场，从用户绝对数量上说，到 2005 年中国的无线电话用户数量将达到 1.5～2.5 亿

个，其中将有 4000 ~ 5000 万用户使用无线互联网服务。资料还表明，25 岁以下的年轻新一代消费群体将成为未来移动通信市场最大的增值群体。

中国移动敏锐地捕捉到这一信息，将以业务为导向的市场策略率先转向了以细分的客户群体为导向的品牌策略，在众多的消费群体中锁住 15～25 岁年龄段的学生、白领，产生新的增值市场。锁定这一消费群体作为自己新品牌的客户，是中移动“动感地带”成功的基础。

1. 选定目标市场

（1）从目前的市场状况来看，抓住新增主流消费群体

15～25 岁年龄段的目标人群正是目前预付费用户的重要组成部分，而预付费用户已经越来越成为中国移动新增用户的主流，中国移动每月新增的预付卡用户都是当月新增签约用户的 10 倍左右，抓住这部分年轻客户，也就抓住了目前移动通信市场大多数的新增用户。

（2）从长期的市场战略来看，培育明日高端客户

以大学生和公司白领为主的年轻用户，对移动数据业务的潜在需求大，且购买力会不断增长，有效锁住此部分消费群体，三五年以后将从低端客户慢慢变成高端客户，企业便为在未来竞争中占有优势埋下了伏笔，逐步培育市场。

（3）从移动的品牌策略来看，形成市场全面覆盖

全球通定位高端市场，针对商务、成功人士，提供针对性的移动办公、商务服务功能；神州行满足中低市场普通客户通话需要；“动感地带”有效锁住大学生和公司白领为主的时尚用户，推出语音与数据套餐服务，全面出击移动通信市场，牵制住了竞争对手，形成预置性威胁。

2. 针对目标市场的品牌策略

选定了目标市场，接下来就是如何建立符合目标消费群体特征的品牌策略并进行传播。因此，品牌名称、品牌个性、广告用语等都应吻合年轻人的心理特征和需求。

（1）动感的品牌名称

“动感地带”突破了传统品牌名称的正、稳，以奇、特彰显，充满现代的冲击感、亲和力，同时整套 VI 系统简洁有力，易传播，易记忆，富有冲击力。

（2）独特的品牌个性

“动感地带”被赋予了“时尚、好玩、探索”的品牌个性，同时提供消费群以娱乐、休闲、交流为主的内容及灵活多变的资费形式。

（3）炫酷的品牌语言

富有叛逆的广告标语“我的地盘听我的”，及“用新奇渲泄快乐”、“动感地带（M-ZONE），年轻人的通讯自治区！”等流行时尚语言配合创意的广告形象，将追求

独立、个性、更酷的目标消费群体的心理感受描绘得淋漓尽致，与目标消费群体产生情感共鸣。

（4）犀利的明星代言

周杰伦以阳光、健康的形象，同时有点放荡不羁的行为，成为流行中的“酷”明星，在年轻一族中极具号召力和影响力，与动感地带“时尚、好玩、探索”的品牌特性非常契合。可以更好地回应和传达动感地带的品牌内涵，从而形成年轻人特有的品牌文化；

（5）整合的营销传播

选择目标群体关注的报媒、电视、网络、户外、杂志、活动等，进行立体传播轰炸，在所有的营销传播活动中，都让目标消费群体参与进来，产生情感共鸣，特别是全国“街舞”挑战赛，在体验之中将品牌潜移默化的植入消费者的心智，起到了良好的营销效果。

“动感地带”凭借其市场细分和品牌策略，将中国电信市场从资源竞争带入了营销竞争时代。目前，“动感地带”的用户已远远超出一千万，并成为移动通信中预付费用户的主流。

（资料来源：http://zhidao.baidu.com/question/151207942.html?push=related）

案例讨论：

1．市场细分的主要变量是什么？中国移动是怎样进行市场细分的？

2. 选择目标市场时要考虑哪些因素？中国移动为什么把目标市场锁定在15～25岁年龄段的学生、白领？

3．动感地带的品牌策略有何特点？是如何传播的？

第四章 服务质量与服务质量管理

预期的学习成果

1. 学生能够正确分析服务质量的内涵。
2. 学生能够概括出影响顾客对服务企业质量感知的主要因素。
3. 学生能够归纳服务企业与顾客对服务质量感知的差距是如何形成的。
4. 学生能够举例说明应采取哪些措施解决服务质量差距。
5. 学生能够正确介绍全面服务质量管理的工作内容。

服务区别于生产性产品的主要特征是服务具有无形性、不可储存性和多变性，需要通过服务人员和顾客的交往共同完成。因此，需要加强对服务质量的研究来保障服务的实施效果。在具体的实践中，影响服务质量的因素往往繁多而且较为复杂：首先，服务质量的内涵与评价标准常因服务产品不同而表现出极大的差异性；另外，产品的制造者，社会质量监察部门和产品的消费者对同一服务产品的服务质量的认可程度并不完全相同；再者，消费者对服务质量的评价需要同时考虑服务的结果和服务过程的质量；最后，服务质量不仅和服务的提供者个人的素质、服务的技能有关，还与消费者的当时心理，他们的兴趣、爱好等因素相关。由此可见，服务质量的构成要素、形成过程、考核依据和评价标准均有别于有形产品，所以，需要制定一套服务质量和效果的评估统一标准，并利用科学的方法与手段对服务质量进行有效的控制，加强服务质量管理，实现服务营销目标。

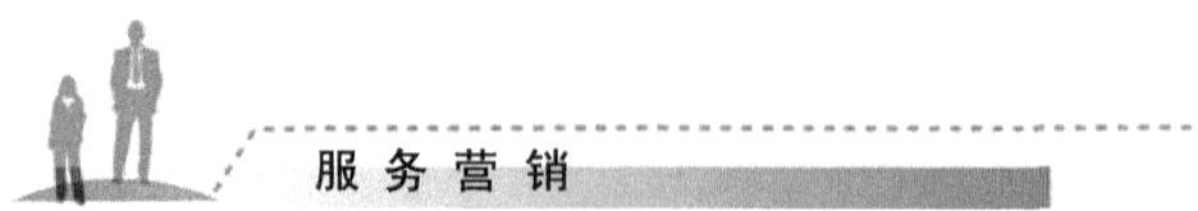

第一节　服务质量的内涵与属性

一、服务质量的内涵

质量问题的探索由来已久，国际标准化组织 ISO8401—1994 对质量的定义：质量是反映产品或服务满足或隐含需要能力的特征和特性的总和。美国国家标准研究所和美国质量协会将质量定义为：质量是指产品和服务得以满足一定需要的全部特征和性质。20 世纪 60 年代以来，很多学者开始专门针对服务质量展开研究。詹姆斯和莫娜认为：服务质量是指服务能够满足规定和潜在需求的特征和特性的总和，是指服务工作能够满足被服务者需求的程度。是企业为使目标顾客满意而提供的最低服务水平，也是企业保持这一预定服务水平的连贯性程度。特性是用来区分不同类别的产品或服务，而特征则是用来区分同类服务中不同规格、档次、品味的服务。在最新发布的 2000 版 ISO 9000 族标准质量管理体系中对于质量的定义是："一组固有的特性满足要求的程度。"这是对质量的高度概括化定义。

依照上述几种定义，我们认为服务作为一种具有无形性的特殊产品，其生产过程是一个有顾客直接参与的过程。基于这种过程的特殊性，服务质量的内涵包括以下内容：

1）服务质量是顾客感知的对象。

2）服务质量是在顾客与服务提供人员互动过程中产生的，是通过服务生产和交易过程中的每一个环节表现出来的。

3）服务质量是一种主观质量，衡量服务质量既要有客观方法，还需要按照顾客主观的认识加以评估和检验，有时还要衡量服务提供组织与顾客之间的关系。

4）服务质量的形成，包括全体员工的参与，是一种整体服务质量，故服务质量提高需要内部形成有效管理和支持系统。

二、服务质量的构成要素

服务质量是由技术质量、职能质量、形象质量和真实瞬间构成，它是顾客感知质量与预期质量的差距的具体体现，属于顾客的主观范畴。

1）技术质量是指服务过程的产出。也就是顾客从服务过程中所得到的东西。例如，照相馆拍出的照片是否清晰、空调安装所产生的噪音的大小、酒店的服务是否到位等。它是服务交易的核心内容，并且具有一定的可感知性。

2）职能质量是指服务推广过程中顾客所感受到的服务人员在履行职责时的行为、态度、着装和仪表等给顾客带来的利益和享受。职能质量完全取决于顾客的主观感受。

3）形象质量是指消费者企业在社会公众心目中形成的总体印象。顾客可以从企业的资源利用、组织结构、市场运作、企业行为方式等多个侧面来认识企业形象。

4）真实瞬间是指在特定的时间和特定的地点，服务供应者抓住机会向客户展示其服务质量的过程。由于服务产品的不可储存性和服务过程的不可重复性，要求企业在提供服务产品的过程中应计划周密，执行有序，防止棘手的“真实瞬间”出现。

巧手点金

“优质”对服务来讲，却是一个相对的而又难以把握的概念，它既要符合企业制定的服务标准，又要较好地满足顾客的需要；既要考查服务的结果，又要评估服务的过程。而服务标准的制定又必须以顾客满意为指导。因此，整体感受质量不仅取决于预期质量与体验质量之比，也决定于技术质量和职能质量的水平（见图 4.1）。

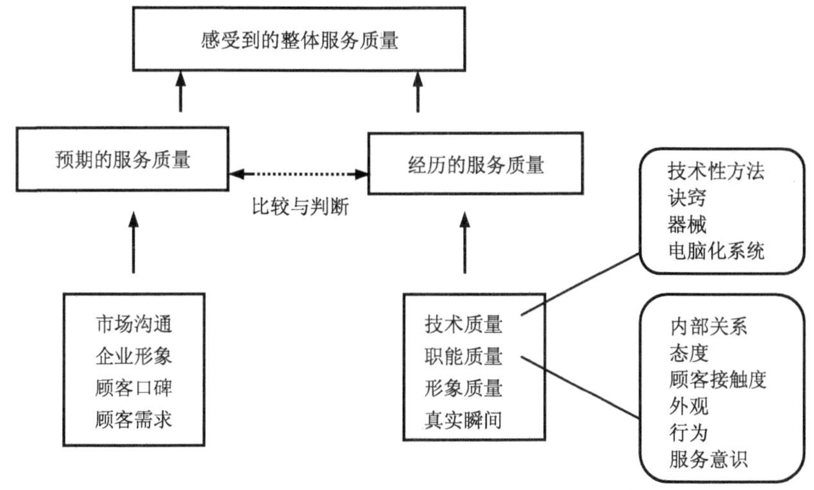

图 4.1　顾客感受到的服务质量

预期服务质量是影响顾客对整体服务质量感知的比较前提。预期质量过高，即使消费者所接受的服务水平是很高的，他们仍然会认为企业的服务质量较低。帮助消费者形成正确预期，需要企业从市场沟通、企业形象、顾客口碑、顾客需求等方面做好文章。

消费者在服务过程中获得优质服务质量对服务企业的生存有着直接的现实意义。优质的服务质量能够直接影响顾客满意度，强化顾客对企业正面映象，从而帮助顾客作出再次购买的决定，提高了服务的回头率和目标顾客的保有率甚至服务企业的经济利益。因此，提供高品质的服务产品成为服务企业经营管理的关键。

案例

一夜与一生

一个暴风雨的晚上，有对老夫妇走进一家旅馆的大厅要求订房。“很抱歉”，柜台里一位年轻的服务生说，“我们这里已经被参加会议的团体包下了。”看到老夫妇一脸的遗憾，服务生赶紧说：“先生、太太，在这样的夜晚，我实在不敢想象你们离开这里却又投宿无门的处境。如果你们不嫌弃的话，你们可以在我的房间里住一晚，那里虽然不是豪华套房，却十分干净。我今天晚上要在这里加班工作。”

第二天一大早，当老先生下楼来付住宿费的时候，那位服务生婉言拒绝了老先生，说：“我的房间是免费借给你们住的，我昨天晚上在这里已经挣取了额外的钟点费，房间的费用本来就包含在里面了。”老先生说：“你这样的员工是每一个旅馆老板梦寐以求的，也许有一天我会为你盖一座旅馆。”年轻的服务生听了笑了笑。他明白老夫妇的好心，但他只当它是一个笑话。

又过了几年，有一天，那个服务生忽然接到了老先生的来信，老先生邀请他到曼哈顿去见面，并附上了往返的机票。几天以后，服务生来到了曼哈顿，在一栋豪华建筑物前见到了老先生。老先生指着眼前的建筑物解释说：“这就是我专门为你盖的饭店，我以前曾说过的，你还记得吗？”这家饭店就是美国著名的渥道夫—爱斯特莉亚饭店的前身，这个年轻的服务生就是该饭店的第一任总经理乔治•伯特。乔治•伯特怎么也没有想到，自己用一夜的真诚换来的竟是一生辉煌的回报。

虽然在生活中这种例子是极个别，为客人提供的服务，也不是为了回报，只是每月准时的工资。但要知道，满腔热忱地为客人提供意想不到的、惊喜的优质服务，有朝一日，客人的回报也会是惊喜和意想不到的。这不是天方夜谭，上面就是一个例子。

（资料来源：http://www.canyin168.com/glyy/yg/ygpx/fwal/201004/20957.html）

技巧与方法

服务质量是一个相对标准，客户对服务质量的评价高低取决于其事前对服务的期望值与实际感知的服务之间的差距。在实际过程中，客户对服务质量的评价表现为满意程度，即

服务质量＝客户实际感受到的服务－客户期望得到的服务

当实际感受到的服务等值于期望得到的服务时，客户会表示基本满意，但不会留下特别深刻的印象；当实际感受到的服务超越了期望得到的服务时，客户会表示十分满意，并为高水平服务质量可能会再度光顾；当实际感受到的服务没有达到期望得到的服务时，客户会表示不满意，必定不再有下次的光临。

实战要点

尽管不同的服务之间有较大的差异性，但我们总可以找到它们之间的共性，去了解它们。了解一项服务的具体内容可以从以下几个主要的方向来开展。

1．服务项目

服务业种类繁多，每一种行业都有其特定的服务项目。例如：饭店为客人提供吃、

住、订机票、洗衣、筹办会议等服务；银行为顾客提供储蓄、投资、理财等服务。

2. 服务流程

服务流程指完成服务提供的方法或服务程序。例如，同样是零售商店，超级市场一般是自助购物，商场提供的服务的程序主要是购物环境布置、卫生、标示设置、商品陈列（这几项通常在非营业时间内完成）、提供购物篮、收款、打包（这几项一般在顾客购物过程中完成）等；而常见小卖店提供服务的程序则为：顾客提出要选购的商品、店员为顾客取货、顾客挑选、提供针对货物的相关资询、收款、包装等。

3. 服务结构

服务结构指有形设施的布局结构和服务组织的组织结构。例如：医院的结构就必须考虑到其设施的便利性或者安排专门的导医台为前来应诊的病人提供咨询服务；而超市的布局通常按用途划分，功能相似的物品放在相邻的地方，如水果和蔬菜放在一起，而服装和床上用品放在一起等。

4. 服务结果

服务结果即衡量服务质量的最终标准，是顾客对服务质量的最终评估。前三种要素的组合程度和适应程序最终由服务结构来决定。

5. 服务影响

服务影响指服务对社会或社区造成的影响。例如，自从增设了很多治安执勤点以来，本市的“两抢”案件犯罪率下降了，治安状况好了很多。

情景模拟

1. 情景案例

小梅的妹妹要结婚了，小梅打算送给她一套首饰，但因为工作较忙，一直没有时间购买。这天她加完班就直奔商场，正好离商场关门还有 10 分钟，可是店员很不耐烦地告诉小梅马上要关门，已经停止营业了。小梅非常着急，因为第二天就是小梅妹妹的婚期，可店员只摆出一副无奈的表情，并告诉她这是商场的规定。

问题：你认为上述案例中店员的服务有何不妥？

2. 角色模拟

这时，旁边正好有另外一位店员看到了这一幕。假设你是这位店员，你会怎样处理？

3. 思维启蒙

如果上述案例中顾客的要求不能被满足，应该如何处理？

4．参考答案

1）情景案例：首先，店员的态度不好，不论离下班的时间还差几分钟，他们的工作情绪都应该是饱满的，工作态度也应该是认真的；第二，虽然商场规定的停止营业时间已到，但是当看到顾客非常着急时，应该先了解情况，再酌情处理，如果超出了自己的权限，可以及时向领导反映。

2）角色模拟：作为这位店员，应该主动过来了解情况，并及时向主管反映，由于顾客是急用，可以为顾客争取一点购物时间。另外，还可以通过了解顾客购物的用途，为其提供一些特殊的附加服务，如加送一套精美的包装，还可在包装上打上企业的logo。这样的服务虽然微不足道，但却非常人性化，是真正以顾客的利益为出发点，为顾客着想，因此能够迅速的增强顾客对服务的好感，进而大大提升满意度。

3）思维启蒙：如果顾客的要求可以得到满足，应该尽量的为顾客争取，如果不能解决，应该先对顾客进行解释不能满足的原因，再为顾客提供一些其他的办法，如请顾客留下地址，第二天一早免费送货，或者给顾客一些优惠券等。总之，应以谦和的态度，多站在顾客的角度寻找解决问题的办法。

第二节　服务质量评估

一、服务质量的评估标准

对服务质量的评价有两种基本方式：一是由专门的质量认证机构通过鉴定、批准、注册等方式给出的质量评价，是“对实体具备的满足规定要求能力的程度所作的有系统的检查”（见ISO/DIS10014《全面质量管理经济效果指南》）；二是由顾客根据主观感受给出的质量评价。但事实上这两种评价方式都以满足顾客需要为准则。

对于一个企业来说，如何提高顾客的满意度是一个很重要的问题。顾客的满意度是一个顾客的主观感受，只能通过顾客的需要的满足程度来确定，企业无法进行精确的预测。因此，在实际工作中，并不能够孤立的采用一种评价方式，而应该同时既注重产品本身又注重消费者的感受，根据顾客的需要不断完善产品本身的品质，才能树立良好的品牌形象和企业的知名度、信誉度，提升顾客的满意度，扩大市场占有率，从根本上实现企业的既定目标。

服务质量的评价是服务企业对顾客感知服务质量的调研、测量和认定。根据服务质量的四个基本构成要素和服务管理的特点，从管理角度出发，优质服务应满足以下标准：

1．规范化和技能化

服务供应方需要具有一定能够达到行业或国家等级标准的专业知识和技能。在提供服务的过程中，运用这些专业知识和技能通过规范作业，解决顾客疑难问题，为消费者

提供满意的服务。（参见有关行业技能标准）

2. 态度和行为

服务人员要以热情友好的服务态度、文明规范的行为举止，主动为消费者提供规范的服务。（岗位标准）

3. 可亲近程度和灵活性

提供服务的时间、地点、人员和服务系统的设计与操作，需要充分考虑顾客的特点和要求，并能够进行灵活的调整，使顾客获得满意的服务。（参见有关过程标准）

4. 可靠性和忠诚度

要让顾客信任服务人员，享受服务的过程。企业及其员工就要树立起真诚服务的信念，以最大限度满足顾客的利益为企业的宗旨，严格履行自己的承诺，尽心竭力及时为顾客排忧解难。（参见有关过程标准）

5. 自我修复

由于服务对象和服务过程的各种差异，服务中难免出现差错和意外，而有效的补救措施是在此情况下保证客户满意度的关键。因此，服务供应者要具备无论在什么情况下，都能迅速采取行动，控制事态发展，寻找新的切实可行的补救措施的能力。（参见有关过程标准）

6. 名誉和可信度

服务供应者拥有良好的业绩和品牌价值，不仅可以为企业创造良好的声誉，还能够给顾客带来较高的价值。顾客相信企业的经营活动具有超凡价值，顾客的消费是物有所值。（参见有关形象标准）

在以上六个标准中，规范化和技能化与服务的技术质量相关，名誉和可信度与形象有关，可充当过滤器的作用。而其余四项标准——态度与行为、可亲近程度和灵活性、可靠性和忠诚度、自我修复，都显然与过程有关，代表了职能质量。

通过大量理论研究和实证分析提出的这六个优质服务标准，对一般的服务过程管理具有普遍的指导作用和较强的实用价值。在具体实践中，往往由于行业不同，服务内容和服务对象也会有所区别，故不同的行业或企业在选择执行标准的时候会有所侧重。例如，医院必须将规范化和技能化标准放在第一位，旅行社对导游的可亲近程度和灵活性要求较高。另外，我们不排除在在上述六个标准之外，也还会存在一些专业化很强的质量标准。

二、服务质量差距管理

美国市场营销学家 A. 帕拉苏拉曼、赞瑟姆和白瑞（A.Parasuraman，Zeithaml，Berry，

PZB）通过认真分析不同服务行业在服务传递过程中各主体的沟通差距，发现在企业中可能存在一些缺陷，造成这些缺陷的原因比较复杂，有的是企业的因素，有的是顾客的问题，但是这些缺陷的存在最终会导致顾客期望的服务与其在服务消费过程中的实际感受之间出现差距。1988 年 PZB 提出了服务质量差距模型，他们认为，企业服务质量低下的原因在于服务过程中存在着一些差距，这些差距共同决定了顾客对服务质量的满意程度（如图 4.2 所示）。

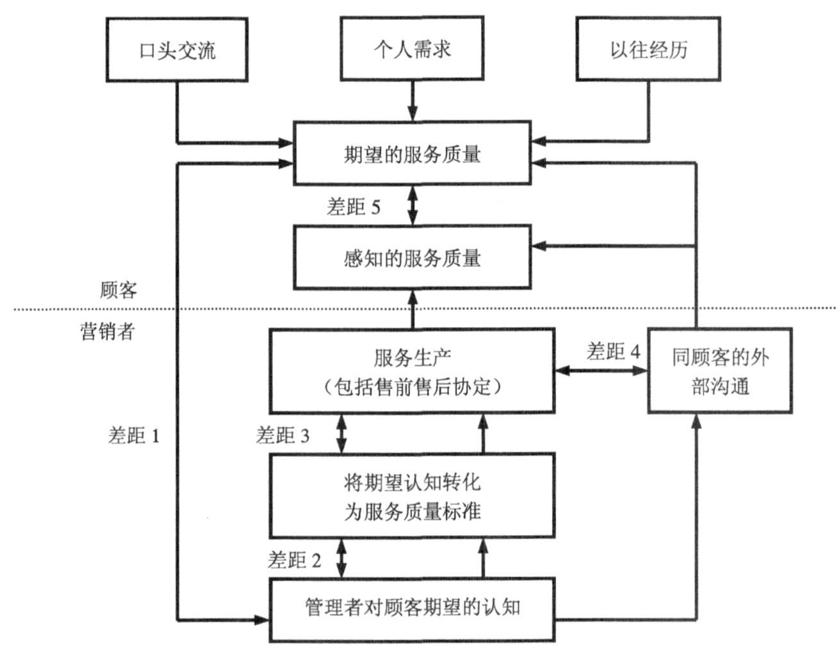

图 4.2　服务质量差距模型

1）差距 1：顾客期望与管理者对顾客期望认知的差距。

2）差距 2：管理者对顾客期望认知与服务质量标准的差距。

3）差距 3：服务质量标准与实际交付的服务质量的差距。

4）差距 4：服务交付与顾客的外部沟通的差距。

5）差距 5：顾客所期望的服务与感受到的服务的差距。

巧手点金

正确认识服务质量差距产生的原因。

（1）差距 1：顾客期望与管理者对顾客期望认知的差距

产生这种差距的原因有：

1）市场信息研究不准确。酒店经理可能认为顾客期望在酒店里吃好一点，喝好一

点，而现代人的健康意识很强，他们更注重酒店的卫生条件和舒适的就餐环境。

2）信息沟通失真。信息在传递过程中或多或少带有一定的个人色彩。

3）管理层次多。每一层次都会过滤信息或增加对信息的说明，曲解信息内容，并影响信息的传递速度。

（2）差距 2：管理者认知与服务质量标准的差距

管理者依据自己对顾客需求的判断设置服务质量标准，这种标准不是一个能满足顾客期望的服务质量目标并将这些目标转换成切实可行的标准。

（3）差距 3：服务质量标准与实际交付的服务质量的差距

这类差距是在服务过程中形成的，也称为"服务绩效差距"。在实际服务过程中，服务系统未能按服务标准提供服务的原因很多，有管理方法和监督机制问题，有员工的专业素质问题和技能、态度问题，还有生产系统和技术设备的问题。

（4）差距 4：服务交付与对外部沟通的差距

这一差距主要是指服务企业在营销沟通过程中所做出的承诺与实际提供的服务不一致。引起这一差距的原因有以下两点：

1）是服务企业内部各职能部门（如生产部门、营销部门、管理部门等）之间的横向沟通不够。如果沟通不到位，就会形成各部门协调上的差异，从而导致顾客对企业整体服务质量的质疑。

2）过度承诺。在激烈的市场竞争中，为了获取竞争优势，急于推出新的服务项目，企业没有考虑到自己实际提供相关服务的能力，在促销宣传活动中做出了夸大的宣传，或过度的承诺，误导顾客对服务质量的期望。而在实际提供的服务过程又没有达到承诺的标准，这势必会引起顾客感受服务质量的负面影响。

（5）差距 5：顾客所期望的服务与感受到的服务的差距

顾客对服务质量的主观判断受许多因素影响，这些因素会改变对已经交付服务的感受。这是上述四种差距的综合反应。在不同的环境下，顾客对服务质量的期望是不同的。如果服务人员不注意这种区别，刻板地运用通常的服务标准，就会使自己认为的"标准服务"与顾客所期望的服务之间存在有差距。

技巧与方法

差距分析模型指导企业管理者发现引发质量问题的根源，并寻找适当的消除差距的措施。

1）差距 1：尽量采取扁平型组织结构，缩短信息传递线路，提高信息的真实性。

2）差距 2：依据客户期望制定服务标准，明确为具体的工作任务，将服务传递工作标准化。

3）差距 3：明确岗位职责，预防角色冲突，合理配置人、设备与任务的组合，完善监督控制系统，加强员工培训，重视团队合作。

4）差距 4：加强各部门之间的沟通，使企业的外部营销沟通的计划和执行与服务生产统一起来；广告宣传实事求是介绍企业和服务项目与标准，防止虚假、夸大和存在承诺过多的倾向；加强与改善企业的软硬件设施建设，努力提高企业实际服务水平。

5）差距 5：注重观察了解消费者的个人需要；对一些消极的负面质量评价要给予足够的重视，改进服务质量；充分利用口碑效应和良好的企业形象来引导消费者对服务质量的评价，让顾客的每一次消费过程都留下良好的印象。

差距分析模型的意义在于，差距分析是判定服务活动中厂商与顾客之间不协调性的一种直接和合适的途径。分析这些情况是制定使预期与实际相一致的战略战术的一种逻辑基础，这样做可以提高顾客满足感和正面质量评价的合理性。差距分析模型是一种直接而有效的分析工具，利用它可以发现服务提供者与顾客之间对服务观念存在的差异。明确这些差距是制定战略、战术以及保证期望质量和现实质量一致的理论基础。这会使顾客给予质量积极评价，提高顾客满意程度。

三、服务质量评估方法

20 世纪 80 年代末，一种新的服务质量评价体系——SERVQUAL 模型被管理者和学者广泛接受和采用，其理论核心就是前文中提到的“服务质量差距模型”。该模型是一个评价服务质量和用来决定提高服务质量行动的有效工具，它将顾客感知到的服务质量分为五个层面：

1. 可感知性

服务质量的可感知性（perceptibility）是指服务产品中的“有形部分”（tangibles）可以为顾客所感知，如照相馆的场景设计、图书馆的计算机检索系统、汽车维修专业化的设备与厂房以及服务人员仪态、仪表等。尽管从本质讲，服务产品并不是某种实物，而是一个行为过程，具有无形性的特征，但是，顾客可以借助这些有形的、可视的部分去感受服务质量的基本水准。

2. 可靠性

服务质量的可靠性（reliability）是指企业准确无误地完成自己的承诺服务。许多以优质服务著称的企业都是通过“可靠”的服务来建立自己的声誉。比如，麦当劳的顾客会发现，在去除文化背景因素之外，无论在美国还是在中国，你都能够吃到具有相同质量水平的汉堡包。

3. 反应性

反应性（responsiveness）是指服务企业随时准备为顾客提供快捷、有效的服务。企

业能否及时而有效地满足顾客的要求，体现了企业经营的指导思想，即是否把顾客利益放在第一位，一切以满足顾客需求为出发点。服务效率的高低是服务质量的一种具体表现，它将直接影响到顾客对服务质量的评价。

4. 保证性

保证性（assurance）是指服务人员的友好态度和胜任工作的能力，它能增强顾客对企业服务质量的信心和安全感。礼貌、友好、和蔼服务态度是顾客与服务人员进一步交往与沟通的基础，而服务人员高超的专业技能则是服务质量的可靠保证。

5. 移情性

移情性（empathy）是指企业要真诚地关心顾客，了解他们的实际需要（甚至是私人方面的特殊要求）并予以满足，要求服务人员站在顾客的角度，想顾客所想、急顾客所急。

SERVQUAL 模型广泛运用于服务性行业，用以理解目标顾客的服务需求和感知，并为企业提供了一套管理和量度服务质量的方法，如图 4.3 所示。在企业内部，可用 SERVQUAL 模型来理解员工对服务质量的感知，从而达到改进服务的目的。但是，PZB 也做了特别说明：当 SERVQUAL 在不同的行业或企业中应用时，要对表中的问题或者对服务质量的五个维度均可作出相应的调整，以满足不同行业或企业的实际情况，保持模型的科学性和适应性。

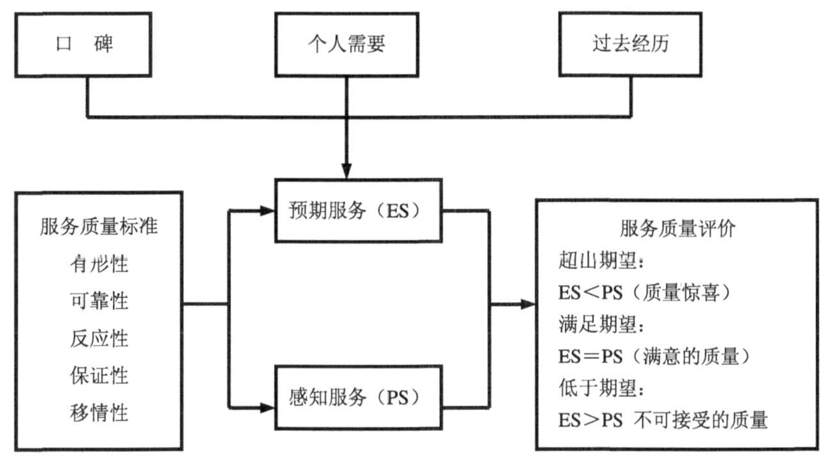

图 4.3　感知服务质量

巧手点金

顾客对服务质量的评价包含着很多因素，有些是可见的有形因素，如服务环境等，但也有心理之类的无形因素，由于服务产品具有这种无形性和特殊性，导致了服务质量的属性并不像有形产品那样，可以用比较客观的量化标准对它进行描述和测量，只能采

取主观性很强的预期质量去评价。

对这类主观性较强的评价采取统计方法一般都会取得较好效果。有学者曾利用SERVQUAL模型对国内外知名酒店进行了大规模抽样调查。测量时使用两套量表：一套测量服务期望，一套测量服务感知。在两套量表中，都设有9个方面对应的问项；测量取7个值，“7”表示非常满意，“1”则表示非常不满意，中间刻度分别为“很满意”、“满意”、“一般”、“不满意”、“很不满意”，分值依次递减。测量方法是先度量顾客期望，这种期望主要受自身经历、广告、促销、企业形象和顾客口碑等因素的影响；再度量顾客感知，这是一种体验质量，最后计算两者的差，即为判断服务质量水平的依据。

调查结果显示，国内的饭店品牌侧重在硬件上投资，而国际饭店品牌则在软件上投资。可以说我们中国的部分品牌饭店在硬件设施的建设上与它们的差距已经不是很大，但是在软件投资方面，大多数品牌饭店仍处在相当落后的状态。这已成为阻碍国内酒店品牌竞争力提升的一个重要原因。

利用服务质量差距模型可以将产生服务质量问题的根源准确地找出，有利于企业对症下药，制定正确的发展战略。SERVQUAL评价法可以更好地理解顾客感知质量，可以更好地追踪服务质量的变化趋势，对服务质量的衡量比较全面。

案例

需要测算三家快递公司的感知质量（资料见表4.1），可以用如下方法进行。

表4.1　三家快递公司感知服务质量测算表

比较内容 / 公司及权重	安全性	速度	价格	服务方式	服务态度
A	95	95	85	95	85
B	95	75	85	95	85
C	85	65	95	85	95
权重	0.3	0.3	0.2	0.1	0.1

1）根据表可计算出顾客对上述三家快递公司的感知服务质量的评分总值，具体计算如下：

$A=95\times0.3+95\times0.3+85\times0.2+95\times0.1+85\times0.1=28.5+28.5+17+9.5+8.5=92$

$B=95\times0.3+75\times0.3+85\times0.2+95\times0.1+85\times0.1=28.5+22.5+17+9.5+8.5=86$

$C=85\times0.3+65\times0.3+95\times0.2+85\times0.1+95\times0.1=25.5+19.5+19+8.5+9.5=82$

2）假设消费者对这三家快递公司的预期质量分别为

$$A=96 \qquad B=90 \qquad C=88$$

3）将各公司的预期质量与感知质量进行比较，得出：

$$A=96-92=4 \qquad B=90-86=4 \qquad C=88-82=6$$

通过分析可以看出，A、B 两家公司差距相同，C 公司差距最大，但是 A 的预期服务质量和感知质量都明显高于其他两家，所以 A 的服务质量最优。

技巧与方法

SERVQUAL 法将顾客感知到的服务质量分为五个层面，每一层面又被细分为若干个问题，通过调查问卷的方式，让用户对每个问题的期望值、实际感受值及最低可接受值进行评分。并由其确立相关的 22 个具体因素来说明它（如表 4.2 所示）。然后通过问卷调查、顾客打分和综合计算得出服务质量的分数。

表 4.2 PZB 的 SERVQUAL 量表

要 素	组成项目
有形性	1．有现代化的服务设施 2．服务设施具有吸引力 3．员工有整洁的服务和外表 4．公司设施与他们所提供的服务相匹配
可靠性	1．公司向顾客承诺的事情能及时地完成 2．顾客遇到困难时，能表现出关心并提供帮助 3．公司是可靠的 4．能准确地提供所承诺的服务 5．正确记录相关的服务
响应性	1．不能指望他们告诉顾客提供服务的准确时间 2．期望他们提供及时的服务是不现实的 3．员工并不总是愿意帮助顾客 4．员工因为太忙以至于无法立即提供服务，满足顾客需求
保证性	1．员工是值得信赖的 2．在从事交易时顾客会感到放心 3．员工是有礼貌的 4．员工可以从公司得到适当的支持，以提供更好的服务
移情性	1．公司不会针对不同的顾客提供个别的服务 2．员工不会给予顾客个别的关怀 3．不能期望员工了解顾客的需求 4．公司没有优先考虑顾客的利益 5．公司提供的服务时间不能符合所有顾客的需求

注：问卷采用 7 分制，7 表示完全同意，1 表示完全不同意，中间分数表示不同的程度。问卷中的问题随机排列。

实战要点

1）在服务质量差距模型中，差距 1 与市场调研、客户关系有关，差距 2 与服务产品设计相关，差距 3 与服务企业管理职能有关，差距 4 与营销活动有关，总体来看，差距1至差距4是一系列服务机构内的问题，涵盖了服务组织的全部运作过程。这些差距存在的最后结果，集中反映为差距5——顾客期望的服务质量和实际感知到的服务质量之间的差距。而期望的服务是顾客的实际经历、个人需求以及口碑沟通的函数。

2）利用SERVQUAL法评价服务质量，最关键的是进行顾客样本调查，收集和了解顾客对服务质量的感知情况，以便结合组织提供的服务，对顾客感知进行评估，找出服务缺口。另外，通过调查也可对服务质量的构成要素按重要程度进行排序，使企业在投入的时候既能有效控制成本，又能使企业资源得到最优化的利用，最终实现提高服务质量的目的。

情景模拟

1．情景案例

“十一”黄金周刚刚过去，小李就非常恼火地找到了××旅行社，要求进行赔偿。原来，“十一”期间，小李花了10 000块钱给父母报名参加了该旅行社的“夕阳红泰国游旅行团”，因为考虑到父母的年纪大了，又不经常出门，小李特意为老人选择了“纯玩”的旅行团，结果老人回来后却反映之前旅行社承诺的全程旅游却变成了每到一个景点就进两个店，而承诺的四星级宾馆也变成了“准四星”，而有几个行程安排的景点却变成远眺，而不是游玩。请你谈谈你对这件纠纷的看法。

2．角色模拟

在上诉案例中，假设你是负责接待小李的经理，你会怎么处理？

3．思维启蒙

作为上级行政管理部门对此事应该做些什么？

4．参考答案

1）情景案例：现在很多旅行社通过取消导游薪酬、降低接待标准，怂恿导游带客购物以获得不菲的“人头费”和购物签单的方式来保证利润。这种行为大大降低了旅行社的服务质量，严重损害了消费者的利益，对旅行社自身的品牌也会造成较大负面影响。除了旅行社要加强自我约束外，顾客也要学会运用合同等法律手段来维护自己的利益。另外，有关的工商和其他行政机构也应该加大对旅行社的监管和处罚力度，督促其提高服务质量。

2）角色模拟：我方应非常礼貌地接待小李，先仔细听他把事情讲完，再了解他对事件的看法和期望得到的处理方式。了解清楚后再向他进行道歉和解释，如果是我方的责任我不会推卸，而要勇于承担。并在此基础上给予对方赔偿，引以为戒，严把服务质量关。

3）思维启蒙：上级主管部门的责任主要是监督和管理，一方面，要对这家旅行社进行处罚，同时还应该对此事件进行一定的曝光，达到以儆效尤的目的；另一方面，要加大对广大消费者的宣传，教育他们用法律的手段来维护自己的利益。

第三节　全面服务质量管理

一、影响服务质量的因素分析

据相关资料统计，消费者对产品质量的投诉案件中，约有70%与产品服务质量有关。这些投诉主要集中在服务人员，工作没有热情，对顾客态度冷漠、语言生硬，员工之间不友好、不协作，办事作风懒散、效率低下，管理人员组织、协调不到位，实施服务计划的力度不够，缺乏内外部交流等方面。这些看似琐碎的表象，却反映了诸如企业高层管理人员不重视服务质量，把服务质量作为专业人员的职责，服务标准不清晰，岗位职责不明确，忽视服务质量与社会进步的关系等管理方面的问题。具体来说，影响服务质量的因素主要有以下几个方面：

1. 服务产品的设计是影响服务质量的第一因素

每一个服务产品都是不同的，即使是同一种设计，用于不同的对象，产生的效果也会截然不同。产品的设计水平往往也代表了服务的质量水平，这种服务对象个性化的特点，对服务产品的设计提出了更高的要求。

2. 服务提供者的个人技能是良好服务质量的基本保证

各种服务产品均要求有特定的提供方式和技术要求，这种技能在客观上决定了其所提供的服务质量。家电维修工提供的服务产品就是他的维修技术，月嫂和一般保姆的不同也在于她们具有专门的育婴知识。技能水平的高低目前是通过各种职业技能证书和资格证书来确认的，有的职业资格证书会根据所需的技能高低划分为高级证、中级证和初级证，如会计师、经济师等，不同级别的资格证表明了持证者仅能水平的高低。现在，大多数行业都有各自的技能标准，因而一种特定的服务产品绝不是任何人都可以提供的。

3. 先进的设备与载体有利于提高企业整体服务水平

在科学技术非常发达的今天，有很多服务行业的服务质量受服务设备或服务载体的影响较大。性能优良的设备可能提供的更好的服务质量。例如，医疗设备先进程度在一定程度上决定了医院对病人的服务质量和服务水平。旅行社选择的宾馆设施和硬件环境的好坏的直接影响到客人在整个行程中的游玩效果和情绪。现在越来越多服务行业开始注重这类硬件设备的建设，利用先进的技术和设备来提高自己的服务质量，提升服务档次。

4. 顾客自身的影响

一方面，顾客通常是服务生产过程的参与者，顾客的个人形象对服务形象展示有直接影响，顾客的个性特征和主观意识会对服务生产过程和最后效果产生影响。另一方面，顾客对服务产品的认知存在差异。很显然，消费者的满意度与他对服务产品的认知水平有着直接关系。例如，很多小吃店的装修一般但是味道却很棒，对那些注重食物本身的顾客来说，享用这样藏于市井间的美食更能品出一番风味，但对于那些注重用餐环境的顾客，可能会在进入小店的时候就已经索然无味，故不同顾客对服务产品质量的评价显然是不同的。

5. 价格因素对服务产品质量的影响

根据服务产品质量等级的不同，购买服务所需的价格也是不同的。例如，头等舱的飞机票要远远高于经济舱票价，但是头等舱的顾客享受的服务质量也要比经济舱的顾客享受到的要好。而演唱会的票价也往往会依据距离舞台的远近来设定，这些都说明了价格因素的影响。

6. 服务企业的形象对服务质量的影响

一个享有良好声誉的企业形象，对服务质量的作用就像一个过滤器，它可以掩饰服务过程中的一些消极因素，使它们不会显得那么突出，这样在无形中提高了顾客实际感知的服务质量。从这个意义上讲，服务行业努力提高自身的形象是非常必要的。

巧手点金

在以上六个影响因素中，至少有三个因素直接与人的因素相关，因此，人的因素是影响服务质量最关键的因素，不仅包括服务者和被服务者，还包括所有参与服务过程的相关者。

不同企业的质量定位差异很大。食品业的质量重点侧重于卫生、安全、信任感、经营规模、技术特征等，而纯服务业则将服务重点放在快速准确传递服务、优质高效的服务过程、整洁文明的服务环境、现代化通讯手段等。因此，企业应根据自己行业的特点，抓住最关键的因素进行管理，以期实现预定的目标。

二、提高服务质量方法

企业对服务质量的规定和执行是贯穿于整个服务传递系统的设计与运作过程的始

终，而不是单单依赖于事后的检查和控制，因此，服务的过程、设施、装备与工作设计等都将体现出服务水平的高低。而且，顾客对服务质量的评价是一种感知认可的过程，他们往往习惯于通过服务传递系统中，服务人员的表现及其与顾客的互动关系来进行评价，显然，人的因素对于服务质量的提高至关重要。

技巧与方法

近年来，研究人员和实业界人士曾提出许多方法和技巧来提高企业服务质量。在这里主要介绍两种常用的方法，即标准跟进（benchmarking）和蓝图技巧（blueprinting technique）。

1. 标准跟进法

标准跟进法即是指企业将自己的产品、服务和市场营销过程等同市场上竞争对手尤其是最好的竞争对手的标准进行对比，在比较和检验的过程中逐步提高自身的水平。服务企业在运用这一方法时可以从策略、经营和业务管理等方面着手。

1）在策略方面，企业应该将自身的市场策略同竞争者成功的策略进行比较，寻找它们的相关关系。

2）在经营方面，企业主要集中于从降低竞争成本和提高竞争差异化的角度了解竞争对手的做法，并制定自己的经营策略。

3）在业务管理方面，企业应该根据竞争对手的做法，重新评估那些支持性职能部门对整个企业的作用。

2. 蓝图技巧法

蓝图技巧（又称服务过程分析）法为企业有效地分析和理解影响顾客认知服务产品的各种因素。蓝图技巧法是指通过分解组织系统和架构，鉴别顾客同服务人员接触点，并从这些接触点出发来改进企业服务质量的一种方法。

（1）蓝图技巧法的流程

蓝图技巧法借助流程图的方法来分析服务传递过程的各个方面，包括从前台服务到后勤服务的全过程。它通常涉及四个步骤：

1）把服务的各项内容用流程图的办法画出来，使得服务过程能够清楚、客观地展现出来。

2）把那些容易导致服务失败的点找出来。

3）确立执行标准和规范，而这些标准和规范应体现企业的服务质量标准。

4）找出顾客能够看得见的服务证据，而每一个证据将被视为企业与顾客的服务接触点。在每一个接触点，服务人员都要向顾客提供不同的职能质量和技术质量。

(2) 消除质量风险的方法

由于服务具有不可感知性等特点，顾客会因“质量风险”而在购买服务产品时显得犹豫不决。企业应该从多方面消除或减少这种风险。

1）集中强调质量。高层管理人员应在资源配置上支持质量管理活动，建立以质量为核心的服务企业文化，使得各个管理层次都能自觉为维持良好的产品质量做出贡献。

2）加强员工培训。让员工接受新的服务技巧，改善服务态度，丰富服务产品的知识。让企业提供的服务有可靠的质量保证。

3）宣传的重点也是“质量”。企业在设计宣传时应针对顾客心目中对服务产品质量的怀疑这一心理状态，形象地突出有关产品的质量特征与水平。

4）利用推广技巧。企业可充分利用销售推广技巧，如免费试用，减价等，鼓励顾客勇于尝试。这些销售诱因会使顾客认为金钱损失的风险降低。

5）善用口碑。不少研究发现，大多数顾客在选购服务产品时，容易听取曾经使用过类似服务的朋友或亲人的意见。因此，善用已有顾客的口碑也能增强顾客的信心。

三、大力推行全面服务质量管理

全面质量管理（total quality management，TQM）是一种由顾客的需要和期望驱动的管理理念，在服务营销中可以借用美国经济学家菲根堡姆对全面质量管理（TQM）的定义，把“全面服务质量管理”描述为：由企业所有部门和全体人员参加的，以服务质量为核心，从为顾客服务的思想出发，综合运用现代管理手段和方法，建立完整的质量体系，通过全过程的优质服务，全面满足顾客需求的管理活动。主要体现在以下几方面：

1. 全面服务质量管理

（1）全企业的服务质量管理

企业的服务质量管理通常涉及整个企业上层、中层和基层管理。上层管理侧重于服务决策，统一、协调各部门、各环节的服务质量管理活动；中层管理一方面要对上层的服务决策认真实施，另一方面对基层工作进行具体的业务管理；基层管理则要求员工按标准进行操作，并严格检查实际操作情况。

（2）全员性的服务质量管理

顾客在与企业接触的过程中，会把对某一员工的负面印象用于企业及企业的其他员工。在顾客看来，员工不是个体，而是集体中的一员，他代表的是整个企业。随着顾客对服务的要求越来越高，使服务工作向综合性发展。因此，服务绝不仅仅是销售部门的事，企业的各职能部门都要关心服务质量，共同参与服务质量管理。

（3）全过程的服务质量管理

服务产品的质量需要在消费过程中体现，服务的消费过程应该是从售前到售后的整个阶段，包括产品的设计、生产、安装、维修、咨询等，因此，只有统一了服务质量产生的全过程，才能保证和提高服务质量。

2. 加强和健全各项服务管理工作

搞好全面服务质量管理，提高服务质量，必须有赖于加强和健全各项服务管理工作，要做好以下几方面：

（1）建立服务的计划制度

计划制度是实现营销服务工作正常化、制度化的重要手段。企业每年要制定年度的各项服务计划，如技术服务计划、顾客访问计划、顾客技术培训计划等，以保证服务工作有目的、有节奏地进行。

（2）建立服务质量责任制

服务质量责任制是企业各部门、各岗位和个人在服务质量管理工作中为保证服务质量所承担的任务、责任和权利。建立服务质量责任制使企业内部各个部门之间明确职责范围，形成严密的质量体系，保证服务质量的提高。

（3）制定服务工作标准

制定服务工作标准就是根据服务质量责任制的要求，制定各项服务工作标准，如接待顾客工作标准、访问顾客工作标准、检修、安装、调试服务工作标准、质量三包服务工作标准等，以便根据标准来考核服务工作质量，并根据工作质量来决定服务人员的奖酬。

（4）建立服务的信息管理制度

顾客信息的收集和反馈，对提高产品质量，发展新产品，提高服务质量有重要作用。因此，要建立服务信息管理制度，如顾客档案制度等，以利于实现服务工作的连续性和为营销决策提供依据。

（5）做好服务决策工作

服务决策是整个服务工作的基础。服务项目、服务水平、服务形式等决策的水平决定着服务质量的高低。企业领导者必须在顾客意见和本企业服务质量与竞争者的服务质量相比较的基础上作出最佳决策。

（6）建立服务的统计和分析制度

对服务工作的情况要按照进行分类统计，定期进行认真分析，写出分析报告，以供企业领导和有关部门作为检查服务计划执行情况的依据和改善经营管理的参考。

3. 建立和完善营销服务组织

服务在现代市场竞争中显露出的综合性、全面性、快速性、重要性，要求企业必须建立一个配备有各种技术、业务力量的精干高效的服务组织，在机构设置上体现对服务的重视。服务组织的建立要根据企业规模、产品类型、市场范围以及竞争对手的情况来决定。一般来讲大中型企业设服务部，部下面设服务项目组，如顾客接待组、技术培训组、设备安装调试组，信息处理组等，形成既有分工，又有相互协作的服务系统。小型

企业可以在销售部门下设服务组织。如果服务工作量很小，可临时组织服务项目小组，类似团队组织，服务工作完成后，随即解散。服务组织机构一般要求配备知识水平较高、技能精熟、经验丰富并善于交际的服务人员。除配备级别较高的技术工人外，根据情况应配备一定数量的工程师和公关人员。他们能及时、准确地回答顾客提出的各种疑难问题；能迅速、熟练地为顾客进行技术服务；能认真听取和收集顾客对产品质量的意见和要求，具有及时处理和反馈能力。

服务人员直接面对顾客，代表着企业形象，服务工作对业务技能的要求也较高，因此提高服务人员的素质非常重要。这要求企业必须重视对服务人员的选拔、培养和考核，加强服务质量意识教育和服务技能教育，使每位员工牢固树立为顾客服务的思想，认识到服务质量的重要性以及自己在提高质量中的责任，从而自觉提高服务水平，质量意识教育必须和服务技能教育结合在一起，训练有素的服务人员才能把为顾客服务的思想真正落到实处。

四、服务质量认证

实行服务质量认证制度具有不可忽视的重要作用：指导消费者选购自己满意的服务；帮助服务企业建立健全高效的质量体系；给服务企业带来信誉和更多的利润；节约大量的社会检验费用；提高服务企业及其产品的国际竞争力；国家通过质量认证有效地促进服务企业提高服务质量，保护使用者的安全、健康和利益。

质量管理的成功应用为服务业提供了：提高服务业绩和使客户满意；提高生产率、效率和降低成本；提高市场占有率等重要机会。质量认证的目的不在于“证明符合标准”，而是有关方面“提供证明服务”，使企业能够放心地利用已被认证的可靠的质量，将第三方认证机构公正地证明产品或服务的质量符合规定的标准这一信息准确无误地传递给消费者、用户、生产者、政府机构、贸易机构等有关方面。研究质量认证的表示方法就是要解决质量认证的质量信息的传递方式。根据不同的用途，质量认证有认证证书（合格证书）认证和认证标志（合格标志）认证两种表示方法。

实战要点

1. 提高服务质量的策略

一些管理水平高的服务公司在提高服务质量方面有些共同的策略，菲利普·科特勒在《营销管理》一书中列举其中数条如下：

1）战略概念。名列前茅的服务公司十分了解其目标市场和顾客的需要，并尽力加以满足。它们为满足这些需要制定了明确的战略，以赢得顾客的长期信赖。

2）最高管理者有负责质量管理的传统。如麦当劳公司的雷伊·克劳克坚持连续地评估该公司的每个商店在QSCV，即：质量（quality）、服务（service）、清洁（cleanliness）

和价值（value）方面是否符合要求，淘汰不符合要求的特许经销商。

3）规定高标准。最佳服务提供者一般都为其服务质量规定很高的标准，如花旗银行的目标是电话铃响10秒钟之内必须有人接和顾客来信必须在两天内作出答复。

4）服务绩效监督制度。一些最大的服务公司对本公司的服务绩效和竞争者的服务绩效均定期地进行审计。他们使用一些方法来衡量绩效，如比较性购物、佯装购买、顾客调查，以及设建议与投诉表格等。通过雇佣神秘顾客“佯装购买”，以发现其雇员是否提供良好服务。

5）建立使顾客不满变为满意的系统。经营有方的企业都对顾客的抱怨作出随和友善的反应。例如，很多饭店都遇到过客人在等待上菜的时间过久时，会激起不满情绪，如果饭店能够给出“超过规定上菜时间就给与一定优惠”的服务承诺，就能让顾客感受到企业的诚意，把不满降到最低。

6）使顾客满意和使员工满意。管理工作杰出的服务公司认为员工关系会反映顾客关系，因而，管理当局创造出一种能够得到员工支持并对优良服务绩效给予奖赏的环境。管理当局应经常地检查员工对工作是否满意的情况。

7）创造良好的服务环境。服务环境对顾客感觉的整体服务质量有很大影响。在服务消费过程中，顾客不仅会根据服务人员的行为，而且会根据服务环境中的有形展示评估服务质量。因此，服务企业应根据目标细分市场的需要和整体营销策略的要求，做好每一项服务工作和有形展示管理工作，为顾客创造良好的消费环境，以便提高顾客感觉中的整体服务质量。

2. 质量认证注意事项

质量认证是产品或服务在进入市场前，依据国际通行标准或国家规定的标准和质量管理条例，由第三方认证机构进行质量检查合格后发给合格证书，以提高企业及其产品、服务的信誉和市场竞争力的行为。质量认证包含以下要点：

1）质量认证的对象是产品或服务。

2）标准化机构正式发布的标准是认证的基础。

3）证明批准认证的方式是合格证书或合格标志。

4）质量认证是第三方从事的活动。

5）质量认证与安全认证统称为合格认证或综合认证、全性能认证。通常对安全认证实行强制性认证制度，对综合性认证实行自愿认证原则。

情景模拟

1. 情景案例

小李马上就要过29岁生日了，他决定在一家看上去装修得还不错的餐馆里请好朋友们吃饭，好好庆祝一下。点菜时，小李发现菜单上赫然印着"凡在本店过生日的顾客，消费满 500 元赠精美生日蛋糕一个"，小李估算了一下自己点的菜和酒水，约有 430 元了，便向服务员询问，可不可以送蛋糕，过了一会儿领班跟随服务员回到包房，回复小李，只有消费满 500 元才可以送。大家都不是太在意蛋糕的事情，也就没再继续了解，席间，由于又有朋友陆续到来，便又加了几个菜。结账时，小李发现消费金额已达 560 元，于是向工作人员索要赠送的蛋糕，工作人员以不了解促销内容为由拒绝了小李的要求，经过一番理论，工作人员找来了餐厅经理，经理给出的答复是：消费满 500 元仅仅是指菜品的消费，不包括酒水，小李的菜品消费有 470 元，不能够送蛋糕。而菜单上的承诺是由于印刷错误导致，餐馆方不予认可。

你认为在此案例中餐馆方的处理有什么问题？

2. 角色模拟

如果你是餐厅的老板，你会怎样处理这件事情？

3. 思维启蒙

你认为处理类似事件的关键是什么？

4. 参考答案

1）情景案例：餐馆方主要存在以下责任：首先，餐馆方做出了服务承诺就一定要遵守，因为这涉及企业的信誉问题；其次，服务人员对企业的促销活动缺乏了解，对工作不熟悉，内部机构间交流不足；再者，出了问题不能勇于承担，而是推诿。

2）角色模拟：首先，应真诚的向顾客道歉，并争取尽快地弥补顾客一份生日蛋糕，并主动为顾客的消费给予打折，或送一些优惠券来安抚顾客的情绪；第二，认真处理这件事情中涉及的每个工作人员，包括服务员、领班和经理，及时更正菜单上的宣传；最后，不会认为这是一件小事，而会把这件事请记录下来，当作是一个反面的教材，让每个职工从这件事当中吸取教训。

3）思维启蒙：处理类似事件的关键在于一方面向顾客道歉、争取理解，另一方面紧急行动解决问题，对于自己的承诺要兑现，对于自己的过错要承担责任，要用积极地服务补救来弥补对顾客造成的不良影响，争取重树企业形象。

思考与练习

1．怎样理解服务质量的含义？服务质量属性表现在哪几个方面？
2．客户对服务企业质量感知主要受哪些因素影响？
3．根据差距分析模型，说说服务企业与客户在服务质量感知上的差距是如何形成

的。并列举一些不同差距的实例。

4. 结合上一题中的实际例子，谈一谈应采取哪些措施解决服务质量差距?

5. 为什么要开展对服务业的质量认证？提高服务质量应采取哪些方法?

6. 将全班分成若干个小组，每组4～6人，举行一场小型讨论会，每个小组选派两名同学，分别为记录人员和主持人，其余组员为发言人。每个发言人回忆并陈述一次你记忆最深刻的服务经历（服务质量最佳和最差的经历均可），然后进行质量差距分析。

医院的优质服务策略

某市一家职工医院，在职职工68人，床位30张，开设内科、外科、妇科、儿科等科室。过去一直由企业全额拨款，承担企业职工及其家属共约 15 000 人左右及周围 3万居民的医疗保健工作。随着企业职工加入城镇职工基本医疗保险，职工看病可以自由选择医疗机构，病人大为减少。针对突然面临生存危机，院方领导对医院运营现状做了一次彻底调查，发现医院在日常经营管理中存在着很多服务问题:

1）环境、设施、设备比较差：医院的门面破旧，内部环境较乱，设施陈旧，年久失修，一些基本设备已经老化，急需更新。

2）企业医院的职工有很明显的观念问题：企业医院一贯不考虑市场问题，职工来看病是被迫而来，否则不能报销，医务人员养成了高高在上、脸难看、话难听的习惯，形成了很多诸如不关心病人的感受、没有主动服务意识等不良观念，企业职工、病人不满意但没办法。

3）病人的满意度比较低：病人对医院的服务感到相当有意见，综合满意度为45.66%。

介于上述提到的种种服务问题，医院决定采取下列措施，完善医院服务机制，提升医院的形象:

1. 明确医院发展定位

定位于本企业职工。利用过去的感情基础，继续占领这块现成的市场。老百姓到家门口的小医院看病，首先图的是方便、便宜、熟悉、服务好，而不是有专家。因此，必须把基本的医疗服务做成精品，实施优质服务策略。

2. 明确医院发展方向

医院的发展方向定位于社区卫生服务，立足社区、家庭，为周围的全体居民提供集医疗、预防、保健、计划生育技术指导为一体的综合性基本卫生服务。基本理念是：与社区居民交朋友，成为社区老百姓的健康代理人；主动为社区居民提供服务，对社区居民的健康进行全面全程全人化的管理；与社区居民保持连续的关系。

3. 制定发展策略

1）突出优势——重点突出4个优势，即熟悉、距离、服务、价格。

2）发展特色——突出社区卫生服务的特色。服务项目包括医疗、预防、保健、体检、专家会诊等。服务特色体现以人为本、以患者为中心、以家庭为单位、以社区为范围、以预防为导向、全面维护社区居民的健康。服务承诺：把服务送到家，把实惠让到家，把健康保到家，提供一站式服务——首诊首问负责到底的服务，朋友式服务，全面全程全人化服务。

3）修炼绝招——把简单的招式练到极致就是绝招，如综合处理常见病、慢性病、心理问题、静脉注射、头皮针、老年保健、妇女、儿童保健等。

4）外部营销——与有关的单位建立固定的联系，定期举办妇女保健讲座，做职工体检和老年人体检；与托、幼、学校建立固定联系，开展儿童体检、生长发育评价、营养指导等服务；与妇联、计生委等部门联合，做一些保障妇女儿童健康的社会宣传和活动，扩大知名度。

5）内部营销——做好一对一优质服务营销，进行全过程管理，开展“售后”服务。

4. 改造环境

对医院环境进行改造，包括医院的门面、内部环境和设施。进行视觉识别系统设计，树立品牌意识，改变医院的装修理念。为了体现家庭化服务的概念，装修采用暖色调，采用粉红色、橙色和鹅黄绿3种基本色的混合色调。另外，完全站在老百姓的角度，增加服务环境的舒适性和方便性，所有的服务窗口和台面，一律改成完全开放、坐式服务。

5. 改造服务流程

进行服务流程再造，尽可能简化流程，给老百姓方便。病人看病凭流程管理单，可以对每一个服务环节进行质量和满意度评价。医生看病必须填回访卡，利用回访卡进行随访。开展服务流程管理，及时发现服务中的问题，帮助病人解决问题。成立随访服务部，加大主动服务力度和宣传力度。

6. 全员培训

开展转变服务观念培训、讨论、写心得体会；开展优质服务培训，举办优质服务竞赛，设优质服务红旗和明星，给予获胜者奖励，并将服务明星的照片挂在门诊大厅里。

7. 建立合作网络，增加安全感

与上级医院保持密切的联系和合作，及时聘请专家会诊，负责转院，全程负责安排住院，让老百姓感觉到方便和安全。

8. 降低价格和费用

在可能的范围内降低药价和检查费用，增强竞争力。增加附加价值，如送体检卡、做一些健康促进活动等。

经过3个月的努力后，该医院的营业额和业务量迅速增长。病人满意度分别是5月份的60.78%、6月份的80.56%和7月份的89.45％。找院长投诉的病人几乎没有了，病人与医务人员吵架的现象消失了，职工工作的态度比以前好了，团队合作精神、主动服务意识明显增强。

（资料来源：http://www.docin.com/p-44517862.html）

案例讨论：

1．上述案例中的医院为了提高服务质量采取了哪些改进措施？

2．请运用本章所学理论，分析作为服务生产企业的管理部门应该怎样在服务质量管理方面做出改进。

第五章 企业内部营销

预期的学习成果

1. 学生能够正确说明内部营销的概念与内涵。
2. 学生能够举例说明内部营销、外部营销与互动营销及其相互间关系。
3. 学生能够明确从哪些方面开展内部营销。
4. 学生能够正确介绍服务员工培训的基本内容。

本章将探讨服务营销中一个非常重要的问题即内部营销问题。这个概念涵盖了组织内部各种活动和过程，这些活动和过程为我们提供了建立服务导向和使组织中的员工对顾客和营销感兴趣的新手段。内部营销的起点是员工，是组织的内部市场及顾客。如果产品、服务、营销传播无法让内部目标群体接受，那么企业就不能让最终的外部顾客感到满意。内部营销是成功的外部营销和互动营销的基本前提。

第一节　服务人员及内部营销

在互动营销过程中以及顾客关系管理中，员工的作用非常重要。专职营销人员并不是营销工作中唯一的人力资源，有时甚至不是最重要的。在顾客关系中，肩负其他责任（生产作业、送货、技术服务、索赔管理或其他不被视为营销过程的职能）的员工数量常常超过专职营销人员的数量。然而，这些员工的顾客导向、服务意识在顾客对企业的理解以及今后顾客对企业的惠顾起到关键作用。因此，在营销导向和为顾客提供满意服务的组织中，每个部门都必须具备顾客导向和服务顾客的意愿。

一、服务人员的地位及服务利润链

在提供服务产品的过程中，服务企业的员工是一个不可或缺的因素。尽管有些服务产品是由机器设备来提供的，如自动售货服务、自动提款服务等，但零售企业和银行的员工在服务的提供过程中仍起着十分重要的作用。对于那些要依靠员工直接提供的服务，如餐饮服务、医疗服务等来说，员工因素就显得更为重要。一方面，高素质、符合有关要求的员工的参与是提供服务的一个必不可少的条件；另一方面，员工服务的态度和水平也是决定顾客对服务满意程度的关键因素之一。

一个高素质的员工能够弥补由于物质条件的不足使消费者可能产生的缺憾感，而素质较差的员工则不仅不能充分发挥企业拥有的物质设施上的优势，相反却可能成为顾客拒绝再消费企业服务的主要原因。考虑到人的因素在服务营销中的重要性，克里斯蒂安·格隆罗斯（Christian Gronroos）提出，服务业的营销实际上由三个部分组成。见图 5.1。

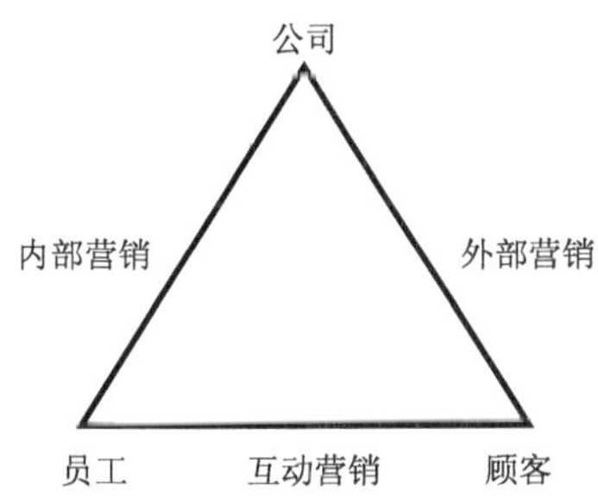

图 5.1　服务业三种类型的营销

外部营销包括企业服务提供的服务准备、服务定价、促销、分销等内容；内部营销则指企业培训员工及为促使员工更好地向顾客提供服务所进行的其他各项工作；互动营销是指企业在营销过程中充分利用消费者的意见和建议，用于产品的规划和设计，为企业的市场运作服务。企业的目的就是尽可能生产消费者需求的产品，但企业只有与消费者进行充分的沟通和理解，才会有真正适销对路的商品。互动营销的实质就是充分考虑消费者的实际需求，切实实现商品的实用性。互动营销能够促进相互学习、相互启发、彼此改进，尤其是通过“换位思考”会带来全新的观察问题的视角。主要强调员工向顾客提供服务的技能。图 5.1 中的模型显示了员工因素在服务营销中的重要地位。

在服务营销组合中，处理好人的因素，就要求企业必须根据服务的特点和服务过程的需要，合理进行企业内部人力资源组合，合理调配好一线队伍和后勤工作人员。以一线员工为“顾客”、以向顾客提供一流的服务为目的，开展好企业内部营销工作。前已述及，顾客对企业服务质量评价的一个重要因素就是一线员工的服务素质和能力，而要形成并保持一支素质一流、服务质量优异的一线员工队伍，企业管理部门就必须要做好员工的挑选和培训工作，同时要使企业内部的“二线”、“三线”队伍都围绕着为一线队伍的优质服务提供更好的条件这一中心展开。只有为一线员工创造了良好的服务环境，建立了员工对企业的忠诚，进而才能实现为顾客服务的热忱，通过较高的服务质量赢得顾客对企业的忠诚。服务利润链（service-profit chain）对这一思路做出了很好的说明，见图 5.2。利润链上所有环节都对服务的质量水平有着重要影响。

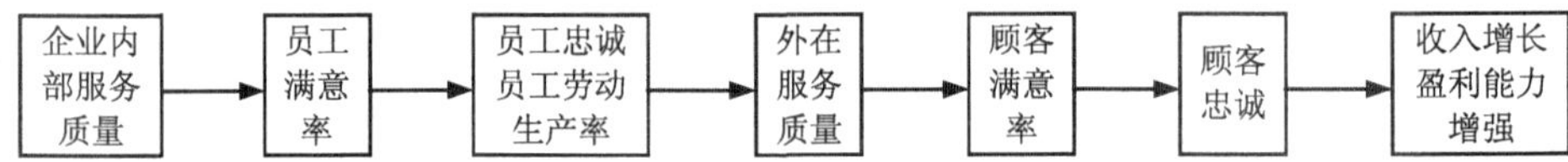

图 5.2　服务利润链

服务性企业要对员工从事内部营销，对顾客则从事外部营销，而员工与顾客之间则进行互动营销，共同为顾客提供服务。因此，服务性企业的营销活动不仅施之于顾客，而且还要针对内部员工。这一点不同于有形产品的营销。

案例

忠实顾客会给企业带来什么？据统计，一个忠实的比萨顾客的终生价值大约是 8000 美元，一个喜爱凯迪拉克汽车的顾客的终生价值是 332 000 美元，而一家商用航空器购买商的终生价值可能达到数以 10 亿计美元。

（资料来源：陈祝平. 2008. 服务营销管理. 北京：电子工业出版社）

二、内部营销的基本概念

1. 内部营销的概念

内部营销（internal marketing）是指向内部人员提供良好的服务和加强与内部人员的互动关系，以便一致对外地开展外部营销。在这个过程中，处于不同部门和过程中的员工的内部关系得以巩固，并共同地以高度的服务导向为外部顾客和利益相关者提供最优异的服务。内部营销实际上就是服务企业对内的关系营销，或者说，就是关系营销在服务企业内部的延伸，也就是企业通过建立内部的服务关系来改善外部的服务关系。美国著名营销学家科特勒指出："内部营销是指成功地雇用、训练和尽可能激励员工很好地为顾客服务。"英国服务营销学家佩恩指出，服务企业的内部营销包含两个要点：

1）企业的员工是内部顾客，机构的部门是内部供应商，当他们在内部受到最好服务和向外部提供最好服务时，企业的运行可以达到最优。

2）所有员工一致地认同机构的任务、战略和目标，并在对顾客的服务中成为机构的忠实代理人。

内部营销起源于这样一个观念，即把员工看作是企业最初的内部市场。如果产品、服务和沟通行动在针对内部目标群体时不能很好地市场化，那么,最终针对外部顾客的营销活动也不可能取得成功。越来越多的服务企业认识到它们需要内部营销过程，内部营销已被当作是外部营销成功执行的先决条件。

内部营销是一项管理战略，其核心是发展对员工的顾客意识。在把产品和服务通过营销活动推向外部市场之前，应先对内部员工进行营销。只有进行恰当的内部营销，企业在外部市场上进行的经营活动才可能获得最终成功。有效的服务，需要能理解服务观念的员工。因此，对所经营业务的理解、对企业中员工的期望以及为什么抱有这种期望，这需要经过努力才能达到。

内部营销是和服务保证的观念相联系的。很多企业为了吸引顾客，向潜在的顾客做出保证说提供的服务将充分满足他们的需要。从理论上讲这个观念很出色，但在实践中如果没有适当的内部营销工作，那它是难以成功的。

巧手点金

内部营销作为一种管理过程，能将企业的各种功能结合起来。首先，内部营销能保证公司所有级别的员工，理解并体验公司的业务及各种活动；其次，它能保证所有员工准备并得到足够的激励以服务导向的方式进行工作。内部营销强调的是公司在成功达到与外部市场有关的目标之前，必须有效地进行组织与其员工之间的内部交换过程。

2. 内部营销的管理过程

内部营销涉及两个具体的管理过程：态度管理和沟通管理。

首先，必须对所有员工的态度及他们对顾客意识和服务意识产生的动机进行管理。对于任何一个致力于在服务战略中占得先机的组织来说，这是实施内部营销的先决条件。

其次，经理、主管、接待员和支持人员需要各种信息，以使其能执行岗位要求的各项任务。这些信息可能包括工作计划、产品和服务的特征、对顾客的承诺（例如广告中做出的承诺和销售人员所做出的承诺）等。他们也需要与管理层就其需要、要求、对提高业绩的看法及顾客需要等内容进行沟通。这是内部营销的沟通管理。

每一个企业期望有良好的业绩，这两种类型的管理都是必要的。但人们往往只认识到了沟通管理，并且沟通中的信息是单向的。在这种情况下，内部营销通常以活动或行动的形式出现。向员工分发企业内部手册，在员工会议上向参加者提供书面的和口头的信息，而沟通则很少。而且，一些服务企业的经理和主管们对他们的下属不感兴趣，只知道指示他们工作，而不知道了解他们的员工，不愿意倾听他们的谈话，也没有认识到他们需要反馈的信息、双向的沟通和鼓励。员工只是接到大量的指示，而在精神上却没有任何的鼓励，这当然会限制信息对接受者的影响。组织内部缺乏态度上的必要转变和针对优质服务及顾客意识的激励措施，因此员工无法得到有益的信息。

如果识别出并考虑到内部营销中关于态度管理的实质和需求，内部营销就成为一个持续的过程而不是一次或一系列活动，每个层级的经理和主管的作用就会更加积极。这样，企业就会取得更好的营销效果。

巧手点金

在服务营销中，有两句格言流传甚广，经常为人们所引用，其一是："你希望员工怎样对待顾客，你就怎样对待员工。"其二为："如果你不直接为顾客服务，那么，你最好为那些直接为顾客提供服务的人提供优质服务"。这两句格言提示了两个原则：对人的尊重和树立集体主义观念。因而，内部营销被用来对企业员工推销服务理念与正确的价值观。企业可以通过内部营销，使"顾客至上"观念深入到员工的心坎，从而使服务提供者更好地履行自己的职责。

案例

美国西南航空公司的一个服务特色是欢乐服务，而这个特色的形成是内部营销的成果。乘过西南航空班机的人想必都有过这种经历：一上飞机，旅客会惊奇地发现，空姐正从座席上方的行李柜里探出脑袋来为客人送饮料；伴随着飞机起飞的隆隆引擎声，广播里传出播音员诙谐的提醒："现在我们马上就要冲出海面了，请您抓紧救生圈，蛙泳也好，自由泳也好，悉听尊便。"所有这一切，都会在机舱里引起阵阵笑声。西南航空公司员工"行为出格"的风气，来自这家公司"员工第一，顾客第二"的服务理念。该公司认为，员工自己高兴了，也一定能给顾客带来欢乐。因而，该公司以员工为重，重视激发员工自主创造的积极性。这是一种与内部营销有关的角色定位策略：要让顾客欢乐，先要让员工欢乐，也就是说，要让顾客第一，先要让员工第一。这正是内部营销的思路。

（资料来源：陈祝平．2008．服务营销管理．北京：电子工业出版社）

三、内部营销的对象

内部营销的对象不只是营销部门的营销人员和直接为外部客户提供服务的一线服

务人员，它包括所有的企业员工。因为在为客户创造价值的过程中，任何一个环节的低质量和低效率，都会影响到客户感受的价值。

向企业员工营销什么，与内部营销的目标密切相关。内部营销的内容可以概括为两个层面：企业对员工的营销；企业各部门之间的营销。

1. 企业对员工的营销

这又包含两个方面：一是企业向员工营销自身的价值观，使员工对本企业的价值观形成共识，认同本企业的组织文化，认同本企业的组织目标，并使个人目标和组织目标达到更好的结合；二是向员工营销企业自身的产品和服务，借助营销理论在企业内部的应用来探索使员工满意的方法和手段。可以想象，连自己的员工都不愿意使用的产品和服务，是不大可能在外部市场取得成功的。

2. 企业各部门之间的营销

外部客户的满意，不仅是和客户接触的前台员工以及为他们提供支持、支撑的后台员工共同努力的结果，也是企业内部各部门密切合作、共同努力的结果。因此，部门之间的相互了解和高效、优质配合，是使最终客户感受到满意的重要前提。从这个意义上说，企业内部的各个部门，无论是职能部门还是业务部门、支撑部门，都必须积极地向其他部门营销自己，增进其他部门对自身的了解，增强部门之间合作与配合的效率、效果，降低发生部门冲突的可能性。只有企业组织结构的各个层级的每个部门都这样做，才能使组织真正成为一个高效运作的整体。

四、内部营销的作用

内部营销的主要作用是促进外部营销。更准确地说，内部营销的作用是将外部营销做出的承诺化为实时（互动）营销的行动。如果把外部营销看作关系营销，那么内部营销的主要作用就是促进关系营销，即通过改善员工关系来改善顾客关系。除此之外，内部营销还有增强服务技巧、增强服务形象、支撑服务承诺、促进文化营销、促进服务创新等作用，其中核心是充分发挥人在服务营销中的作用。

1. 整合了企业的各项管理职能

确保包括高层管理人员在内的各阶层员工在有利于提高为顾客服务的自觉性环境里，理解和执行各项经营战略和营销活动；确保所有员工在为顾客服务的前提下，积极参与管理活动。

2. 突破了管理观念与方式

突破了仅仅把员工视为经营发展的工具、忽略员工需求的观念与管理方式，把提高内部顾客满意度作为企业经营的基础。认识到内部顾客满意到外部顾客满意是内部营销理论的重要贡献。内部营销既是一种以人为本的管理策略，同时又是塑造企业内部以服

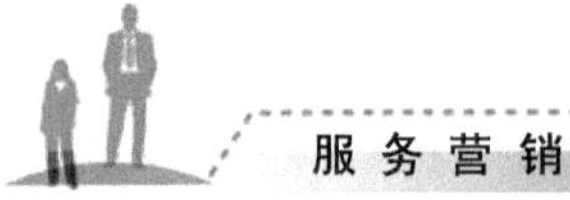

务为导向的文化和理念的重要途径。

3. 体现了有助于在员工及部门之间建立、保持和发展良好协作关系的过程

这一过程建立在相互满意的价值交换基础上，和企业与顾客发展关系的原则是相同的。

4. 促进了服务创新

可使企业组织结构更倾向于有机化，促进了服务创新，对激烈竞争环境有更强的适应能力。服务创新的来源之一是广大的服务人员，他们更了解现在服务存在的问题，他们一部分人具有创新意识和某种能力，而内部营销向人员提供创新的动力和增强创新的能力。

五、如何开展内部营销

内部营销管理源于市场、融于企业，具有灵活性、主动性和能以较低成本实现有效管理的优点。商业流通企业要想在竞争中取胜，内部营销不失为一大法宝。那么，如何有效开展企业内部营销呢？

1. 营造一种内部营销的大环境

内部营销是一种经营哲学。它要求每一位管理者和员工都必须树立服务内部顾客的意识。首先，管理人员应当成为理解和实施内部营销的倡导者和推动者，在企业内部营造一种尊重人、信任人、关心人、理解人的氛围，把员工的发展作为企业经营管理的重要目标；其次，借助内部营销手段对员工推销服务理念与正确的价值观，使“顾客至上”观念深入到员工的心坎，从而使每个员工更好地履行自己的职责；再次，各级管理人员应身体力行，给员工做出示范，为企业正确理解和实施内部营销做出表率。通过建立客观、简单、恰当和适时的评估标准，经常衡量员工的工作业绩和贡献大小，让员工在评估和奖励中知道什么是对的，应该发扬的，使每个员工都树立起集体主义观念和团队精神，努力做到“如果你不直接为顾客服务，那么，你最好为那些直接为顾客提供服务的人提供优质服务”。

2. 培育以质量文化为核心的企业文化

企业文化是具有企业个性特征、并为企业全体员工认同和遵循的价值体系及文化形态的总和。它外在表现为服务质量，体现企业的整体素质，并对每个员工的精神面貌产生深刻的影响。以质量文化为核心的企业文化能促使员工树立质量意识，使所有员工都重视他们在顾客满意上所起的作用，自觉地为顾客提供理想的服务，更好地满足顾客需求。

培育以质量文化为核心的企业文化，要求高层管理人员具有战略眼光，努力探索开创质量文化的途径，率先成为质量文化的忠实体现者和执行者，并通过内部营销活动，使企业倡导的质量意识、价值观内化为员工的行为。只有这样，才能凝聚起员工的参与意识，在企业经营活动中风雨同舟、尽心竭力。

3. 引入内部市场机制，以“市场链”为纽带进行业务流程再造

进行内部营销要求把市场经济中的利益调节机制引入企业内部，在企业高层的宏观调控下，把企业内部的上下流程、上下工序和岗位之间的业务关系由原来的单纯行政机制（即纵向的依靠自上而下的计划安排和行政指令，横向依靠会议调度和上级命令协调；下级只服从上级，只对上级负责）转变成平等的买卖关系、服务关系和契约关系，通过这些关系把外部市场订单转变成一系列内部市场订单，形成以“订单”为中心、上下工序和岗位之间相互咬合、自行调节运行的“市场链”，并以“市场链”为纽带，对企业传统的业务流程进行彻底的重新设计，以完整连贯的整合性业务流程取代被各种职能部门割裂的、难以管理的破碎性流程。每一个业务流程有高度的决策自主权，有直接服务的顾客，有明确的质量责任，整合的业务流程也就有了环环相扣的质量保证。

4. 对员工的分析、培训和教育

企业员工既是内部营销的参与者，又是内部营销的对象，作为后者，他们应被充分认知。正如对消费者行为的分析是营销的基础一样，对员工的分析也是实施内部营销的基础，并将影响内部营销的效果。对员工分析的内容包括：员工的需求、感知、认知、行为特点及环境对其行为的影响。

5. 绩效评估与奖励

如果对员工的工作无评估和奖励制度，内部营销的目标就很难实现。让工作的职员知道他们的工作将来会被评估，他们出色工作是值得的。能提供获得成功机会的“工作产品”能使员工获得心理上的满足。然而，如果没有绩效评估和奖励，所得的成功就得不到赏识和鼓励。

（1）绩效评估的准则

对员工实施有效奖励的关键是要有一个高效的绩效评估系统，通过它来识别谁值得奖励。一个高效的员工行为评估系统对公司的形象和策略有很大帮助。这个系统必须有透明度、时间性，并保证公平。复杂的评估系统不能吸引员工的注意力——这是绩效评估的首要注意之点。而评估反馈频率太低就不能提供有规律的激励，而这又是教育员工，不断提高服务质量所需要的。

（2）绩效鼓励

实行内部营销要求根据科学的激励理论，针对员工的不同特点，充分考虑员工的需求层次进行激励。激励的方式有很多种。薪酬是使员工满意的基本平台，企业可运用定价策略中的方法和技巧，设计合适的薪酬福利计划，建立公平、公开和公正的晋升机制，发挥考核与奖励的杠杆作用，使薪酬制度对员工更有吸引力和对外的竞争性。企业应更

多地使员工了解自己工作的意义和价值以及自己努力的方向，根据员工对企业做出的贡献，及时做好实绩考核，明确、合理地奖励、表彰优秀员工。同时，企业应针对员工的不同特点，考虑不同员工群体的不同需求，区分工资和奖金，采取不同的激励方式，使企业中每个人都有获得激励的机会，让他们感受到自己的努力得到了企业的认同和重视，从而促使员工产生奋发向上的进取精神、努力工作的积极性和满足感。在方法上，应重视日常工作中一些非正式激励手段的应用，强调奖励团队而不仅仅奖励个人，把激励与企业的愿景和战略相联系，致力于塑造员工对企业长期的献身精神。

一般企业中与顾客联系紧密的岗位大多是级别和待遇最低的岗位，如营业员、维修工等，而恰恰是这些人员对贯彻企业的服务战略、展示企业形象、与顾客建立长期良好关系具有重大影响。这些人员如果不能得到有效的激励，他们对顾客的态度就有可能变得消极，并且会下意识地将这种态度传递给顾客，对企业的形象和营销绩效造成很大的损害；另一方面，在这些岗位上表现出色的员工，又往往会晋升到很少需要与顾客接触的岗位，这就使得这些关键的岗位上缺乏优秀的人才。因此，要探索进一步加大对这些人员的激励力度和改善对他们的激励方式，原则是要让员工意识到服务的重要性，意识到为顾客提供优质服务能够得到相应的回报。

6. 加强信息交流与沟通

很多企业在与外部客户的沟通中，不惜花巨额费用发布广告、印刷画册、举办展览等，却忽视了内部沟通的重要性。信息交流是内部营销成功的关键。要采取各种方式把新的战略、规范、经营思想、经营方法和价值观念等信息传达给员工，使他们理解并融入自己的行动。而内部市场中的供应者与顾客之间也必须建立有效的双向沟通系统，使组织中的每个部门、员工都了解他们的服务被期望达到的水平。

对于企业内部来说，一般存在三种形式：向上沟通、向下沟通和横向沟通。有效的沟通可以实现员工对企业目标的高度理解、支持和拥护，有效沟通的关键取决于渠道的有效性和信息发送者与接收者之间的理解。内部刊物、内部网站、宣传栏、总经理信箱、企业论坛、合理化建议等，都是行之有效的沟通方式和渠道。企业必须选择员工能够接受的方式和渠道，使组织目标潜移默化地被员工理解和接受。

巧手点金

激励和约束是同一事物的两个方面，缺乏约束的激励是无法达到激励目的的。因此，在激励的同时还应对员工的服务行为进行必要的监督。监督和检查应尽可能取得员工的理解和支持，应有利于提高员工的士气，而不可挫伤他们的积极性。

大多数员工认为自由思考、分析、决策和行动是更好的激励，如果他们想达到这种效果就要有更多的知识和技术。员工需要被授权以完成工作，需要运行良好的管理部门、支持系统、技术和信息的支持，还需要接受培训以获取有效工作所需的技术。因此，想

要有效实施内部营销的公司须注意以下几个激励员工的指导原则:

1）力争雇用到优秀的员工。

2）提供一个可以说明工作的目的和意义的愿景。

3）确保员工有适当的技能和知识。

4）创造彼此提供支持的团队。

5）最大限度地给员工以自由。

6）通过绩效衡量和奖励手段的设计与变革来激励员工。

7）将工作设计建立在科学研究的基础之上。

技巧与方法

服务企业的员工需要做好如下几个方面的工作。

1. 营造良好的工作环境

其中包括:

1）工作空间质量: 使员工对工作场所的环境满意。

2）作息制度: 使员工对合理的上、下班时间及加班制度等满意。

3）工作配备齐全度: 工作必需的条件、设备及其他资源是否配备齐全、够用。

4）使员工对薪资、福利、医疗和保险、假期、休假等福利待遇满意。

2. 组建高效率的工作团队

其中包括:

1）合作和谐: 使员工得到上级的信任、支持、指导, 同事的相互了解和理解, 以及下属领会意图、完成任务, 得到尊重。

2）信息开放: 信息渠道畅通, 信息的传播准确高效等。

3. 合理安排工作内容

其中包括:

1）使工作内容与其性格、兴趣相吻合, 符合个人职业发展目标, 是否能最大限度地发挥个人的能力, 从自己的工作中获得快乐。

2）工作强度: 对工作强度的要求和容忍度因人而异。一方面是否能满足个人工作的需要, 另一方面是否超出了个人能承受的负荷量。

实战要点

激励员工就是影响员工的内在需求或动机, 从而加强、引导和维持其工作行为。其

目标是为了更好地激励员工，增强员工的主人翁意识，提高企业的员工服务活力，留住最好的员工，要达到这个效果，建议注意以下方面：

1. 尊重员工

尊重是一种人性化的、有效的激励。管理者要从内心树立尊重员工的意识，不能只是流于表面，停留在口头上；一定要关注员工的感受，平等地对待所有员工，把尊重员工落到实处。

2. 深入沟通

管理者要拿出时间与员工深入沟通，使双方的思想能够交流。只有通过沟通才能够了解员工的需要，才能拉近与员工的感情。管理者与员工的直接沟通本身就是对员工的一种重视和尊重。

3. 善于表扬

当员工表现出众时，管理者就给予积极的赞美和热情的表扬。每一位员工都渴望得到管理者的表扬，优秀的员工往往是表扬造就的。管理者必须善于表扬，通过表扬让员工感受到肯定和重视，以此来激发员工工作的热情。

4. 树立标杆

管理者需要为员工树立一些标杆。作为标杆的员工是在长期的工作实践中成长起来的，是从企业内部脱颖而出的员工中的典范。标杆具有强大的示范效应，是其他员工欣赏、模仿和学习的榜样。

5. 引入竞争

竞争是有效的激励手段，能够激发员工的潜力。管理者应当引入内部竞争机制，营造你追我赶的工作氛围，让员工感觉到竞争的压力，生存的压力，并通过合理引导，使员工的压力能够转化为工作的动力。

情景模拟

1. 情景案例

有一天，一位农夫像平常一样到地里干活，路上发现了一条蛇，蛇的嘴里含着一只青蛙。他想这只青蛙真可怜，被蛇抓到当成早餐。于是他抓住那条蛇，把青蛙放了出来，青蛙非常感激地走了。蛇因为没有了早餐，就向农夫讨要，农夫觉得蛇也很可怜，就把随身带的一个酒葫芦摘下来，把酒给蛇喝了，蛇也非常感激地走开了。

第二天，农夫又来耕田，昨天那条蛇又出现了，这一次蛇嘴里含着两只青蛙。因为，蛇还想喝酒。

问题：农夫的做法有什么失误?

2. 角色模拟

你是部门经理，面对你的员工取得成绩时，如何对他们进行奖励性沟通?

3. 思维启蒙

管理者在激励员工时应如何分析员工行为？管理者应怎样看待奖励员工时沟通的意义?

4. 参考答案

1）情景案例：农夫未能分析青蛙与蛇的真正需要，采用的方法属于息事宁人类型，不能从根本上解决问题，反而带来更大麻烦。

2）角色模拟：肯定成绩；分析他所取得的成绩与工作目标的差距，说明还需努力；如果员工取得的成绩超越了工作目标，可以给予较大的奖励，包括物质奖励。

3）思维启蒙：管理者在激励员工时应认真分析员工行为，如果把奖励给予了错误的行为，错误的行为就会不断地重复出现。管理者在奖励员工时，应加强与员工的沟通，让员工明白被奖励的原因所在，从而鼓励其向管理者所期望的方向前进。

第二节　服务人员的管理与培训

一、服务人员的管理

（一）服务人员在服务营销中的作用

服务是通过服务人员与顾客的交往来实现的，服务人员的行为对企业的服务质量起着决定性作用，因此，在服务营销中企业对员工的管理，尤其是一线服务人员的管理相当重要，因为在服务的过程中，企业无法直接控制员工的行为。

服务企业通常是劳动密集型的组织。“公司—员工—顾客”之间的链式关系说明了员工在服务营销中的地位和作用。相对生产性企业而言，服务企业的人力资源管理更为重要，这一重要性主要体现在如下关系上：

1）员工的满意程度与企业内部质量相关。

2）员工的忠诚度与员工的满意度相关。

3）员工的生产效率与忠诚度相关。

4）服务的价值与员工的生产效率相关。

这一系列的推断说明内部质量是基础，可以通过评价员工对自己的工作、同事和公司的感觉而得到。最主要的是来自于员工对自己工作的评价，而员工对企业内其他人的看法和企业内部人员互相服务的方式也对内部质量产生影响。换句话说，企业内部对人

力资源的管理影响着员工的满意程度，从而最终导致企业服务价值的实现。

企业顾客一般指的是购买企业产品或服务的人。但如果我们通过“公司—员工—顾客”的关系来理解员工的作用，可以认为员工也是企业的顾客。企业为员工提供的“产品和服务”是信息、资源、支持和放权。这一思想也就是20世纪80年代以来发展的“内部营销”概念的核心，即把员工视为企业的上帝——我们通常称之为“内部顾客”。

由于顾客在与一线员工接触时，往往把这些员工作为整个企业的代表，把与这些员工交往得到的感知服务质量作为整个企业所提供的服务质量。因此，如果在企业内部存在一个良好的运行机制，那么，一线员工一定会尽力给顾客留下良好的印象，并提供优质服务。

（二）“顾客／员工关系反映”分析

对于服务组织来说，顾客关系反映了员工关系，即组织（尤其是管理人员）如何对待员工，员工就将怎样去对待顾客。正如一份研究报告指出的那样：如果管理人员帮助员工解决问题，员工也就会为顾客解决问题。

1. 关心员工遇到的问题并帮助解决

这并不意味着管理人员无条件地去关注其下属的所有问题，管理人员应关心影响员工工作的问题，包括公事也包括私事。要做到这一点，管理人员不妨从以下几方面加以考虑：

1）不要使员工时时感受到与管理人员之间的距离，要使他们有可以畅所欲言的环境。管理人员在与下属交往时应尽量避免显示自己的权威性，同时可采取一些显而易见的措施。比如，办公室不设门，能使员工感觉如果有难题可以直接找管理人员并得到解决。

2）定期举行与基层员工的会议，可以使高层管理人员从这些普通员工中得到建议。

3）企业为员工提供一些福利性的帮助，比如说通过赞助援助员工的计划、日间看护中心和为员工作信用担保等方式以表示对员工需求的关心。

4）企业制定一些支持员工的计划，包括提供服务、职位阶梯和分享企业利润。

2. 使员工了解组织内部发生的事

1）关于销售、利润、新产品、服务和竞争的综合情况。

2）其他部门的活动。

3）关于企业在实现目标上的最新发展及完成目标的情况。

如果每个员工都了解组织内部发生的事，会使企业在对顾客的服务过程中得到好处。因为，如果在服务中有一时无法处理的情况发生，员工会很快找到答案或让能处理的员工来完成对顾客的服务。

3. 树立组织的整体观念，增强员工责任感

培养员工共同的责任感应始于新员工加入时，新员工需要学会的是对顾客和对其他员工的责任感。要使这项工作持续进行还需要关注顾客对负责任的员工的反馈信息，经常回顾工作中员工表现出责任感的行为以及对那些很好地为顾客服务的员工进行当众表扬。

4. 尊重员工

当员工感觉不到被上司或同事尊重时，他在对顾客提供服务的过程中往往显得易于急躁，管理人员在与员工的交往中应注意自己的言行，处处体现出对员工的尊重。

1）及时表扬出色完成工作的员工。

2）记住下属的名字。

3）尽量避免当众指责员工。

4）为员工提供干净、适用的设备。

5）注意礼貌用语。

6）认真倾听并尽力去理解员工的看法。

5. 给予员工决定的权力并支持员工做决定

管理人员对员工给予充分的支持会令员工做得更好，下放一部分权力会使员工更加主动、积极地为顾客提供服务。

1）为员工提供配备的人员、资源及相关知识等以使员工更有效地工作。

2）合理的加薪计划。

3）为下属所犯错误承担相应责任。

4）在其他人面前为自己的下属作辩护。

5）把注意力集中在解决问题上，而不是一味地责备。

当然，支持员工是在一定范围内的，例如在为下属所犯的错误承担相应领导责任的同时，也应对下属员工进行一定的责罚。

（三）管理人员对员工的管理

管理人员所要面对的员工各不相同，并非每个员工都能很好地完成自己的工作。在这种情况下，管理人员应学会帮助员工改变做法，做好工作。而对于员工来说，为了更好地服务顾客，他们往往需要知道自己做得怎样，他们需要来自管理人员的反馈信息，无论这种信息是正面的还是负面的。因此，管理人员应及时评价员工的工作并帮助他们改正错误。

如果管理人员没有直接参与员工的工作，就应该对员工与顾客的接触给予更多的关心。通过这些做法管理人员可以获得有关员工的第一手资料，第一手资料能使管理人员

更加真切、全面地了解员工及他们遇到的问题。但在实际中我们往往所可以看到，许多管理人员仅仅满足于有关实际工作的二手资料，而这些二手资料往往带有相关人员的主观看法，管理人员难以从中发现员工所遇到的问题。

1. 对待员工的成绩

对员工在工作中取得的成绩，管理人员应及时给予表扬，无论是对员工还是对顾客都将产生巨大的效果。但作为管理人员也不能滥用表扬，应把对员工的表扬用在较为关键的方面：

1）当员工的行为超过企业所要求的行为标准时。

2）当员工的行为一直都符合标准时。

3）当员工取得进步时（无论进步的大小）。

4）当员工面对挑剔的顾客保持冷静时。

5）当员工采取灵活措施帮助顾客时。

2. 对待员工的错误

但是，当员工的工作出现差错时，管理人员应该如何对待？管理人员应以谨慎的态度对待员工的差错。员工此时的心态是非常敏感的，如果管理人员处理不当，可能会适得其反。管理人员的谨慎首先表现在他对待员工错误的态度上，管理人员应对员工错误持理解的态度，在帮助其改正的实施过程中应避免触发员工的敌对情绪。

（1）管理人员应该做到的

1）考虑员工的感受。

2）冷静地分析每一种可能的情况。

3）表现出相信员工有作必要改变的能力。

4）仔细向员工解释所犯错误的本质及管理人员期望的改正效果。

5）在私下里批评员工。

6）向员工描述未来可能发生的错误带来的后果，并坚持不断地做这样的描述。

7）公平地对待每一个员工。

8）当错误发生后，迅速给予关注。

9）告知员工惩罚措施的目的。

10）迅速对所有违反规则的行为做出处理。

（2）管理人员应该避免的

1）讽刺犯错误的员工。

2）发脾气。

3）由此而轻视犯错误的员工。

4）用带有侮辱性的语气说话。

5）在其他员工面前批评犯错误的员工。

6）对员工进行欺骗或威胁。

7）表现出个人喜好。

8）对员工所犯错误迟迟不进行处理。

9）采取过分严厉的惩罚措施。

10）改正错误的措施执行不够有连续性。

二、服务人员的培训

建设一支优秀的服务人员队伍是提高企业竞争力的重要举措。优秀的服务人员不但要掌握有关的市场经济规律、商品知识和法律知识，还应具备良好的心理素质。只有这样，才能保证企业在未来的竞争中立于不败之地。

1. 人员招聘

市场竞争从根本上来说是人才的竞争，服务企业的发展必须要有合格的人才来支撑，能否拥有一支高素质的员工队伍已成为服务企业兴衰的关键所在，而员工流动问题又是现代服务企业面临的共性问题。一般而言，一个企业要想永远留住自己所需的人才是不现实的，也不是人力资源手段所能提供的，再加上企业内正常的辞退以及调动，所以人员招聘工作就成为企业人力资源管理的经常性工作。人员招聘是“获取”这一人力资源管理要素的具体实现，他按照企业经营战略规划和人力资源规划的要求把优秀的、合适的人员吸引、招聘进企业组织，并放在合适的岗位上。

服务企业内部营销的起点是人员招聘。招聘工作做得好，进来的人员素质就比较高，这就为服务企业建立人才优势或降低培训成本创造了条件。对某些行业来说，人员招聘是第一重要的。如足球俱乐部最重要也是投资最大的就是聘请好的教练和球员。因此，教练和球员的招聘工作已经衍生为足球经纪人行业，后者专门为球员和教练提供转会服务。服务企业的人员招聘工作做得好，关键是要把它作为一种营销活动来进行。人员招聘主要考察应聘者的服务兴趣和服务能力，考察的方式可以是模拟测试或短期试用。

巧手点金

服务营销学家贝利和帕拉素拉曼建议，服务企业应当用营销来吸引人才，就像用营销来吸引顾客一样。在这样的营销中，人才就是“市场”，企业提供的服务岗位就是“产品”，对服务企业和岗位的宣传、介绍就是“促销”。吸引和招聘人才的营销技巧如下：

1）与潜在的人才沟通。如服务机构可以利用大学校园网、校园报刊等与大学生沟通，提高服务机构在这些潜在人才中的知名度。

2）鼓励现在员工参与人才招聘，利用他们发展人才网。

3）每一岗位吸引多个候选人才，以便好中求好。

4）吸引和招聘多种不同阅历、不同背景的人才，以适应顾客多样化的趋势。

招聘服务人员应注重人员的服务兴趣和服务能力。

招聘的服务人员应该是对服务职业有兴趣的人。其中，一类是天生喜欢服务职业的人。一些喜欢社交、富于同情心、助人为乐和人缘关系较好的人，往往是对这类服务职业有内在兴趣的人。这类人选择服务职业的一个动因就是通过服务获得社交的满足和愉悦，但这类人可能相对较少。大多数可能属于另一类，即对服务职业不一定有内在兴趣但能扮演服务角色的人，也就是能通过角色扮演同样表现出对服务有"浓厚兴趣"的人。这两类人都是合适的人选。

人员的服务能力包括技能、知识、专业化水平和体质等，如服务营销普遍需要人员具有良好的体质。服务人员本身就是服务质量的一种有形展示。如果服务人员缺乏良好的体质，就可能影响自身在服务过程中的形象和由此影响顾客的印象。例如，体质较差的服务人员在繁忙的服务过程中容易表现出疲倦感和对顾客不耐烦的情绪，而顾客对这样的服务人员自然不会满意。

服务机构可以采取模拟测试或短期试用的方式，对应聘对象的素质或能力加以考察。

2. 员工培训

员工招聘只是企业人力资源管理的开始，如何使新员工成为符合企业要求的服务提供者，这是企业内部培训要解决的问题。人员培训是增强服务兴趣和服务能力的主要途径。在某些主要靠服务技能营销的服务行业（如足球俱乐部、演出机构等），培训或训练所花的时间占整个运转时间的比重是相当大的。一些服务技能要求相对低的服务行业也需要花一定的时间和资金对人员进行培训。培训的目标和任务主要有三个方面：

1）使每个员工对企业的服务战略及其本人在其中的位置和作用有一个深入和全面的认识。

2）树立和增强员工的顾客意识和服务的自觉性。

3）提高员工沟通、销售和服务的技巧。

培训应有针对性，要求因人施教，对各类人员在深度、广度和侧重点上要有所区别。特别应重视对直接接触顾客的一线服务人员的培训，因为他们不仅直接接触顾客，而且直接参与服务营销活动，企业的形象和服务质量主要通过他们体现出来。在对一线人员进行培训时，既要让他们充分理解和领会企业服务营销的总体目标，增强他们为顾客服务的责任感，又要注意培养他们同顾客打交道、与顾客建立良好关系方面的高层次技能。对一些具有特殊职能的员工，则需根据他们所从事的工作性质增加一些专门训练，帮助他们掌握工作所必需的特殊的沟通和服务技能。

许多企业为培训员工开办了专门的学校，如假日酒店大学、麦当劳的"汉堡包大学"等，这些学校为本企业的员工培训制定专门的培训计划，配置专门的培训人员。学校的一切活动都围绕着培训企业需要的人，只要是企业的需要，哪怕是细微的方面也会配合以精心的计划。

案例

麦当劳快餐店从1955年创建开始就非常重视技能培训，1961年开办了第一家汉堡包大学，对人员进行严格培训。现在的汉堡包大学占地82英亩，有6个剧场式的教室、17间会议室、22种语言同声传译和先进的声像教学设备。汉堡包大学现在每期培训6天，数以百计的学员来自世界各地的麦当劳分店。为了向员工说明顾客的重要性，仅仅在顾客服务给员工带来好处这一问题上就有下列一些方面：

1）你将学会重要的技能，这些技能将帮助你成功，无论将来你做什么。

2）你将从中得到满足感，由于你的工作许多人得到了帮助。

3）你将学会如何鼓励顾客和其他员工，这会帮助你得到你想要的东西。

4）你将会发现过去没有意识到的一些事，包括不为自己了解的某些能力。

5）你将了解一个有效系统是如何运作的。

6）如果你做得好，顾客会回头。你做得越好，整个组织就会越好，所有的情形都会好起来。

这些机构的主要任务之一是对员工进行技能培训（针对某些特定的事务），如关于酒店的会计系统、现金管理技术等。这些培训内容主要是一些行为准则，一般是针对那些新加入公司的员工。进行这样的培训是为了让新员工能在今后的工作中以符合标准的行为高效地完成本职工作，并与其他员工取得协调，更好地工作。

（资料来源: http://www.docin.com/p-816025.html）

企业除了对员工进行技能培训外，还应对员工进行沟通培训。由于员工在与顾客沟通中可能遇到的问题难以预先料到，因此很难在培训中对这些问题加以模拟解决。所以，在服务组织的培训中，沟通技巧的培训在某种程度上比技能培训更困难。许多航空公司对乘务员进行事件分析培训，以帮助乘务员在意想不到的情形下处理好顾客提出的苛刻要求。还有一些企业把角色扮演、创造性技巧和冲突的模拟作为培训方法。

根据服务组织类型的不同，可以对技能培训或交往技巧培训有所侧重。例如，麦当劳采用“工业化”和服务标准化的措施，以低成本产出符合标准的服务质量。

为员工精心设计的培训计划对整个企业的运作产生深远、积极的影响。如果这样的培训计划设计得合理并与企业的特点相适应，如果这样的培训计划被当作系统的一个整体部分而不是只被当作一些空洞的教条，那么对员工的培训将是服务组织最好的工具。

在设计内部员工培训计划过程中，首先应考虑的是企业内不同层次的业务需要，这里所说的业务需要指的是企业各级部门的工作目的，工作内容及所应达到的要求等。在分析各级部门业务需要的基础上制定培训计划以满足这些需要。在制定培训计划时还应注意对不同部门的员工，不同职能和不同地区的部门及组织内不同级别之间相互影响、相互联系的领域进行研究，使制定出的培训计划增进彼此间的联系，并在公司遇到的问题与业务流程方面建立起员工之间、部门之间、地区之间的理解。

3. 全员培训

前面我们探讨的培训多集中于基层员工的培训计划，那么管理人员是否也应培训呢？答案是肯定的。每个人都需要知道该做些什么和怎样去做，而且每个人都需要得到他人的鼓励与肯定，总裁也不例外。企业内部全面的培训一般在以下四个层面展开：

（1）最高管理层

对最高管理层的培训以宏观的管理为特色内容，主要在于如何制定、实施以顾客为导向的管理战略。高层管理人员还应学会如何加强管理并以身作则，以建立以服务为导向的企业文化。

（2）经理和主管

一般的管理人员需要在下放权力、团队建设、做手下员工的顾问等方面学习如何扮演好自己的角色。管理人员还应掌握必要的技巧使整个组织的计划相互协调以形成整体。这样的培训在许多组织中几乎是强制性措施，是每一位管理人员必须学会的。

（3）前线与顾客接触的员工

前线员工在培训中应学会有关帮助顾客，为顾客做出安排，把顾客需要放在第一位的看法、战略和技巧。前线员工最常犯的错误就是对顾客的“打扰”（事实上接待顾客的“打扰”正是前线员工的工作）感到厌烦，而当这种感觉反映到态度和行为中时就会把顾客吓跑。

（4）公司里的其他员工

培训计划应使这些员工知道优质服务给公司、给他们自己的事业所带来的好处，并使他们意识到自己在服务提供过程中的重要性，同时帮助他们理解“内部顾客”的含义，最重要的在于使这些员工学会如何在工作中支持、帮助前线员工。

在这四个层面的培训中，经理和主管以及前线员工这两个层面较为重要，我们已对前线员工的培训作了探讨。服务组织中经理和主管的培训与其工作特点密切相关，员工对顾客提供服务的过程不仅受管理人员如何对待员工的影响，而且也受到管理人员如何对待顾客的影响。管理人员都应该理解自己的行为对下属具有怎样的影响力，同时也应了解在建立以服务为导向的企业文化中自己应扮演的角色和应有的行为。管理人员在平时的工作中要具有表率作用意识，他们应以顾客为中心，在作决定时考虑的因素，管理人员还应学会如何培训和发展自己手下的员工同样关心顾客。

巧手点金

企业的最终用户并不是唯一的顾客，员工也是企业的顾客。对于服务组织来说，顾客关系反映了员工关系，即组织（尤其是管理人员）如何对待员工，员工就将怎样去对待顾客。

管理人员把自己的手下视为顾客是一种很好的管理方法，当管理人员把手下员工作

为自己产出（即管理工作）的顾客时，就会去了解他们的需求，而当管理人员满足员工的需求之后，员工往往能够很好地完成工作。这也是为什么管理人员应把自己作为一名服务者去为自己下属服务的最有力根据。

管理人员对员工的关心应出自真心并保持长期一致性，最好的结果是将其融入企业的管理文化中，而不仅仅是为了应付测评而做出的表面行为。

管理人员在表扬员工时应记住这样一条有关人的行为的观点："当人的某个行为做出后立即被奖励，他将乐于再做出这一行为。"这一观点在管理实施中的启示是：当管理人员称赞手下的员工时，员工们会把这种称赞与自己刚才所做的联系起来，他们很可能在未来的工作中仍然这么做。

实战要点

实施内部营销管理，最重要的就是要围绕着以人为本为员工提供服务，它包含了以下几点：

1. 重视人员的自身价值

在很多企业，管理人员和第一线服务人员有着天生的鸿沟和彼此的敌意，这来自于有些管理人员对服务第一线人员本能的轻视。有些人认为，向往有意义的生活是那些接受过良好教育、衣冠楚楚、追求时尚的人的专利。其实每个人都渴望被尊重、被理解、被关怀。因此，创造一个良好的内部服务氛围是非常必要的。

2. 提供人员的培训

优质的服务是由人来实现的，企业必须雇用合适的、经过训练的员工为顾客提供服务。可是现在很多企业在招聘服务人员时，上岗前关于技能的培训很多，但如何建立客户满意观念的培训却并不多见，或者只在上岗前提及，上岗后衔接的培训却被终止了。培训是对员工最好的福利，屡屡被人提及，让员工得到充分的培训，一起憧憬企业的未来，他们会在服务顾客时用最优异的表现来让顾客为企业加分，他们本人甚至成为企业最生动最鲜活的广告。

3. 重视员工的压力和困境

服务员工的压力大，并且要面对繁琐的服务、客户的挑剔和抱怨等，如果组织不能给予最及时的关怀，他就成了潜在的逃兵。因为，没有人愿意对一个冷漠的组织付出更多的热情。

技巧与方法

对员工培训时要有明确的目标，不同岗位不同的要求，在进行培训时最好要有SOP

（标准的作业程序），有了 SOP 可以减少不必要的步骤，大大提高效率。培训方式要灵活，下面给出训练三招，各有优势。

1. 座谈式

员工在培训负责人的主持下，坐在一起提议、讨论、解决的一种方式。此种方式可以就某一具体问题或某一制度进行提议、讨论，然后达到解决的目的。此种方式让每一位员工都能参与其中，并能发挥自己的独到见解。作为负责培训的人员，也可以集思广益。但此种方式并不是散乱无序，培训负责人一定要事先列好提纲和议题。座谈式培训不但可以教会员工许多知识或技能，达到培训的目的，还能提供内部员工交流的机会，并达到促进员工友好合作的效果。

2. 课堂培训

课堂培训是最普遍、最传统的培训方法。它是指培训负责人确定培训议题后，向培训部申请教材，或自己编写相应的培训教材（培训前要请培训部审定教材），再以课堂教学的形式培训员工的一种方法。此种方式范围很广，理论、实际操作、岗位技术专业知识都可以在课堂讲解、分析。

3. "师傅带徒弟"帮带培训

自己学习爬楼梯，跟师学习是坐飞机。新进的员工与资深技术员工结成"师傅带徒弟"帮带小组，并给出培训清单（列出培训标准内容和要求等）此种培训方式，可以采取一带一或一带多，但最好采取一带一，此种方式考核要求将新员工与资深技术员工一起考核，这可以让资深技术员工有责任心。

在实际培训中，往往是将多种方法综合在一起。培训方式的结合才能让学员更快、更多地理解所学内容。通过培训我们可以让平凡的人胜任不平凡的工作。

情景模拟

1. 情景案例

几天前，小张添置了一台新的电热水器，厂家是某地的知名企业。第二天，公司派了一位师傅老李来安装。因为电表的功率问题，从设计到安装，老李不辞辛苦跑了几次，中途因堵车耽误了约定的时间，他两次给小张打电话，并发短信表示歉意。小张从始至终对老李的服务赞赏有加，由衷地对他说："你们公司有你这样的员工真是幸运。"可是老李却闷闷不乐地对小张说，到年底他就不干了。小张问为什么，他说不想再为这家企业卖命了。原来，老李的孩子几天前不小心被开水烫伤了，住院要交一万元押金，老李向所在公司求援，提出提前支付工资用于押金垫付，却被公司拒绝，公司表示提前支付工资不符合规定，最后只借了 500 元钱给他。500 元实在帮不了老李，他只好向亲友挪借，才让孩子住进了医院。老李说，500 元让他看到了企业的无情和对员工困境的无动于衷，所以他想跳槽。

问题：老李所在公司在这件事上存在什么失误？

2. 角色模拟

请两个学生分别扮演上级与下属，按自己的设计表现以下情景：A 在其他员工面前表扬（批评）下属；B 在私下里表扬（批评）下属；C 在客户面前表扬（批评）下属。然后让其他学生对表演的效果及影响进行讨论。

3. 思维启蒙

请分析员工满意与顾客满意的关系。

4. 参考答案

1）情景案例：老李所在公司只重视了顾客的满意度，但在处理员工的事情上表现得很短视，忽略了员工的心理感受，处理具体问题时过于死板，不能灵活地从人性化的角度出发来解决员工的具体困难，导致了优秀员工的满意度急剧下降。

2）角色模拟：略。

3）思维启蒙：外部顾客价值是由内部顾客——员工创造的，内部顾客不满意就无法保证外部顾客价值。企业在追逐顾客满意和顾客忠诚的过程中，应该认识到营销执行者对最终效果具有重要作用。企业内部营销就是运用营销策略与方法协调和处理内部市场的各种关系，吸收、发展、刺激和保留优秀员工，达到外部顾客对公司及其产品的满意和忠诚，实现营销目标。

思考与练习

1. 在服务企业中为什么需要进行内部营销？
2. 什么是内部营销、外部营销和互动营销？
3. 谈谈你对全员培训的看法。
4. 选择一个企业，分析该企业中服务导向的水平，并讨论是否需要实施内部营销。你认为，哪些内部营销过程和活动会在公司中得到很好的应用？

东京迪斯尼的员工培训

到东京迪斯尼去游玩，人们不大可能碰到迪斯尼的经理，门口卖票和检票的也许只

会碰到一次，碰到最多的还是扫地的清洁工。所以东京迪斯尼对清洁员工非常重视，将更多的训练和教育集中在他们的身上。

1. 从扫地的员工培训起

东京迪斯尼扫地的有些员工，他们是暑假工作的学生，虽然他们只扫两个月时间，但是培训他们扫地要花 3 天时间。

（1）学扫地

第一天上午要培训如何扫地。扫地有 3 种扫把：一种是用来扒树叶的，一种是用来刮纸屑的，一种是用来掸灰尘的。这三种扫把的形状都不一样。怎样扫树叶，才不会让树叶飞起来？怎样刮纸屑，才能把纸屑刮的很好？怎样掸灰，才不会让灰尘飘起来？这些看似简单的动作却都应严格培训。而且扫地时还另有规定：开门、关门、中午吃饭、距离客人 15 米以内等情况下都不能扫。这些规范都要认真培训，严格遵守。

（2）学照相

第一天下午学照相。十几台世界最先进的数码相机摆在一起，各种不同的品牌，每台都要学，因为客人会叫员工帮忙照相，可能会带世界上最新的照相机，来这里度蜜月、旅行。如果员工不会照相，不知道这是什么东西，就不能照顾好顾客，所以学照相要学一个下午。

（3）学包尿布

第二天上午学怎么给小孩子包尿布。孩子的妈妈可能会叫员工帮忙抱一下小孩，但如果员工不会抱小孩，动作不规范，不但不能给顾客帮忙，反而增添顾客的麻烦。抱小孩的正确动作是：右手要扶住臀部，左手要托住背，左手食指要顶住颈椎，以防闪了小孩的腰，或弄伤颈椎。不但要会抱小孩，还要会替小孩换尿布。给小孩换尿布时要注意方向和姿势，应该把手摆在底下，尿布折成十字形，最后在尿布上面别上别针，这些地方都要认真培训，严格规范。

（4）学辨识方向

第二天下午学辨识方向。有人要上洗手间，“右前方，约 50 米，第三号景点东，那个红色的房子”；有人要喝可乐，“左前方，约 150 米，第七号景点东，那个灰色的房子”；有人要买邮票，“前面约 20 米，第十一号景点，那个蓝条相间的房子”……顾客会问各种各样的问题，所以每一名员工要把整个迪斯尼的地图都熟记在脑子里，对迪斯尼的每一个方向和位置都要非常明确。

训练 3 天后，发给员工 3 把扫把，开始扫地。如果在迪斯尼里面，碰到这种员工，人们会觉得很舒服，下次会再来迪斯尼，也就是所谓的引客回头，这就是所谓的员工面对顾客。

2. 会计人员也要直接面对顾客

有一种员工是不太接触客户的，就是会计人员。迪斯尼规定：会计人员在前两三个月中，每天早上上班时，要站在大门口，对所有进来的客人鞠躬，道谢。因为顾客是员工的“衣食父母”，员工的薪水是顾客掏的。感受到什么是客户后，再回到会计室中去做会计工作。迪斯尼这样做，就是为了让会计人员充分了解客户。

3. 其他重视顾客、重视员工的规定

（1）怎样与小孩讲话

游迪斯尼有很多小孩，这些小孩要跟大人讲话。迪斯尼的员工碰到小孩在问话，都要蹲下，蹲下后员工的眼睛跟小孩的眼睛要保持一个高度，不要让小孩子抬着头去跟员工讲话。因为那个是未来的顾客，将来都会再回来的，所以要特别重视。

（2）怎样对待丢失的小孩

从开业到现在的十几年里，东京迪斯尼曾丢失过两万名小孩，但都找到了。重要的不是找到，而是在小孩子走丢后从不广播。迪斯尼里设有 10 个托儿中心，只要看到小孩走丢了，就用最快的速度把他送到托儿中心。从小孩衣服、背包来判断大概是哪里人，衣服上有没有绣他们家族的姓氏；再问小孩，有没有哥哥、姐姐、弟弟、妹妹，来判断父母的年龄；有的小孩小的连妈妈的样子都描述不出来，就要想办法在网上开始寻找，尽量用最快的方法找到父母。然后用电车把父母立刻接到托儿中心，小孩正在喝可乐、吃薯条、啃汉堡，过得挺快乐，这才叫乐园。他们就这样在十几年里找到了两万名小孩，最难得的是从来不广播。

（3）怎样送货

迪斯尼乐园里面有喝不完的可乐，吃不完的汉堡，享受不完的三明治，买不完的糖果，但从来看不到送货的。迪斯尼规定在客人游玩的地区里不准送货，送货统统在围墙外面。迪斯尼的地下像一个隧道网一样，一切食物、饮料统统在围墙的外面下地道，在地道中搬运，然后再从地道里面用电梯送上来，以保证充足的食品供应。可以看出，迪斯尼如何重视客户，所以客人就喜欢经常去迪斯尼。去迪斯尼玩 10 次，大概也看不到一次经理，但是只要去一次就看得到他的员工在做什么。这就是一种观念：顾客站在最上面，员工去面对客户，经理人站在员工的底下来支持员工。

（资料来源：余世维．2005．赢在执行．北京：中国社会科学出版社）

案例讨论：

1．东京迪斯尼为什么要培训清洁工学照相、学包尿布？

2．试从案例材料出发，编写一份简要的员工服务规范。

3．东京迪斯尼的员工培训方法能否照搬到国内的主题乐园？为什么？我们该如何学习其优点？

实 战 篇

第六章 服务产品与品牌策略

预期的学习成果

1. 学生能区分产品、服务与有形产品之间的概念。
2. 学生能了解服务产品生命周期不同阶段的特征。
3. 学生能掌握服务新产品开发的程序和外观特征。
4. 学生能了解服务品牌的构成要素，利用其创造市场效应。

企业要实现其经营战略，必须通过有效的市场营销组合，而营销组合决策的首要任务就是向市场提供满足顾客需求的产品。而服务产品和有形产品有实质的区别，它影响着企业制定其相关的营销策略和方针。因此，我们必须研究服务产品的内涵，掌握其生命周期的变化规律，为企业创造出具有强有力竞争优势的服务产品品牌。

第一节 服务产品的生命周期

一、服务产品

服务产品是指服务经营者凭借一定的资源和设施，向消费者提供的满足其需求的服务。通过服务产品的生产与销售，经营者达到盈利的目的。这里，服务产品最终表现为活劳动的消耗，即服务的提供。必须指出，服务是与有一定使用价值的有形物结合在一起的服务，只有借助一定的资源、设施、设备，服务才能得以完成。事实上，产品与服务很难分离，既没有纯产品也没有纯服务，二者“你中有我，我中有你”。

在服务营销中，服务产品与有形产品具有一定的区别。菲利普·科特勒认为：服务产品往往依附于有形的物品，而有形产品里面也包含有服务的成分（表 6.1）。

表 6.1 服务产品与有形产品的比较

服务产品	有形产品
非实体	实体
形式相异	形式相似
生产分销与消费（核心服务阶段）同时进行	生产分销与消费分离
顾客参与生产过程	顾客一般不参与生产过程
即时消费	可以储存
所有权不能转让	所有权可以转让

二、服务产品生命周期理论简介

产品生命周期是指产品从正式投放到市场开始，直到最后被市场淘汰，退出市场为止的全部过程。产品大体上经历了类似人类生命模式的周期性规律。典型的产品生命周期一般包括四个阶段，即投入期、成长期、成熟期和衰退期。产品生命周期的各个阶段通常是以销售额、企业所获得的利润额的变化来衡量的。在大多数有关产品生命周期（PLC）的讨论中，都把典型的产品销售历史描绘成 S 形曲线。如图 6.1 所示，以时间为横坐标，以金额为纵坐标，产品生命周期曲线就被划分为四个阶段。

1）投入期（也叫引入期和介绍期）。它是产品引入市场时，销售缓慢增长的时期。由于产品刚进入市场，生产和销售费用较大，利润几乎不存在，甚至为负。

2）成长期。产品被市场迅速接受和利润大量增加的时期，生产和销售费用都有所下降。

3）成熟期。产品已被大多数的潜在购买者所接受，市场需求量渐趋饱和而造成的销售增长缓慢的时期。产品进入成熟期后期时，为维持产品地位，营销费用日益增加，利润稳定且呈下降趋势。

4）衰退期。产品销售下降的趋势日益增强，利润迅速减少的时期。

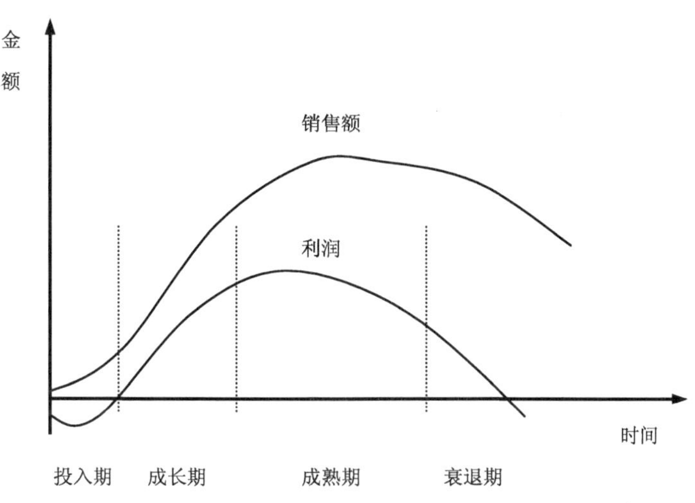

图 6.1　产品生命周期图

随着社会、经济和技术条件的迅速改变，服务产品在市场上的发展变化情况，会受到各种主、客观条件以及宏观、微观因素的影响，而出现各种非典型或非正常的变化现象，我们称之为产品生命周期的变异。如一条旅游线路刚推向市场不久，可能由于自然灾害或战争等一些偶发因素，使产品过早的衰退。某些酒店经营的产品在其进入成熟期后，由于企业的集中促销努力或对原有产品在质量上、特点上进行改良，促使产品销量突发性的扩大，即在成熟期内又出现一个成长期，从而使成熟期得以延长。有些服务产品作为时尚产品，会出现快速增长和急速衰退两个阶段。

产品生命周期的划分没有明显的界限，它是根据不同的销售量、成本和利润状况所作的一种分析和判断。对服务产品生命周期的研究是服务企业和行业进行市场营销管理的不可缺少的根据。服务企业研究服务产品生命周期的目的在于：① 针对处于不同生命周期阶段的服务产品在市场上的特点，做出相应的市场营销决策；② 设法延长服务产品的生命周期，延缓衰退期的到来；③ 针对市场需求及时进行服务产品的更新换代，适时撤退过时产品以免遭不应有的损失。

产品生命周期在市场营销过程中有着相当重要的作用，虽然它主要用于有形产品的研究，但是对于服务产品来说也同样适用。服务产品的生命周期是指某一种服务产品从进入市场、稳定增长到逐渐被市场所淘汰的过程。

服务产品中的电信、医疗卫生、户外娱乐等行业正处在成长阶段，而电影、钟表维修等行业已经过了其巅峰阶段。并且服务产品生命周期理论在金融服务行业，旅游和航空运输行业等都有其适用性。

针对服务产品生命周期的不同阶段，从服务企业的四个主要职能即经营管理职能、财务控制职能、市场营销职能和开发职能等进行详细的分析和解剖，揭示出服务企业在生命周期不同阶段所表现出来的特点以及企业所面临的目标、决策、问题和组织转移任务。

案例

联想公司将服务贯穿产品生命周期

联想始终把服务作为整个集团的主要竞争力之一，一直关注不同客户对服务的不同需求，提供高标准以及专业创新的服务。

针对服务的产品设计贯穿于产品生命周期。联想从产品设计端就开始考虑用户对基础维修、保修服务和增值服务的需求。

比如联想设计产品时采用的 TVT 技术，这是为降低 PC 生命周期的总成本而设计的，此技术可以为客户提供设备安装、自由连接以及数据和设备安全保护等服务支持，而且在回收处理方面拥有整套解决方案。再比如，当用户所使用的笔记本电脑电池用到一定年限时，性能可能会下降，系统会自动检测提示说电池的使用时间已经降到多长时间，用户如需帮助，联想会提供联系方式和服务知识。

（资料来源：http://www.htsc.com.cn/htsc/report/private/xwzq_template_htyj.jsp?docId=3904410&whichCat=hyxx）

三、服务业增长策略

服务产品生命周期理论告诉我们，任何一个产品都有从兴盛到衰败的过程，那么服务企业在进行产品决策时就必须要注意产品的增长性战略问题。

巧手点金

1. 市场渗透策略

市场渗透策略是指企业通过各种市场营销措施，努力扩大现有产品在当前市场上的占有份额，市场份额的提高将有赖于企业明确地进行市场定位、集中精力于主要的细分市场和充分地利用市场营销组合战略。例如，KCR 和 MTR 利用储值卡吸引顾客更多地乘坐他们的火车；美国运通公司鼓励现有客户介绍新的用户，其方法是每个新客户登记以后，便赠送免费商品。

2. 新产品开发策略

新产品开发策略是指企业通过改进原有产品或增加新产品而达到扩大销售的目的。新产品开发策略在企业市场营销决策中占有非常重要的地位。

3. 市场开发

市场开发策略是指企业使现有产品打入更大的市场范围，从而获得更多的购买群体。例如，一家咨询企业在海外开设办事处，而它的现有客户恰巧也在那里开展业务，这样这些客户不仅是企业在新市场上开展经营活动的基础，而且它们将有意无意地帮助企业建立更多的客户关系。

4. 多元化经营策略

多元化经营策略是指企业向本行业外发展，实行跨行业经营。多元化经营又分为：

1）产品多元化。如航空公司往往以提供新的团体旅游承揽服务以及设置本身的旅行社和大饭店，才能获得额外的收入。

2）横向多元化。如一家经营物料处理的公司兼并一家小型仓储设计顾问公司后，该材料处理公司便有能力向顾客提供产品和服务的整套服务组合。

3）纵向多元化。如一家电视租赁公司开发投资一家"办公室设备出租公司"，此业务在过去几年是不曾有过的，因为在此之前办公室设备一直是"购置"的。而从这项新业务开发以后，"租用"对于顾客和公司两方面都有吸引力，是一种具有利润性的选择。

技巧与方法

一家服务业公司能够成功的增长和发展，主要取决于主管的管理及控制现在与未来的能力。随着公司经营生命周期各阶段的变化，有必要采取一系列的措施：

1）管理阶层必须了解管理的四项基本功能，即新服务的开发、业务、营销和观念的发展。

2）必须建立管理团队，或者争取经营更大企业的能力。

3）管理激励必须维持。

4）应避免散漫无规则的增长。

5）公司必须改变已成熟观念。

6）公司不应过分多样化，沟通渠道必须保持畅通。

只有了解整个产业处于什么阶段，才能确定应该使用什么沟通组合。每种沟通努力的目标及诉求手段，以及各种服务的个别促销或促销组合，都应该依照服务产品目前所处的阶段而定。

实战要点

1. 应对竞争对手的价格战

价格战是中国市场常见的竞争方式，也是目前最能见的促销手段。面对竞争对手的价格挑战，作为销售人员，要理智对待，沉着应战。首先，弄清对手降价产品的型号、功能、所处生命周期阶段。其次，了解我方相对应产品的基本情况和生命周期。最后选取游击战或阵地战。

2. 市场切入点的选择

在竞争对手非常强大的地区，怎样才能进入市场，并进行有效的市场拓展？利用“钉子产品”是有效策略之一。所谓“钉子产品”，就是用来撕开市场口子的产品。利用服务产品生命周期理论，选取的钉子产品，一般是处于衰退的产品，以超低的价格强行进入市场，获得渠道和消费者的普遍认可后，再陆续跟进其他产品。

案例

甲公司将其处于成熟期的产品在全国各地进行大规模大幅度的降价，其竞争对手乙公司了解这一情况后，发现自己相对应的产品还处于成长期，不可能全面应战。这时，乙公司选取了在甲公司市场占有率很高的地区，将价格降到最低水平，使对手无法跟进，同时在其他地区将其处于衰退期的产品的价格降到最低，进行反击的策略。

情景模拟

1. 情景案例

国内某知名啤酒集团针对啤酒消费者对啤酒口味需求日益趋于柔和、淡爽的特点，积极利用公司的人才、市场、技术、品牌优势，进行小麦啤酒研究。2000 年利用其专利科技成果开发出具有国内领先水平的 J 牌小麦啤酒。这种产品泡沫更加洁白细腻、口味更加淡爽柔和，更加迎合啤酒消费者的口味需求，一经上市在低迷的啤酒市场上掀起一场规模宏大的 J 牌小麦啤酒的概念消费热潮。

（1）J 牌小麦啤酒的基本状况

J 牌啤酒公司当初认为，J 牌小麦啤酒作为一个概念产品和高新产品，要想很快获得大份额的市场，迅速取得市场优势，就必须对产品进行一个准确的定位。J 牌集团把小麦啤酒定位于零售价 2 元/瓶的中档产品，包装为销往城市市场的 500ml 专利异型瓶装和销往农村、乡镇市场的 630ml 普通瓶装两种。合理的价位、精美的包装、全新的口味、高密度的宣传使 J 牌小麦啤酒 2000 年 5 月上市后，迅速风靡本省及周边市场，并且远销到江苏、吉林、河北等外省市场，当年销量超过 10 万吨，成为 J 牌集团一个新的经济增长点。由于上市初期准确的市场定位使 J 牌小麦啤酒迅速从诞生期过渡到高速成长期。

高涨的市场需求和可观的利润回报使竞争者也随之发现了这座金矿，本省的一些中小啤酒企业不顾自身的生产能力，纷纷上马生产小麦啤酒。一时间市场上出现了五六个品牌的小麦啤酒，而且基本上都是外包装抄袭 J 牌小麦啤酒。酒体仍然是普通啤酒，口感较差，但凭借1元左右的超低价格，在农村及乡镇市场迅速铺开。这很快造成小麦啤酒市场竞争秩序严重混乱，J 牌小麦啤酒的形象遭到严重损害，市场份额也严重下滑，形势非常严峻。处在高速成长期的J牌小麦啤酒，一部分市场迅速进入了成熟期，销量止步不前，而一部分市场由于杂牌小麦啤酒低劣质量的严重影响，消费者对小麦啤酒不再信任，J牌小麦啤酒销量也急剧下滑，产品提前进入了衰退期。

（2）J牌小麦啤酒的战略抉择

面对严峻的市场形势，是依据波士顿理论选择维持策略，尽量延长产品的成熟期和衰退期最后被市场的自然淘汰，还是选择放弃小麦啤酒市场策略，开发新产品投放其他的目标市场？决策者经过冷静的思考和深入的市场调查后认为：小麦啤酒是一个技术壁垒非常强的高新产品，竞争对手在短期内很难掌握此项技术，也就无法缩短与J牌酒小麦啤酒之间的质量差异；小麦啤酒的口味迎合了当今啤酒消费者的流行口味，整个市场有较强的成长性，市场前景是非常广阔的。所以，选择维持与放弃策略都是一种退缩和逃避，失去的将是自己投入巨大的心血打下的市场，实在可惜。而研发新产品开发其他的目标市场，研发和市场投入成本很高，市场风险性很大，如果积极采取有效措施，调整营销策略，提升J牌小麦啤酒的品牌形象和活力，使其获得新生，重新退回到成长期或直接过渡到新一轮的生命周期，自己将重新成为小麦啤酒的市场引领者。

事实上，通过该公司准确的市场判断和快速有效的资源整合，使得J牌小麦啤酒化险为夷，重新夺回了失去的市场，J 牌小麦啤酒重新焕发出强大的生命活力，重新进入高速成长期，开始了新一轮的生命周期循环。

问题：分析J牌小麦啤酒的优势与劣势？

2. 角色模拟

如果你是公司的决策人，你会采取哪些具体措施来延长J牌小麦啤酒的生命周期？

3. 思维启蒙

通过本节的学习，你对服务产品生命周期理论有些什么体会？

4. 参考答案

1）情景案例：①优势，价格合理，口味独特，包装新颖等；②劣势，较容易模仿，市场分析不全面等。

2）角色模拟：进入成熟期以后就考虑进入其他低端市场，并且可以通过调整价格，改变包装，使之成为新的另一品牌，树立多品牌战略，并且强调产品的独特性。

3）思维启蒙：略。

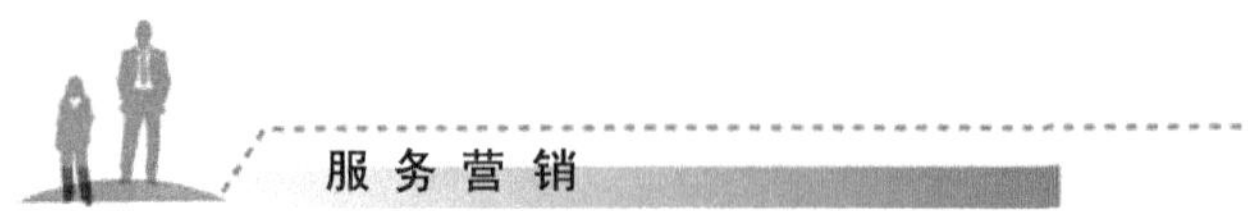

第二节 服务新产品开发

由于市场竞争日益激烈，随着服务业的不断发展，服务企业要想获取成功，必须建立正规的新产品开发部门，进行服务新产品的开发。

一、服务新产品含义

服务新产品开发的含义要比科技开发中的新产品的含义要宽泛得多。从经营者的角度，服务新产品是指本企业以前从未生产和销售过的服务产品。新产品包括的范围很广，它不单单是指市场上出现的前所未有的产品，如新开发的家政服务，新开发的分红保险、新建成的娱乐场所等，这些全新产品不可能经常出现，只占服务新产品的一小部分。新产品更多地是指对一个企业经营来说是新的、市场上已经出现了的相对的新产品。服务企业大多依靠增加服务项目、模仿竞争者的服务项目、改进产品质量等方式进行服务新产品的开发。只要是整个服务产品构成中任何一部分的创新或改革，都属于新产品之列。服务新产品大致可分为四种：

1. 完全创新产品

是采用新原理、新技术、新材料研制出的市场上从没出现的产品，这是绝对的新产品，它的创新程度最高。

2. 换代新产品

换代新产品指对现有产品进行较大改革后生成的产品。如饭店客房过去夏季室内用一般分体式空调，现在改造成中央空调；旅行社原来经营纯观光旅游产品。现在发展观光兼度假的二合一产品。

3. 改进新产品

对原有产品不进行重大革新，只对它进行局部的形式上的改变。如团体包价旅游中可采用几种旅游者自由度较大的包价旅游方式，又如客房服务多增加儿童免费加床服务或餐厅延长服务时间等。推出改进新产品，是企业吸引旅游者、保持和拓展市场的一种重要手段。

4. 仿制新产品

仿制新产品指市场上已经存在，企业对其进行模仿后经营的产品，它同换代新产品和改进新产品一起被称为市场新产品。仿制是一种重要的竞争策略。因为全新产品可能获得的利润与其投资之间的关系极不稳定，具有很大风险，所以很多企业往往不做行业中的先锋，率先推出某种新产品，而是采取一种“坐视”的态度，当看到某一服务产品在市场上很畅销时，则迅速进行仿制并推向市场。有改进的仿制为企业提供了竞争能力。

二、服务新产品的外观特征

由于服务产品具有不可感知性，所以它的外在要素往往被人们当作核心服务的一部分，那么作为企业来说就必须要引起足够的重视，并且加以利用。

1. 服务产品品牌

服务企业建立产品品牌是比较困难的，因为企业无法保证服务产品质量始终如一。比如美容业，不同技师的技术水平是不完全相同。当顾客再次光临的时候，由于更换了服务人员，可能导致顾客不满。从现有服务产品的品牌看，它们主要表现为企业名称，这就意味着企业名称将成为显示服务产品差异化的主要原因，而消费者对于服务产品的评价也主要依赖于对服务企业本身及其员工的评价。

2. 服务专利产品

由于缺乏专利保护，服务企业很难阻止竞争者对于服务新产品的模仿，服务新产品的生命周期大都很短，往往是刚刚上市，模仿品也就进入市场了。银行和航空公司就是很好的例子，所以它们之间互相模仿的服务项目多的举不胜举。但是，对于某些服务行业来说，服务新产品所需要的专业知识在一定程度上可以给竞争者的快速模仿造成障碍。

3. 服务产品售后服务

虽然售后服务通常与有形产品联系在一起，但是服务产品一样需要售后服务。例如，保险公司根据顾客的条件和意愿的变化而改变投保战略；航空公司帮助旅客预订出租车和酒店。因为售后服务是服务市场营销组合的一项重要内容，它不仅能扩大企业销量，而且有利于提高顾客对企业的忠诚度，帮助企业改善服务质量。

4. 服务产品保证

保证对于服务产品来说是密不可分的，例如，很多投资理财计划都明示：“即使外在情况有所变化仍保护款项”，这一点，在很多的金融服务营销中都是常见的。

实战要点

在设计服务新产品领域时，要注意：

1）选择最合适的服务领域不是一件轻而易举的事情，大多数服务业公司都有赖于不断地实验并从错误中吸取教训。

2）应针对竞争者服务内容定位自身的服务产品领域。

3）除了要注意服务产品领域的长度和宽度以及各种不同服务产品之间的互补性，

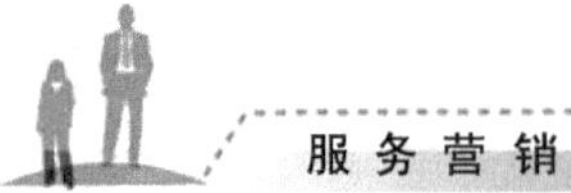

还要使服务产品领域的开发产生综合效果。

4）在商业营利性服务业方面，应注重服务领域的获利能力，即 80/20 原则，也就是80%的利润来自于 20%的顾客，但营销者要注意这个原则也不是一成不变的，它只不过是经由实证得出的法则，因为并不一定非要以它作为行动的依据。

三、服务新产品的开发程序

服务企业开发新产品的方式可以是收购，也可以是开发。收购包括收购其他公司、购买其他公司的专利、通过许可证贸易取得他人的技术专利使用权、企业开发、与独立研究机构或新产品开发代理商签订合同来开发、与其他公司联合开发等。且开发工作带有较强的科研性质。服务新产品开发工作是一个从收集新产品的各种创意开始，到把这些创意转变为最终投入市场的服务新产品为止的前后连续的过程。这个过程经历八个阶段，见图 6.2。

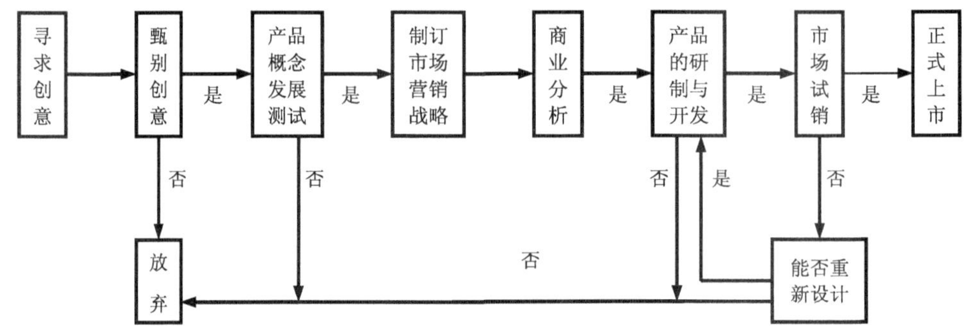

图 6.2　服务新产品的开发程序

新产品开发过程由八个阶段构成，即寻求创意、甄别创意、形成产品概念、制定市场营销战略、营业分析、产品开发、市场试销、批量上市。

1. 寻求创意

新产品开发过程是从寻求创意开始的。所谓创意，就是开发新产品的设想。虽然并不是所有的设想或创意都可变成产品，寻求尽可能多的创意却可为开发新产品提供较多的机会。所以，现代企业都非常重视创意的开发。新产品创意的主要来源有：顾客、科学家、竞争对手、企业推销人员和经销商、企业高层管理人员、市场研究公司、广告代理商等。除了以上几种来源外，企业还可以从大学、咨询公司、同行业的团体协会、有关的创刊媒介那里寻求有用的新产品创意。

2. 甄别创意

这是一个对已获取的创意进行评估和研究的过程。创意甄别的目的就是淘汰那些不可行或可行性较低的创意，使公司有限的资源集中于成功机会较高的创意上。甄别创意时，一般要考虑两个因素：一是该创意是否与企业的战略目标相适应，表现为利润目标、销售目标、销售增长目标、形象目标等几个方面；二是企业有无足够的能力开发这种创意。这些能力表现为资金能力、技术能力、人力资源、销售能力等。因此，对新产品创意的甄别过程包括：

1）对企业资源进行总体评价，分析企业的设备设施状况、技术专长及企业生产和营销某种产品的能力。

2）判断新产品构思是否符合企业的发展规划和企业目标，包括利润目标、销售目标、产品组合目标等。

3）进行财务可行性分析，分析企业能否有足够的资金发展某项新产品。

4）分析市场性质及需求，产品能否满足市场需求。

5）竞争状况和环境因素的分析。

这个过程一般由企业营销人员、高层管理人员及相关专家完成，尽量避免创意的“误舍”和“误用”两种错误的发生。

3. 产品概念的发展和测试

经过甄别后保留下来的产品创意还要进一步发展成为产品概念。产品创意并不是一种具体产品，只是经营者希望提供给市场的一个可能产品的设想，而产品概念是对产品构思进行详细、形象的描述。一个创意可能形成几个产品概念，如某地要开发水上旅游，这是一个产品构思，它可以转化为水上泛舟、滑水、赛船、垂钓等几种产品概念。概念测试就是和合适的目标消费者一起测试这些产品概念，通过让消费者回答一系列问题，企业可了解消费者的购买意图，以便确定对目标市场吸引力最大的产品概念。

4. 制定市场营销战略

形成产品概念之后，需要制定市场营销战略，企业的有关人员要拟定一个将新产品投放市场的初步的市场营销战略报告书。它由三个部分组成：

1）描述目标市场的规模、结构、行为、新产品在目标市场上定位，头几年的销售额、市场占有率、利润目标等。

2）略述新产品的计划价格、分销战略以及第一年的市场营销预算。

3）阐述计划长期销售额和目标利润以及不同时间的市场营销组合。

5. 商业分析

商业分析是测试一种产品概念在市场中的适应性及发展能力的阶段。所谓商业分析，就是要预测一种产品概念的销售量、成本、利润额及收益率，预测开发和投入产品的资金风险和机会成本，预测环境及竞争形势的变化对产品未来收入、成本、利润的影响，确定目标市场，预测市场规模，分析消费者购买行为。这项工作要比筛选工作更为复杂，要求的精确度更高。

例如，建一座旅游饭店，应当分析对何种等级饭店的市场需求已达到饱和状态，目标市场规模大小，投资何时能收回，经营风险如何等。在我国，由于饭店缺乏充分的商业分析，各地纷纷盲目建设高档饭店，致使其供求出现不平衡状况。

服务企业在进行商业分析时，要搜集的信息涉及社会和竞争等方面的多种因素，其中主要有：当地人口特征、地方经济信息、交通、需求或客源、经济法规、周围环境、行业形势等。在这一阶段，服务企业还必须作出关于营销战略的基本决策，如目标市场定位、营销目标、主要的促销决策等。

6. 产品的研制与开发

服务企业在新产品的具体概念的基础上进行新产品的设计。这一阶段，除了由专业技术人员、工程人员、企业管理层参与外，市场营销人员一般也要介入。在进行产品的设计与开发时，要考虑新产品的功能及质量两方面的决策。其中，功能决策包括新产品的使用功能、外观功能及地位功能的决策；质量决策需要注重新产品的适用性及经济性。例如，建一座饭店，要考虑其地理位置、交通条件、饭店的设计与建筑、设备的安装、内外部装潢、职工的招募等多方面因素。服务企业的营利性质使其要特别关注产品开发的经济性决策。饭店并非修建得越豪华，利润越多。使可能的总收入与成本的差额达到最大值的投资，才是最为经济的。

7. 市场试销

如果企业对某种新产品开发试验结果感到满意，就着手用品牌名称、包装和初步市场营销方案把这种新产品装扮起来，把产品推向消费者，以检验顾客可能作出的反应。试销的目的是使新产品失败的风险最小化。市场试验的规模决定于两个方面；一是投资费用和风险大小；二是市场试验费用和时间。投资费用和风险越高的新产品，试验的规模应越大一些；反之，投资费用和风险较低的新产品，试验规模就可小一些。从市场试验费用和时间来讲，所需市场试验费用越多，时间越长的新产品，市场试验规模应越小一些；反之，则可大一些。不过，总的来说，市场试验费用不宜在新产品开发投资总额中占太大比例。

试销的作用主要是：服务企业能够了解该产品在正常市场营销环境下可能的销售量和利润额；服务企业明确产品及整体营销计划中的优势及不足。这就是为什么很多服务企业在正式开业前有一个试营业过程。

服务产品试销可以在几个细分市场上让新产品与顾客见面，以此确定重点目标市场。服务产品通过试销，充分收集来自各方面的意见和建议，改进服务内容和服务质量，不断适应市场需要。

8. 新产品正式上市

新产品通过试销取得成功后，就可决定全面投入市场，产品即进入生命周期的投入期阶段。在这一阶段，服务企业应注意引入新产品的时间、目标市场、渠道等方面的决策，即何时、何地、给谁、用什么方法引入市场的问题。何时是指引入新产品的正确时机；何地指的是新产品是否推向一个区域或几个区域、国内市场或国际市场。一般的做法是随时间而推行有计划的市场扩展。在扩展营销中，企业必须对不同市场的吸引力作出评价；给谁即目标市场展望，就是根据前一阶段的市场试销了解到的主要预期销售对象，把分销和促销目标对准最有希望的购买群体。企业还要制定一个把新产品引入市场的实施计划，在营销组合要素中分配营销预算，同时对营销组合作必要的调整。

服务新产品投放到市场后，还要对其进行最终评价。服务经营者要搜集顾客的反映，掌握市场动态，检查产品的使用效果，为进一步改进产品和市场营销策略提供依据。

巧手点金

依照市场营销的概念，顾客需求和欲望是寻找新产品创意的合乎逻辑的起点。服务企业得以生存和发展的条件就是满足顾客的需要。所以，顾客对本企业和产品的意见及建议应成为服务经营者高度重视的产品创意最主要的来源。通常，通过市场调查向顾客询问现行产品存在的问题来获得新产品创意，比直接要求他们提供新产品创意要更为有效。

直面客户的一线员工和营销人员，他们在服务过程中，与顾客发生互动作用，最了解顾客需求的变化，是获取服务产品创意的第二重要来源。

服务企业能否搜集到丰富的新产品创意，关键在于服务企业是否有鼓励各类人员及组织提出各种创意的奖励方法，以及企业内外部沟通的有效程度。没有大量新颖的服务新产品创意，要想开发一种具有吸引力的服务产品是不可能的。

技巧与方法

发展新产品不仅需要投入大量资金，且具有很大的风险，也并非任何新产品都能取得成功。一个研究报告指出，新产品的失败率中消费品为40%，工业品为20%，服务业为18%。

进行开发服务新产品的风险性分析，有助于服务企业明确可能导致新产品失败的原因，在开发工作中注意避免这些问题的产生。服务新产品失败的原因主要有：

1）新产品缺乏足够的优势。产品创意不新颖，缺乏特色，或服务新产品开发完成，投入到市场后，由于没有严格的质量管理，产品质量无法达到消费者满意。

2）市场分析不够充分。对市场需求预测不准，没有正确了解消费者的购买动机和习惯，或对市场规模估计过高，或市场定位错误，都会使产品投入市场后无法达到适销对路或出现需求不足的情况。

3）投入时间选择不当。如决策太晚，失去时机，或投入时消费者口味已发生变化，会影响新产品在市场上的销售及发展。尤其是对季节性较强的某些服务产品，更应注意选择正确的投入时机。

4）营销组合决策失误。缺乏销售渠道的支持，或者销售渠道选择不当；市场推销手段运用不力，或推销力量较强；产品定价过高等。

5）实际开发成本超过预算数额。

6）市场需求发生变动。

7）管理层本身因素。

实战要点

成功的开发服务新产品还需要注意以下几个方面的问题：

1）要符合国民经济发展的要求，适应服务业发展的趋势，开发富有时代气息的服务产品。

2）要适应服务企业的供给能力、资源条件和营销条件。

3）要注意经济效益，新产品的销售要保证服务企业的利润。

4）服务新产品要有特色，否则缺乏竞争力和吸引力。

5）要认真做好新产品开发过程中每一阶段的工作，注重严密性和准确性。

情景模拟

1．情景案例

“健达出奇蛋”（Kinder Surprise）是一种用巧克力包着精巧玩具的蛋形儿童糖果。该产品于1972年首次在意大利亮相。随后，健达出奇蛋很快征服了所有欧洲人的心（无论是小孩还是大人）。1975年它进入加拿大市场，其创意来自意大利糖果业巨头费列罗（Ferrero）。

当健达出奇蛋刚面世的时候，零食市场主要的品种包括糖果、口香糖、坚果、咸味食品、冰激凌和巧克力。当时市场已细分到一定程度，如今更是有过之而无不及；而巧克力类的品牌更是趋于饱和，市面上的巧克力条不仅大小各异、种类繁多，而且口味齐全，为的是竞相俘获小孩和父母的心。很多时候是父母给孩子购买巧克力，而且他们需要了解和控制孩子的饮食。费列罗很好地把握了这一点。

当公司决定推出一种新的巧克力条产品时，它本可以考虑改变该产品的味道、成分、设计等（纵向的创新思维）。但是，费列罗推出了一个新奇的概念：藏有玩具的巧克力蛋——每颗巧克力蛋里的玩具都是可供儿童收集的一系列玩具中的一员。

健达出奇蛋在电视广告中将自己定位为健康食品——富含热量和碳水化合物。而蛋形的大小给儿童提供了合适的巧克力摄取量。当孩子们打开巧克力蛋时，他们会开始玩起里面的玩具，不再嚷着要更多的巧克力了。这两点使得父母（购买者）相信健达出奇蛋就是他们在众多糖果中的最佳选择。

健达出奇蛋对儿童而言，可谓是一“吃”两得：既吃到了巧克力，还有收集飞船、动物、鬼怪等各种玩具的机会。健达出奇蛋通过创造新的糖果亚类重新界定了糖果市场。目前，健达出奇蛋仍是该类的领导者，尚无其他竞争者可以与之抗衡。

要是费列罗推出一款夹花生的巧克力，他又能卖出多少呢？充其量不过是占有3%～5%的市场份额而已。也许有些人看不出健达出奇蛋与其他巧克力之间有什么不同。健达出奇蛋在“吃”的需求中加入了“玩”的需求，市场立刻发生了变化。普通巧克力若不做任何改动，是无法满足消费者玩的需求的，而健达出奇蛋做到了。

问题：“健达出奇蛋”成功的原因是什么？

2. 角色模拟

假如你是费列罗公司的老总，为了占领糖果市场，你该怎么做？

3. 思维启蒙

通过本节的学习，你对服务新产品的开发是怎样理解的？

4. 参考答案

1）情景案例：能针对细分市场，推出别有创意的新产品，紧扣儿童的特点和兴趣。

2）角色模拟：充分了解所面临市场的需求，在原有产品上进行符合消费者特点的创新。

3）思维启蒙：略。

第三节　服务品牌策略

品牌是吸引消费者重复购买服务产品的一个主要的决定性因素。品牌的基本职能是把公司的产品和服务同其他公司区分开来。品牌能使顾客通过其提供的有效信息来识别特定的公司及产品。在服务营销中，公司品牌是形成企业服务特色，取得企业竞争优势的重要手段。

品牌是影响顾客购买决策的重要因素，也是企业拥有的一项战略性资源。服务品牌的建设已经成为服务业企业营销的核心，并引起理论界和管理实践者的广泛关注。

一、服务品牌的内涵与种类

菲利普·科特勒在其《营销管理：分析、计划、控制》一书中将品牌定义为：“一个名字、名词、符号或设计，或是上述的总和，其目的是要使自己的产品或服务有别于其他竞争者。”品牌由品牌名称和品牌标志组成，这是品牌的最基本的概念。但是，现代品牌已经超越了区别的功能，成为企业形象和文化的象征，消费者从形象和文化中能感受到消费该品牌产品或服务带来的心理上的价值利益。因此，品牌最持久的含义是其价值、文化和个性，它们构成了现代品牌的实质。在企业营销中，服务品牌多数表现为服务企业或其产品、人员、岗位等的名称。

服务品牌按层次分有公司品牌、店牌、产品品牌、部门品牌、人员品牌和岗位品牌等。

1. 公司品牌

公司品牌一般指大型服务集团或服务公司的名称。比如，北京的“全聚德”、“东来顺”，上海的“杏花楼”、“梅龙镇”等。

2. 店牌

店牌多指独立的百货集团公司下属的门店或网点的名称。比如，广州的“陶陶居”、杭州的“楼外楼”、福州的“聚春园”等。

3. 产品品牌

产品品牌指服务企业在服务过程中提供的实物产品的品牌。比如，成都的“赖汤圆”、“龙抄手”、天津的“狗不理包子”、嘉兴的“五芳斋粽子”、武汉的“老通城豆皮”等。很多产品品牌与店牌或公司品牌相同。

4. 部门品牌

部门品牌指服务企业的某个有市场知名度的部门名称。比如，成都的华西医院的口腔科是该院的龙头部门。该科室在整个华西医院中的占据了绝对性的优势，并且其门诊量在该院总量中遥遥领先，有国外最先进的设备，最顶尖的医护人员，成为四川地区乃至全国的知名品牌。

5. 人员品牌

人员品牌指服务企业的服务专家、服务能手、服务尖子和服务模范的人名。比如，上海华联商厦的服务专家王震，卖相机“卖”出（出版）了三本专著，并由华联商厦向上海工商局为他个人注册了“王震”服务商标，这在国内是首例。王震的服务特色很多，其中最著名的一条是“知识服务”，他在照相机柜台服务时，可以做到“百问不倒”。

6. 岗位品牌

岗位品牌指服务企业某个有市场知名度的服务岗位的名称。比如，上海南京路人民饭店的“3号”服务岗位是最著名的“劳模岗位”，这里的“3号”就是岗位品牌。

二、服务品牌的接触点

服务品牌接触点是指顾客体验服务企业的品牌形象或某种可传递信息的情境和方式。任何一项服务业务都可以被看作是一个包含服务营销活动的系统，在这个系统中首先对输入的数据进行处理，以形成服务产品的各个要素，然后进行服务传递，并将产品传递给顾客。系统中的有些部分，顾客是可以看见的，但其他部分则被隐藏起来，顾客甚至不知道它们的存在。

服务系统中一般的有形要素包括以下几个：

1）服务员工，包括营销代表、不直接提供服务的生产人员、企业选择的中间商等。

2）服务场景和其他有形展示，包括建筑物外观、建筑物内部装修、自助服务设备及其他服务设备。

3）非人员沟通，包括正式的信件、宣传材料、标志、广告等。

另外还包括价格、企业的公共关系处理、企业网站、企业的促销活动等，凡是带有企业信息并可能被顾客接触的都可归为服务品牌接触点的范围内。

三、服务品牌的营销作用

服务品牌是一种信息性的有形提示物，它揭示了服务企业的服务质量和服务内容。在服务营销中，服务品牌起到展示品牌、服务概念、质量和价值的作用，主要体现在以下方面。

1. 体现服务理念

服务品牌是服务理念的一种传达形式，起着传达服务理念的作用。比如，周总理曾经这样诠释“全聚德”三个字：“全而无缺，聚而不散，仁德至上。”这一语道出了全聚德特有的经营理念、精神内涵和文化精髓。

2. 提示服务特色

服务品牌的一个主要作用就是向市场提示服务企业的特色。比如，我国台湾的风味餐饮有不少光怪陆离的店名。这些店名有三方面的特色：一是鲜明地点出餐饮的内容，如“五百鸡屋”、“横行霸道螃蟹屋”、“老婆的菜”等，让顾客对餐饮内容一目了然。二是显示正宗，让顾客放心，如琳琅满目的饮食小吃中，有“木瓜牛奶大王”、“混沌大王”等。三是用怀旧色彩来吸引老年人这个目标市场，如“太白遗风”、“水浒传饭店”、“流溪茶室”等，这些餐饮店，已经成为台湾众多老年人重温乡土之情和叙旧之地。

3. 保护产权

服务品牌一旦注册成服务商标，就对服务品牌所代表的服务专有技术及其产权起到保护作用。

案例

“夫妻肺片”与“夫妻废片”之争

20世纪30年代初，张田政和郭朝华夫妻常挑着担子在成都市金河街黄冒中学门口卖凉拌“牛肚”、“牛肺”、“牛肠”、“牛头皮”。这些东西虽都是牛身上的边角“余料”，可经他俩精心配料、制作后，不但“味道可口”，且“价格低廉”。一位商人深为“废片”的鲜美口味折服，送来一块上书“夫妻废片”的金字牌匾。1958年公私合营时，郭、张把“夫妻废片”的全套制作技术无偿地交给了成都市饮食公司，“夫妻废片”也被更名为“夫妻肺片”。

1995年，张田政的女儿郭瑞秋想开一家“夫妻肺片”店，可成都市饮食公司称：“夫妻肺片”已被公司注册，要搞就得另起名。1998年10月21日，郭瑞秋与母亲开的“郭氏传人夫妻废片”店正式开张，受到消费者的极大欢迎。

许多食客说：“废片”的制作技术精良，配方独特，麻辣爽口，吃了令人回味，确实高过“肺片”一筹。“肺片”的商标所有权应还给张老太。

四川省知识产权协会的刘彬等人却认为，1958年我国尚没有知识产权保护的说法，因此，张田政要想“夺”回“损失”，恐怕站不住脚。所谓“夫妻废片”不过是一种“凉拌牛肉”的制作方法和称呼，并不构成发明。成都市饮食公司是通过正常途径获得这一技术的，也不存在违法行为。

（资料来源：周其俊．1998-11-10．八旬老妪重操旧技，“夫妻废片”东山再起．文汇报）

4. 内部激励

服务品牌对内可以起到传达理念和激励员工的作用。例如，前文提到的上海南京路人民饭店的“3号”服务岗位是一个著名的服务品牌，这个品牌几十年来始终激励着人民饭店的内部员工，使他们不断保持和发扬“3号”岗位的优良服务传统。

5. 关系营销

服务企业一旦创立了品牌，就意味着有一批有品牌偏好的忠实顾客。首先，品牌可以不断地提醒老顾客保持对餐饮企业的忠诚；其次，知名品牌便于口碑宣传，这对发展新顾客是非常有力的；再次，知名品牌便于传播企业形象，有助于发展餐饮企业与供应商、中间商、人才市场、金融市场和社区等各方面的关系。

6. 拓展渠道

服务企业如果拥有知名品牌，那么品牌的转让就会比较顺利的进行。比如麦当劳公司在世界各国都成功地通过特许转让方式拓展渠道，而特许转让的核心就是“麦当劳”品牌。

7. 展示市场地位

公司品牌或店牌的估价是对一家服务企业的市场份额和市场地位的衡量。如根据美国“商业周刊”2004年公布的资料，在全球十个最有价值的品牌中，服务业的迪斯尼以271.13亿美元名列第六位，这就非常明确地体现了这家服务企业在世界市场中的地位。

巧手点金

创建成功的服务品牌，关键在于：

1）敢于突破常规，通过定位实现有效的差异化，从而在顾客心目中表现得与众不同。

2）为顾客真正创造更大的价值，从而形成口碑，树立品牌声望。

3）与顾客建立情感纽带，形成信任。

4）由于形成顾客服务体验的服务接触点是由服务企业员工提供的，因此将品牌内部化，实施内部营销相当关键的。

四、服务品牌塑造策略

塑造服务品牌的品牌个性能够帮助品牌有效地形成差异化，并有利于形成消费者—品牌关系，进而创建成功的服务品牌。

技巧与方法

1. 建立企业品牌主导的品牌组合

消费者在购买服务产品时，不仅关心服务的具体内容，还十分看重提供服务的企业，他们常常根据服务的提供者来决定是否购买服务产品。在服务企业的品牌组合中，企业品牌理应成为主导品牌和重点建设的对象。

2. 创造强烈的组织联想

看到品牌而联想到企业就是组织联想，它是形成品牌特色或个性的关键因素。企业人员、设备、专长等是能够直接或间接影响顾客评价服务质量的重要组织联想。企业可以通过提高品牌的可信度来建立品牌与消费者之间的感情。

3. 使用全方位的品牌要素

作为品牌核心要素的品牌名称应易于记忆和发音，相应的文字和标志等刺激物要仔细策划；其他品牌要素，如人物和口号，均可以用来辅助品牌名称，向顾客展示品牌，建立品牌认知和品牌形象。使用这些品牌要素的目的是试图使服务和其中的关键利益更为有形，具体和真实。

4. 建立合理的品牌层级结构

随着服务产品的多样化，服务企业需要根据不同的市场和产品特性，推出相应的品牌。服务企业建立品牌层级，有利于定位和瞄准不同的细分市场，突出不同服务产品的特征。

5. 品牌的内在化

服务企业的员工是向顾客传递品牌的重要媒介，可以为品牌注入活力和生机。品牌内在化涉及向员工解释和推销品牌，与员工一起分享品牌的理念和主张，培训和强化与品牌宗旨一致的行为。

实战要点

在服务营销中间，还要充分利用服务企业的品牌效应。品牌效应是指产品或企业所创造的品牌所产生的经济或社会等方面的影响。

1. 磁场效应

服务企业或产品所创造的优势品牌具有很高的知名度和美誉度，必然会在现有顾客的心目中建立起较高的品牌忠诚度，使他们如同被磁石吸住一般而成为企业的忠实顾客。使用同类服务产品的其他顾客也会被其品牌的名声和信誉所吸引，转而购买该品牌，并逐步成为其忠诚顾客。这样，品牌对消费者强大的吸引力会不断地使产品销量增加，市场覆盖面扩大，市场占有率提高，最终使得品牌的地位更稳固。

2. 扩散效应

服务企业的一种产品如果具有品牌优势而成为名牌产品，则会赢得顾客对该服务产品及企业的信任和好感。此时，服务企业通过巧妙地宣传，将这种信任和好感由针对某种具体的服务产品转为针对品牌或服务企业整体，那么该企业就可以充分利用这种宝贵资源推出同品牌的其他服务产品或进入其他领域从事经营。

3. 聚合效应

知名品牌不仅可以获得较高的经济效益，而且可以使企业不断地发展壮大。服务企业的实力增强以后，一方面可以将许多提供相关业务的供应商牢牢抓住，建立稳固的合作关系；另一方面，服务企业可以通过入股、兼并、收购等方式控制其他企业；同时，行业中在竞争中失败的中小企业，也可依附于名牌服务企业，这样逐渐成长为服务企业集团。

因此，服务营销人员要充分利用服务品牌效应，特别是服务品牌的市场效应，这具

有十分重要的意义。

情景模拟

1. 情景案例

“大娘水饺”始建于1996年，其前身是一家营业面积不足30平方米的小店，员工不过6人。到了2000年，“大娘水饺”这一充满温馨亲情和民族风味的快餐小吃，沿着沪宁线“生根开花”，先后在9个城市开办了数十家连锁店，营业面积有12 000多平方米，餐位超过了5000个，成为江苏、上海地区规模最大的水饺连锁店。其成功的经验有一条就是品牌名取得好。文人出身的老总深知取名的重要性，在考察中国水饺发展史的基础上，他别出心裁地给自己的产品定名为“大娘水饺”。这个听起来土得掉渣的名称，却有浓厚的文化底蕴：“大娘”好记，过目不忘；“大娘”亲切，琅琅上口；“大娘”顺耳，易于传播；“大娘”实在，值得信赖。果然，这个朴素的名称在当今洋快餐名充斥的市场环境中，独树一帜。

（资料来源：万夫．2001．定位的学问：常州市大娘水饺餐饮有限公司的“六大定位”体系．镇江学刊，3）

问题：“大娘水饺”为什么能取得成功？

2. 角色模拟

假如你是“大娘水饺”的老总，你如何来运用品牌的知识？

3. 思维启蒙

通过本节的学习，想一下你了解了哪些品牌的知识内容。

4. 参考答案

1）情景案例：通过有效地对服务产品进行品牌的策划。

2）角色模拟：服务产品品牌的名称，服务产品的产品质量、服务特色、服务人才等。

3）思维启蒙：略。

思考与练习

1．解释下列概念

服务品牌　　服务特色　　品牌效应

2．服务产品与有形产品比较有哪些区别？如何理解服务产品的概念？

3．如何选择服务新产品的发展方向？

4．选择一个知名服务企业，对其所采用的品牌策略进行分析。

5．怎样创造服务产品的品牌？

美菱冰箱服务深得人心　销售再创历史新高

继2009年5月份实现销售量环比增长132.41%的完美跳跃后，6月份，美菱冰箱销量同比增长65%以上，增长势头强劲，再创历史新高。

在经济危机阴霾未去的形势下，为何美菱能独树一帜傲立潮头？美菱公司营销总监秦塘宗在接受记者采访时解开了谜底："利用在技术创新和管理创新上的优势，在产品、销售、服务上的精准策略是美菱延续营销传奇的重要原因。"

1．产品结构均衡

在金融危机尚未见底的大背景下，受国家一系列利好政策影响，今年以来，美菱冰箱销售一路飘红。无论城市还是农村冰箱市场，美菱以市场为导向，利用其均衡的产品结构应对市场风云，美菱冰箱始终表现抢眼。

在一、二级市场，雅典娜系列产品依然是美菱明星产品，展现了强大的市场号召力。与此同时，美菱"节能系列"的销售势头也是表现强劲。特别是美菱日耗电量仅为0.27度的顶级节能冰箱，由于美菱在节能技术上的深厚功底，产品成熟，一推至市场就受到了消费者的青睐，销售业绩骄人。

"城、乡"两手都要抓，两手都要硬。在三四级市场，美菱根据"适合农村消费特点、性能可靠、质量保证、物美价廉"等要求来设计产品，除了防潮、防锈、防鼠等功能外，一款型号为BCD－186SHA的美菱冰箱，日耗电仅0.29度，是其所有中标家电下乡的冰箱品牌中最节能的产品。

针对不同的市场需求，在产品功能和设计上寻找突破，用差异化的产品创造出了差异化的市场，打造成了美菱独特的核心竞争力。

2．服务深得人心

自今年4月美菱承诺"家电下乡冰箱十年免费保修"后，不光受到消费者的欢迎，也受到广大服务商、经销商的欢迎。在走访市场时发现，美菱"服务营销"战略提出后，不光对其销售的提升作用甚大，美菱也通过契机，全面完善服务体系、健全服务网络、树立服务品牌、营造服务口碑，将服务打造成美菱品牌的核心竞争力。

业内人士分析，在家电下乡的过程中，当其他冰箱企业注重以宣传产品性能作为"进军"农村市场敲门砖的时候，美菱在专注产品品质的同时，更为注重"服务至上"的原则，这在家电行业平均利润很低的情况下，需要很大的决心。究其原因，就是

近年来美菱以市场为导向，苦练内功，已具备“弯道超越”的实力和能力，此次经济危机和家电下乡工程对冰箱行业影响产生的叠加效应，恰为美菱提供了领跑的机会。

3. 专业赢得口碑

随着冰箱市场的放量，整个冰箱行业的市场争夺战也日趋激烈。在这种形势下，美菱也根据市场的导向确立了有针对性的营销策略。作为中国最知名的冰箱制造厂商之一，美菱的专业获得了消费者的广泛认可与一致好评。7 月 16 日，2009 年度家电产品消费者满意家电品牌在北京产生。在冰箱类的评测中，美菱凭借过硬的产品质量和完善的售后服务，一举包揽“使用满意度”和“售后服务满意度”两项最佳，美菱冰箱也成为唯一获得这两项荣誉的冰箱品牌。

“金杯银杯不如老百姓的口碑，”美菱相关负责人表示，“‘使用满意度最佳’和‘售后服务满意度最佳’两个奖项的获得，表示广大消费者对美菱冰箱产品和服务的认可，对我们也是一种鼓励。”

在精准的产品、营销与服务策略的支撑下，美菱的优势已经在整个冰箱行业处于低迷状态中显现出来。但是很显然，即使在充分发展后，广大的冰箱市场仍然是一个令美菱无限憧憬的市场。美菱公司有关负责人表示，只有紧紧抓住现在市场的需求与发展机遇，不断创新，美菱才有可能拥有一个属于“中国冰箱大王，世界制冷航母”的美好未来。

（资料来源：http://news.jinghua.cn/348/c/200907/31/n2757667.shtml）

案例讨论：

1. 美菱冰箱是如何创造营销传奇的？
2. 美菱冰箱这个品牌有什么特点？
3. 口碑给美菱冰箱带来了怎样的经营效果？

第七章 服务定价策略

预期的学习成果

1. 学生能够简要论述服务定价的主要因素。

2. 学生能够分析服务业的特征与服务定价的关系。

3. 根据服务企业定价目标，学生能够初步确定企业基本定价方法。

4. 学生能够针对具体服务企业做影响定价目标因素分析。

5. 针对具体服务行业或企业，学生能够制定相应的定价策略，并提出可应用的定价技巧。

商品价格变动是市场调节供求关系常用的手段。当一种商品供不应求时，价格就会上扬，促进供给的扩大，抑制需求的增加；当一种商品供过于求时，价格就会下降，刺激需求的增长，减少供给数量。由于价格与供求之间存在着这种因果的关联性，企业既把价格作为了解市场行情的信息来源，也作为参与市场竞争的有效手段。在服务营销市场上，各种有形产品的定价概念和方法均适用于服务产品定价。

第一节 影响服务定价的主要因素

价格是商品价值的货币表现形式。对商品价值的认识，企业与消费者一般都不会相同。企业认为，商品价格由成本、税金、正常利润和流通费用四个部分共同组成是合理的。但消费者并不知道、也不关心这四个部分的内容，他们关心的是商品的价值（价格）是否满足他们的预期要求。只有超过预期，他们才会认为物有所值。很显然，企业定价既要考虑产品成本因素，也要考虑消费者对价格的接受能力。

一、影响服务定价的一般因素

按照价格理论，影响企业定价的因素主要有三个方面，即成本、需求和竞争。

1. 成本要素

成本是企业为了获取所需要的各种资源而付出的代价。对于服务产品来说，其成本可分为三部分，即固定成本、变动成本和准变动成本。

1）固定成本是指不随产出而变化的成本，在一定时期内表现为固定的量，如建筑物、服务设施、家具、管理人员工资、维修成本等。

2）变动成本是随着服务产出的变化而变化的成本，如员工工资、电费、运输费、物料消耗等。

3）准变动成本是指介于固定成本和变动成本之间的那部分成本，它们既同顾客的数量有关，也同服务产品的数量有关，如清洁服务地点的费用、职员加班费等。这种成本取决于服务的类型、顾客的数量和额外设施的需求程度，因此，对于不同的产品其差异性较大。

2. 需求因素

需求对企业定价策略的影响是通过需求弹性来体现的。需求弹性是指因价格变动而相应引起的需求变动比率，反映了需求变动对价格变动的敏感程度。它通常用弹性系数 E_d 来表示，其数学表达式为

$$E_d = \frac{\Delta Q / Q}{\Delta P / P}$$

式中：E_d——弹性系数；

$\frac{\Delta Q}{Q}$——需求量变动百分率；

$\frac{\Delta P}{P}$——价格变动百分率。

当 $E_d > 1$ 时，说明需求受价格影响较大，如航空服务，在制定价格策略时就必须充

分考虑需求因素；当$E_d<1$时，说明需求受价格影响较小，如社会医疗服务，制定价格策略时就不会将需求作为主要因素来考虑。显然，服务企业应该了解其产品的需求弹性，才能制定合理的价格策略。

3. 竞争因素

服务的竞争主要源于服务产品的差异性。产品之间差异性越小、市场竞争越激烈，企业在价格方面的回旋余地相应缩小。企业之间会倾向于建立相当程度的一致价格。只有那些独特的服务才具有建立优势价格的能力。对于企业来说，正确评价自己与竞争对手的服务产品的差异性，对建立企业优势的价格体系有着积极的意义。

二、服务特征对服务定价的影响

服务业特征对服务产品的定价有着很大的影响。在不同的服务形态和市场状况中，这些特征所造成的影响也不同。因此制定服务产品的价格，除了考虑上面提到的三个基本因素之外，还必须考虑服务业的特征。

1. 服务的无形性对定价的影响

服务的无形性特征给企业成本核算带来困难，从而使企业定价缺乏客观依据。客户在购买服务产品时也不能准确地判断产品的价值和价格的合理性。他们更多的是受服务产品中实体要素有形展示的影响，从而在心目中形成一个“价值”概念，并将这个价值同价格进行比较来判断是否物有所值。因此，服务产品的定价依据在很多情况下不是产品的成本，而是客户对产品价值认识。一般说来，有形成分越高，定价越倾向于成本导向方式；反之，则多采用需求导向定价。服务无形性意味着提供服务比实体产品要有更多的变化，如服务内容、服务质量等都可以依照不同客户的需要而调整。当然，价格也可以经由买卖双方协商而定。

2. 服务的不可储存性对定价的影响

服务的不可储存性主要表现为机会的丧失并产生剩余的生产能力。解决这个问题的有效方法是折扣定价。这种定价策略在航空服务和旅游服务中普遍使用。经常使用这种定价方式会加强客户的期待心理，他们可能会故意不消费某种服务，因为他们预期以后必然会降价。为防止这种现象，服务企业就需给予提前消费服务的顾客以优惠定价。

3. 服务的品质差异性对定价的影响

同质性服务之间的价格竞争会很激烈。为防止不正当竞争，行业协会或政府管制部门会制定相关法律条款，规范收费标准。对非同质服务，独特的服务，卖方可以自行决定价格，只要买主愿意支付此价格。在这种情况下，价格就是一种质量指标，而提供服务的个人或公司的声誉，则可能成为价格杠杆，价格会在一定范围内浮动。另一方面，服务项目并没有统一的质量标准，在价格没有变化的前提下，往往是顾客要求得越多，

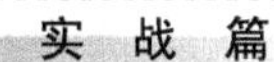

得到的也就越多。基于这种原因，一些顾客往往会偏向于某个企业。这种情况为企业选择细分市场和制定价格策略提供了决策依据。

4. 服务的不可分割性对定价的影响

服务的不可分割性使得服务受地理因素或时间的限制，消费者只能在一定的时间和区域内才能接受到服务。这种限制不仅加剧了企业之间的竞争，而且直接影响其定价水平。

巧手点金

成本是服务产品价值的基础部分，它决定着产品价格的最低下限，如果价格低于成本，企业便无利可图；市场需求影响顾客对产品价值的认识，进而决定着产品价格的上限，而市场竞争状况则调节着价格在上限和下限之间不断波动并最终确定产品的市场价格。不过，在研究服务产品成本、市场供求和竞争状况时还必须同服务的基本特征联系起来。

在“以设备为基础”的服务项目中，固定成本在总成本中所占比重较大，比如航空运输和金融服务等，其固定成本的比重高达60%，因为它们需要较多的昂贵设备，而变动成本的比重往往很低，甚至接近于零，如电影院等。在“以人为基础”的服务项目中，变动成本会远远超过固定成本，这类服务产品的定价主要考虑变动成本的支出。

技巧与方法

除了以上因素外，服务定价还会受到各种社会的、心理的、技术的和自然的因素影响，包括企业营销目标与营销组合策略、企业资源利用率、服务技术的科技含量、企业的社会声望；包括客户收入水平、消费心理倾向、服务效用评价；还包括行业特征与国家政策扶持、当地政府的行政干预等。

这些影响因素并不是所有服务行业和服务企业都有。但对每个具体服务来讲，我们总会找到一个最主要的影响因素，并以此为依据来分析评价该服务产品定价。例如，居民用电价格涉及国计民生和国家稳定，国家一直采用行政干预进行限价。电厂供电服务价格必须在国家政策范围内来确定。

实战要点

针对某些特殊服务行业，要特别关注其价格的垄断性。这些行业主要有两类。

1）带有一定高精尖技术含量或专利性的服务。如科学技术研究、信息咨询、珠宝鉴赏、外科手术、书画装裱以及高难度程序设计、发明创造等。在市场上它们极为稀缺，别人又很难模仿推广。在“物以稀为贵”的市场因素制约下，这些服务项目的价格就有可能出现垄断现象。

2）行业垄断性的服务。如银行、电信、铁路、航空、自来水公司、天然气公司等。这些行业在整个国民经济中占有特殊重要的地位，国家旨在通过垄断利润来获取某种经济上的限制和行政上干预的目的。

情景模拟

1. 情景案例

小晓是一位非常聪明、爱美的女孩。大学毕业后的几次就业都不尽如人意，她决定自己创业。在市场调研过程中，她发现现代女孩都非常在意自己的指甲美，而市场上还没有专门为指甲美容的机构。于是，她成立了一家名为“甲美”的公司，从国外引入了最先进的美甲设备，并专门学习的美甲技术。出于多方面考虑，她将设备美甲服务定价为 10 元/指，而将人工特色美甲服务定价 30 元/指。6 个月后，小晓就收回了全部投入，一年收益非常可观。

问题：小晓定价时考虑了哪些因素？

2. 角色模拟

如果你也有这样一家公司，你会如何定价？

3. 思维启蒙

除了以上三个因素外，服务定价还会与哪些因素相关？

4. 参考答案

1）情景案例：小晓定价时主要考虑了成本因素：设备美甲服务主要成本在设备购置上，属于固定成本投入。因此，价格定得较低，以期望通过销售量的提高，快速回收成本。人工特色美甲服务主要提供的专业技术服务，因而定价 30 元/指。同时小晓还考虑了消费群体的收入水平。对一般消费者给出了 10 元的低价格，而对高收入群体，可以为她们提高高价格的个性化的特色美甲服务。

2）角色模拟：降低价格，提高销售量，尽可能满足低收入水平的消费者；也可以提高价格，重点推行特色美甲服务，树立服务品牌。

3）思维启蒙：服务者的技能水平、消费群体的大小、市场竞争状况、消费者的爱美意识等。

第二节　服务企业定价的目标与方法

企业价格策略紧紧围绕着定价目标而组织实施，目标决定了方向。在企业的定价决

策中，选择确定正确的、切合企业实际的价格目标十分重要。它既是定价决策的首要内容，又在某种程度上决定了价格决策其他内容的考虑和选择。实践证明，价格目标正确与否，关系企业整个定价决策的成败。

一、企业价格决策目标的类型

一般说来，企业价格决策目标是指企业为实现其增值获利的经营目标而对产品或服务价格制定所提出的总要求。由于各个企业所处的各种内部条件和外部经营环境不同，不同企业在不同的时期、不同的目标市场，其价格决策的具体目标则是多种多样的。在经营管理活动中，常见的定价决策目标主要有以下几个方面。

1. 以投资收益率最大化为目标

任何一个企业进行商品生产和经营，都希望取得一定的预期收益，许多企业在制定产品价格时，都是以企业投资额为出发点，以收回一定的投资收益率为定价目标。投资收益率一般不应低于银行存款利息。最早采用这种定价目标的厂商是寡头垄断行业中的领袖企业。如通用汽车公司、通用电器公司、杜邦公司和联合碳化硅公司等。

投资收益率＝（净利润/投资额）×100%

投资收益目标是一种企业注重长期利润的定价决策目标。它所追求的是长期而稳定的企业收益。这种定价目标常被同行业中较大的或为首的企业所采用。因为，大企业投资大，如何尽快收回投资是企业经营决策者优先考虑的问题。如果按投资额的一定比例计算利润，既能保证投资如期收回，又能使其价格得到同行和消费者的认可，那么这种定价目标对企业来说是非常适宜的。

2. 以获得最大利润为目标

获得最大利润是每个企业所期待的目标。但是，能否获得最大利润，不能是企业主观臆断，而是看企业是否具备获得最大利润的条件。采用以获得最大利润为目标的企业，必须具备以下两个条件：一是企业在市场竞争中具有相当优势并在长期内优势不易丧失；二是同业竞争对手还不能迅速做出有力的挑战；否则，这一定价目标就难以实现。

以获得最大利润为目标，实际上就是通过制定产品高价来提高产品单位利润率，追求经营期内的最大利润。当企业在市场上处于领先地位或垄断地位，或企业具有极大竞争优势时，常常采用这种定价目标。

3. 以市场份额最大化为目标

市场份额是指企业产品销售额在同类产品市场销售总额中所占的比重。在价格一定的情况下，企业利润额同市场份额成正比。市场份额扩大，利润额也会随之增加。以保持或扩大市场份额为目标的定价决策，其目标是使产品价格有利于扩大产品销售，提高产品竞争力，从扩大产品销售中获得增值盈利。这种价格目标，是一种比较注重企业长

期经营利润的做法。因为，要保持或扩大市场份额，不是短期行为可以办到的，它是通过较长时期市场运作才能达到的事情。从维持和扩大市场份额中获得收益是一个积极向上的经营行为，所以这种定价目标为大多数企业所采用。

4. 以提高企业及产品品牌形象为目标

（1）以高价树品牌

某些品牌产品由于品质或工艺上乘，为某一层次的特定消费群体所接受，可以不拘泥于实际成本而制定的一个较高的价格，以维持和扩大产品声誉。名牌有较高的身价，除了它本身所具有的经济价值外，还具有品牌的精神价值、增值价值等无形资产。它能满足某类消费者的生理需要，更能满足他们的心理需要和精神需要，因此高价是认知价值的体现，能为该类消费者接受。皮尔·卡丹服饰，金利来领带，劳斯莱斯、宝马、奔驰汽车等，都是以优质高价为定价目标，以高贵的名牌形象而占据高档消费品市场。

（2）平价或大众化价格树立企业形象

这种形象的无形资产并不转移到价格内，而是通过扩大销售量来获得比同行更多的额外利润，这就是我们所说的"名牌＝民牌"。麦当劳、肯德基等快餐，西尔斯、马狮等连锁集团，松下电器、格兰仕微波炉都是以该种定价目标取得成功的。

二、影响企业价格目标选择的因素

企业价格决策目标的选择与确定会受到来自于企业内部和外部的各种因素影响。企业外部环境包括国家政策、市场供求状况及同类企业的竞争等，而企业内部条件主要包括市场营销能力、市场竞争实力、经营整合能力、财务状况以及所经营的产品的性质、特点等。对这些因素的分析和估计是企业价格目标选择之前的必要工作。

1. 企业外部环境对定价目标选择的影响

（1）国家的大政方针与经济政策

也就是说宏观经济对企业微观经营活动的客观制约与影响。为应对 2008 年世界金融危机，世界各国都出台了许多拉动内需、刺激消费的宏观政策。这样的宏观环境有助于企业将扩大销售和追求利润作为定价决策的主要目标。

（2）市场竞争

如果同类产品的生产经营企业较多，相应的市场竞争就比较激烈。此时，某一企业擅自提价以增加利润的企图是不可能实现的，反而会导致本企业产品销路的锐减。因而，在这种情况下，企业往往把利润目标放低，以扩大销售和提高市场份额为主要价格目标。相反，如果企业对某种产品的生产经营处于较强的垄断地位或市场竞争实力较强，此时，只要不违反国家价格政策，就可以采纳以垄断高利作为定价目标。

2. 企业内部的生产经营能力对定价目标选择的影响

在企业内部的生产经营能力尚未充分利用的时候，产品定价以扩大销售为目标是有客观基础的。在市场需求大体已定的条件下，适当降低单位产品的目标利润，在扩大产品销售的同时还可能实现利润总额的增长。如果企业的生产经营能力已经充分发掘，进一步扩大销售则肯定是一个不切实际的决策目标。相反，如果企业因产品的市场需求不足，生产能力大量闲置并颇感财务困难，此时，企业对原有积压产品的调价或对新产品的价格决策就宜以渡过经营困难为目标。在某种情况下，企业的价格决策目标可以是保本销售，或者只要考虑产品的价格能弥补固定成本，以减少亏损为近期的主要目标。

3. 产品的性质及特点对价格决策目标选择的影响

产品性质及经营过程中的产销特点对价格决策目标选择的影响是多方面的。如果企业生产经营的是非基本生活消费品，由于这类产品的需求价格弹性较大，企业盲目地提高单位产品利润水平，提高销售价格必然会降低企业的总利润。反过来说，提高单位产品利润水平的决策目标对某些需求价格弹性较小的产品就比较适用。

对某些单价较高，经营又比较困难，如容易变质腐蚀的产品，企业的价格决策目标只能以“快销”为主。在此，单位产品的利润水平不宜太高。相反，有些高档产品或者是关系到企业形象、品牌形象的产品，在产品质量较高且可靠的情况下，如果把目标利润定得太低，销售价格偏低，反而可能影响产品的销路，不利于产品的销售；对某些新上市的高档产品，较高的目标利润既是价格决策的主要目标，同时，它又是提高企业形象和产品品牌形象的手段之一。

对某些特殊的产品，如老人、儿童以及残疾人用品，价格决策的目标自然应更多地考虑社会效应，利润目标应当比本企业经营的其他产品低一些。由于这些产品的社会需求量有限，企业又不可能以低价实现销售量增长目标，此时，企业应当适当承担这一类的经济损失。因为，它有可能大大提高企业的社会形象，进而促使其他产品的销售。

巧手点金

利润最大化是一种理想状态。在现实的市场竞争中，企业目标只能是有条件地谋求尽可能多的或满意的利润。因为，现实的企业经营活动要受到一定的限制，如需求的限制、竞争对抗的能力、市场细分与目标市场的限制等。

现实企业的目标是多种多样的。除了利润之外，企业为了追求长期利益，可能把扩大市场份额、发展新产品和承担社会责任来作为一定时期的目标。经营者和价格决策者在运用管理经济学和管理会计学的经济分析方法从事定价决策时，尽管以利润的多少作为经营决策的准则，但在作最后决策之时，还必须兼顾其他条件。例如，追求最大限度的市场份额，最理想的投资回报等。所以，许多企业趋向于把定价目标的重点转到投资的收益或扩大市场份额上。

采用扩大市场份额的定价目标，是为了追求长期利润，常需要减少或放弃眼前的短期利润，因为从长期角度来看，产品经营利润总额必然随着企业市场份额的扩大而不断增加，短期的利润损失总能得到补偿。

从市场营销实际情况看，凡是以维持或扩大市场份额作为定价目标的企业，其产品价格一般要略低于同类产品。当价格成为市场营销和市场竞争的主要因素时，较低的价格可以吸引用户，只有略低于同类产品，才能有较强的竞争能力，才能在消费者心目中树立起物美价廉的形象，最终实现扩大市场份额的目的。多数连锁经营服务企业都是采用该种定价目标获得成功的。

技巧与方法

不同类型企业定价目标是不同的，选择企业定价目标并没有固定模式。下列过程对企业选择定价目标具有一定参考价值。

1）确定定价目标的必要性和可能性。前者解决为什么要设定定价目标，后者寻找决定企业定价目标的关键因素。

2）确定定价目标的多样性和唯一性。多样性是选择的前提和基础，唯一性是选择的结果。

3）确定定价目标的最佳性和满意性。最佳性为满意性提供了一种理想的参照标准，满意的选择才是现实的定价目标。越接近最佳目标，满意程度越高。

4）确定定价目标的长期性和短期性。长期性是对企业定价目标战略设计，着眼于企业长远发展。短期性是长远目标在近阶段上的反映，直接表现为定价目标策略。

实战要点

1. 对目标只能有一种解释

价格决策目标必须明确具体，切忌含糊不清或抽象空洞。如果目标含义不清，不同的人可以做出不同的理解，这样的价格目标就没有指导意义，所以，价格决策目标只能有一种解释。为了做到这一点，要求使用准确的语言表述目标的要求；目标的界定要清楚，明确划定目标的周围和界限，避免和另一个目标交叉、重叠，或者自相矛盾。

2. 尽量使目标具体化、数量化

决策方案在实践中，要衡量目标的实现程度。因此应尽可能确定某种数量标准，从而有利于检验价格目标是否达到和达到的程度。只有这样，价格行动方案的选择和实施才有具体的衡量标准。例如，企业以扩大市场份额为价格目标，就应该规定达到多大的市场份额，具体的数量比是多少。

3. 尽可能把多目标变成单目标

价格目标是一个多元组合，多目标反映了市场营销的复杂性，决策时应该考虑这些

客观存在，但是如果目标太多，在制定备选价格方案和选择价格方案时将会存在很大的困难。最好的办法是根据各个目标的重要性将它们区分为“必达目标”和“期望目标”。

总之，作为具有战略眼光的企业家、经营者，在制定产品或服务的价格时，首先应该思考的问题不是“顾客愿意支付的价格是多少”，而是“我们的产品在顾客看来能值多少”，以及“通过更有效的沟通是否能使顾客认为该产品货真价实”。当某些消费者认为产品的价格过高时，经营者和管理人员应当考虑如何进一步细分市场，进而以不同的产品和服务及不同的分销渠道去满足不同价值标准的消费者群体。

三、服务定价方法

服务业的实用定价方法并不多，常用的有以下几种类型。

1. 成本导向定价法

企业经营以获取利润为基本目标的。要达到这个目标，就必须保证在一定成本条件下，企业所制定的价格能补偿生产经营中发生的单位成本，同时获取一定的利润。成本导向定价法数学表达式为

服务价格＝服务成本（1＋目标利润率）

成本导向定价法是指企业依据其提供服务的成本决定服务的价格。这种方法最大的优点是简单明了，同时也考虑了企业合理的利润需求。其具体的方法有利润导向定价和政府控制的价格。

1）利润导向定价。它以最起码的利润水平为目标。由专业组织或行业协会制定的标准价格，即属于此类。如果市场进入受到严格的限制，则定价的取向就以“顾客的支付能力和支付意愿”为主，成本考虑退居其次。

2）政府控制的价格。以保护消费者为目标，按照成本加上利润为标准制定的固定价格。

2. 竞争导向定价法

竞争导向定价法是指以竞争者各方面之间的实力对比和竞争者的价格作为定价的主要依据，以竞争环境中的生存和发展为目标的定价方法。根据企业的定价目标，企业可以按照同行业的平均价格或主要竞争对手的平均价格来决定自己的定价标准。了解竞争对手的相关信息是采取此方法的基本提前。关键问题是在许多情况下，竞争对手的信息并不容易获取。竞争导向定价法包括通行价格定价和主动竞争型定价两种：

1）通行价格定价是指以该种服务的市场通行价格作为本企业的价格。

2）主动竞争型定价是指为了维持或提高市场占有率而采取的进取性定价。

以竞争为导向的定价方法适于需求弹性和较高服务成本难以估算的服务行业。例如，咨询、修理、理发、旅馆等行业，把本行业平均定价作为企业定价依据，不仅可以使企业获得合理收益，而且还有利于企业同其他企业协调处理好关系，减少竞争风险。

采取这种定价方法必须具备两个前提条件：①企业必须掌握竞争者准确的定价情况。②顾客了解竞争者之间的价格差异，并且他们对这些差异有所反应。

3. 需求导向定价法

需求导向定价法是根据市场需求强度来确定服务的价格，而不考虑提供服务的成本。以这种方法定出的价格不一定很高，尤其是在竞争加剧和需求降低的情况下，价格更是富有弹性。此外，运用此法还可以为了获取最大利益，而对于不同的顾客索要不同的价格。因此，严格地讲，需求导向定价法也可以采取价格歧视（即差别定价）方式。例如，顾客差别定价（即根据顾客的付款能力定价）、服务差别定价（即不同形式的服务定不同的价格）、时间差别定价（即在不同时间内收取不同的服务费）和地理差别定价（即不同地理区域的服务定不同的价格）等。上述各种差别定价方式，需要先进行市场细分化，然后，再根据各细分市场的成本、需求和利润目标，来确定各细分市场的服务价格。

（1）理解价值定价法

这种定价法是根据消费者对服务价值的理解，即价值观念，而不是根据服务成本来定价。服务价格的确定与两个概念即效用与价值有密切联系。效用是一种服务能满足消费者需求的能力。它以消费者心理或机体满足程度为一定标准来衡量一种服务的效用大小。因此，就产生根据消费者的价值观念确定价格的可能。

采用理解价值定价法，同一种服务不同的企业制定的价格各有差异。一般情况下，定价差异只有一个浮动范围，服务价值及其价格最终还是由市场决定的。服务企业要正确估计和分析消费者对服务效用及其价值的认识理解程度，按照他们对服务效用和价值估计的高低，相应制定服务价格。

（2）需求差异定价法

这种方法也称区分需求定价法，就是根据不同消费者、不同服务地点和服务时间制定不同的收费标准，对不同的消费者收取不同的费用。

由于消费者对企业的忠诚程度、经济收入、消费经验等差异，同一服务收费标准也不一样。对忠诚于竞争对手并且具有消费经验的潜在客户采取低标准收费，而对收入较高、没有消费经验且偶尔光顾的客户则以高标准收费；对不同服务地点提供的服务制定不同的价格，如处于不同地理位置的旅馆、影剧院内不同位置的座位，其收费标准各不相同；对不同时间提供的服务制定不同的价格，如旅游淡季和旺季的收费差别、电信白天和晚上长途电话收费的差异，都是根据不同季节、不同时间的服务需求规定服务价格的。

4. 客观定价法

客观定价法是指不论顾客种类先设定服务的单价，再乘以实际提供的服务单位数，即得该项服务的售价。这种定价法常用于律师、管理咨询公司、心理医生、家庭教师等。

服务的收费标准通常根据经验或市场价格来确定，但其前提条件必须是该项服务可以被分割，例如，以服务小时计费。客观定价法具有连贯性和易于计费等优点。不足之处是它不能反映顾客对服务价格的感受。而且，价格固定的费用也使顾客无法讨价还价，结果导致定价有时对某些顾客过于昂贵，而在另一些人那里，可能被当成档次过低的廉价服务，从而降低了服务的竞争力。

5. 主观定价法

主观定价法是根据顾客对服务的感觉价值和接受程度来主观的调整服务的标准价格。在服务时间无法精确的情况下，服务的价格只好依靠主观的大致估计。这些主观因素包括：服务效率的估价；服务企业的经验和能力；服务企业的知名度；服务工作的类型和难度；服务的便利性；额外的特殊开销；市场价格水平；顾客对服务的感觉价值与接受程度。

许多服务都是千篇一律，有固定方式的，因此，客观定价法较为合适。然而，对于趋近于艺术化的服务工作，由于其服务对象和服务状况各种各样，所以，必须采取主观定价法，根据情况的不同灵活调整服务的价格。

巧手点金

经济学认为，产品价格归根结底是各类市场中供需之间相互作用的结果。英国经济学家亚瑟·马歇尔对价格作了十分直观的描述。他认为："销售价格是愿意卖的人从愿意买的人那里得到的为了换取产品而提供的货币数额。"成本导向定价法主要是从"愿意卖的人"即企业（生产制造企业和商业企业，简称厂商）的角度出价格。而需求导向定价法则是从"愿意买的人"即消费者的角度出发，主要考虑到消费者的接受程度，依据消费者对商品价格的反应和接受能力确定价格。

在服务业的经营中如果考虑成本，则很难确立什么是一个服务的"单位"，要计算单位成本就更难。尤其高度非实体性的服务，"人"是成本的主要要素，更是难以测量。例如，要衡量某项服务表现花费的时间就更不容易，总费用的分摊就更难进行。然而没有明确的成本观念就难以制定出一套价格策略。劳动密集的服务业（如专业服务业）若要克服成本上的问题，非要制定出一套更确切的方式来辨认和分配不可，尤其是以下的服务业：

1）不易描述和衡量的服务产品。

2）成本主要为人的服务产品。

3）其他成本（如租金、旅费）也都是与人关联的服务产品。

4）人的成本计算远较机械的成本计算困难的服务产品

事实上，服务成本核算难在服务行业中是一个普遍存在的问题。如果成本被用来当作计算价格的唯一基准，那么实际上能控制成本的"激励因素"会大大减少了。因此，多数服务企业都会在估计成本的基础上，采取其他的定价方式。

技巧与方法

根据企业定价目标和上述介绍的基本定价方法求得的服务价格，往往不是最终价格而是基本价格，因为企业定价受到多方面影响。这就需要运用一定的方法和技巧对基本价格进行适当的调整来确定最终价格。

1. 以客户为基础定价

由于在服务质量方面客观上存在非标准性，客户满意只能以客户的心理感受为基础。正因为服务所具有的非标准性，才使我们的服务定价有了更广阔的设计空间。

（1）看客定价

这是根据客户的个性差异而来进行定价。客户的社会地位和经济地位差异性是采取看客定价的基本依据。人们的社会与经济地位的差异必然带来他们对价值感受的不同，只有与他们的社会与经济地位相对应的服务价格才能真正引起他们的消费兴趣和购买欲望。低价位的服务会引起地位高的客户群体的心理抵触情绪。价格成为了他们社会与经济地位的象征。

（2）需求层次定价

人的需求层次与其价格承受能力具有高度的一致性。需求层次越高，其对价格承受能力越强。

2. 以关系为基础定价

客户就是市场，更是企业经济利润的最终来源。

（1）时段合同价格

这是按照客户接受服务时间的长短进行定价的策略。服务时间越长，价格越优惠。对那些生活规律性较强、经常消费某项服务产品的客户，可采取签订合同的方式，使这种供求关系固定下来。如酒店与企业可以结成联谊单位，酒店对企业的客户给予协议价格。

（2）积分制价格

这种策略以客户接受服务后所获取的积分为依据进行定价。积分越多，价格越优惠。这种策略比较适用于生活规律较差的忠诚客户，如经常出差的销售人员。

（3）双方协议定价

这是一种供求双方共同协商一个双方都可以接受的服务价格的策略。协商的目的是更好地了解客户的需求层次，同时也体现了对客户的尊重，满足他们的自尊心。这对协调企业与客户之间的关系非常有利。客户关系好了，可以争取更理想的价格。一般说来，这种策略比较适用于那些非标准性很强的服务项目。

3. 以效率为基础定价

美国著名营销学家科特勒认为，客户对产品或服务是否满意，不仅取决于产品或服务的质量，还取决于客户所花费的代价，包括为获取产品或服务所支付的货币成本、时间成本、精神成本和体力成本等。因此，我们认为，客户对服务的满意程度，对服务价值的认可，既与服务的效率有关，也与服务的效果有关。

（1）蓝图技巧定价

这是一种基于服务过程分析的定价方法。通过分析找出服务人员与客户的各个接触点，并通过绘制服务流程图来分析服务传递过程中的各个方面，确定各个接触点的服务标准和服务规范，对应给出收费标准。目前许多品牌医院都采用此方法。

（2）时效对照定价

这是根据服务时间的延续性和顺序性对服务定价。延续性是指服务时间的长短，而顺序性则是指服务时间的节点。我国最早提出限时服务的企业是河南郑州烧麦城。他们承诺，从开票到品尝只需要15分钟。超过15分钟半价付费，超过20分钟费用全免，大大地提高了服务效率。国内目前很多的加急服务多采取这类策略，定出相对较高的价格。

4. 以效果为基础定价

服务质量是服务定价的基础。高质量的服务可以通过高价格来体现。

1）标准跟进定价。主要是指以竞争对手的服务价格为参照进行定价。

2）质量对照定价。主要是指以竞争对手的服务质量为对照标准进行定价。

实战要点

现代市场营销学的寻找理论认为，顾客对价格的敏感度取决于购买时选择余地的大小。选择余地的大小来自于客户对服务产品有关信息和知识的获得程度以及他们对产品特征的认知。在缺乏服务产品信息的情况下，客户往往把价格高低作为衡量产品质量的一个主要指标，此时他们对价格的敏感性也就比较高，价格因素也就成为了影响他们购买决策的主要因素。因此，服务企业定价需要讲究策略性。

情景模拟

1. 情景案例

欧阳明是音乐学院的高材生。他身边的朋友都希望请他做他们小孩的课外音乐教师。因为收费低、教学效果好，请他的人越来越多。因为都是朋友介绍，他又不好拒绝，加上来的学生水平参差不齐，他心存烦恼。有人建议他提高收费标准，以拦住一部分家长和学生，但事与愿违。

问题：为什么提高收费标准没有收到预期效果?

2. 角色模拟

如果你是欧阳明的朋友，你会给他更好的建议是什么?

3. 思维启蒙

试分析需求、动机与价格之间的关系。

4. 参考答案

1）情景案例：因为他原来收费较低，提高价格的幅度不会很高，对能够送小孩学习音乐的家庭都是可以接受的；基于“一分价格一分货”的认识，许多家长可能认为，花高价格购买好的教学效果是值得的。

2）角色模拟：可以采取需求差别定价策略。

3）思维启蒙：学习音乐是需求的共性，但学习音乐的动机会有多种：增加一点个人的音乐细胞、提升自己的艺术素养、满足业务爱好、音乐专业考前辅导等等，但其中技术难度是完全不同的。针对技术要求高的动机，可以采取高价，如专业考级；针对技术要求低的动机，可以采取低价，如音乐普及教育。比较理想的方式是分层次分班级组织教学。

第三节　服务定价的策略与技巧

企业价格策略是定价目标和实现价格目标的手段的有机统一。当定价主体的主要定价目标和基本的定价方法确定以后，相应的价格策略便自然形成，这一价格策略就作为拟定各种具体的价格方案的指南。在企业的价格决策中，采取何种定价策略作为制定价格方案的指导原则，这既取决于决策主体选择定价目标时的种种考虑，同时也受营销环境和内部条件的制约。

一、服务定价策略

1. 心理定价策略

心理定价策略是指企业在确定服务项目价格时，针对客户心理所采取的定价策略。主要包括以下几种：

（1）尾数定价

这是根据大多数客户求廉心理制定的服务价格。包括奇数价格、零头价格和低价位价格等。尾数定价给人以价格真实、准确、便宜的感觉。很多低端服务项目定价为 28

元或 39 元等。

（2）声望定价

这是利用客户仰慕企业的名望或对某服务项目偏爱的心理，有意识地将价格写成整数或较高的价位。多数高端服务项目都采取声望定价，将价格定得非常高，如明星演唱会。

（3）招揽定价

这是依据客户价廉物美的消费心理，对一组服务项目中某些项目价格取值偏低，以吸引广大客户。如某医院将一些常规检查项目推出较低的价格，形成招揽定价。

2. 折扣与让价策略

折扣与让价策略是为了争取客户，扩大服务量，按一定比例或一定金额直接让利给客户的定价策略。如某旅行社规定，集体春游，人数超过 50 人，可优惠 5%，并赠送 10%的车程费。

3. 差别定价策略

差别定价策略是针对客户群体的差异性，实行不同的消费价格。

1）不同客户不同的价格。工业用水与民用水价格不同。

2）不同时间不同的价格。白天用电与晚上用电价格有差异。

3）不同产品形式不同的价格。同一条广告在不同媒体上发布价格差异非常大。

4）不同地理位置不同的价格。同一服务项目在不同城市价格不同。

5）不同企业形象不同的价格。五星级酒店与四星级酒店的客房价格差异明显。

4. 新产品定价策略

（1）撇脂定价策略

指在产品生命周期的最初阶段，利用客户求新的心理，把产品的价格定得很高，以快速收回投资和攫取最大利润。撇脂定价的条件：市场有足够的购买者，他们的需求缺乏弹性，即使把价格定得很高，市场需求也不会大量减少；高价使需求减少，但不致抵消高价所带来的利益；独家经营或竞争者非常少。

（2）渗透定价策略

指企业把其创新产品的价格定得相对较低，以吸引大量顾客，提高市场占有率。渗透定价的条件：市场需求对价格极为敏感，低价会刺激市场需求迅速增长；企业成本会随着生产经营产品的增加而下降；低价不会引起实际和潜在的竞争。

（3）满意定价策略

满意定价策略是一种介于撇脂定价策略和渗透定价策略之间的价格策略。其所定的价格比撇脂价格低，而比渗透价格要高，是一种中间价格。这种定价策略由于能使生产者和顾客都比较满意而得名。有时它又被称为“君子价格”或“温和价格”。

5. 价格调整策略

根据价格调整方向，我们将价格调整策略分为升价调整策略和降价调整策略。

1）升价调整策略适用于以下情况：服务项目的升级、服务对象的调整、特定的时间销售、地理位置的变化等。黄金周海南旅游价格上扬是一个典型的例子。

2）降价调整策略适用于以下情况：产品成本降低时、服务设施利用率降低、客户需求弹性增大、宏观经济不景气、维护客户关系等。一般来说，一位普通客户变成 VIP 客户后，其消费价格都会降低。

6. 刺激性定价策略

1）拍卖式定价。这是一种以竞价方式取得消费价格，在工程建设服务项目广泛使用。

2）团购式定价。集团采购必然带来数量折扣。

3）抢购式定价。这种策略一般会将价格定得很低，充分调动消费者的购买激情，形成抢购氛围。新开张的服务企业会采取这种策略，以扩大影响。

4）会员积分式定价。这是一种鼓励长期消费的定价策略。消费越多，积分越多，价格越低。越来越多服务业采取此策略。

巧手点金

企业定价策略是为实现企业目标服务。在给定的企业目标下，可以有多种定价策略选择。在选择过程中，重点考虑服务产品的特性和基本定价方法。

不同的服务项目所采用的定价策略存在差异，这是服务个性化的延伸。正因如此，许多服务项目也会采用一些较为特殊的定价策略。例如，通过品牌租借策略，提升企业的知名度和美誉度，并以此作为定价的基础；有些企业通过包装，加以文饰，从而提升服务产品的价格。挖掘服务个性化内涵对企业营销策略有着非凡的意义。

不管企业采用何种策略，其最终目标都是满足消费者需求，促使购买行为的发生。消费者需求永远都是我们制定定价策略的出发点。

二、服务定价技巧

许多实物产品的定价技巧也可用于服务产品之上。服务业中经常使用的定价技巧包括下列八项：

1. 差别定价技巧

差别定价技巧是一种根据顾客需求强度而索取不同价格的定价技巧，主要运用于：建立基本需求，尤其是对高峰期的服务最为适用；用以缓和需求的波动（常见许多服务业），降低服务的易消失性的不利影响。差别定价的形式包括：价格/时间的差异，顾客支付能力差异，服务产品的品种差异，地理位置差异等。

2. 折扣定价技巧

大多数市场上都可以采用折扣定价技巧。服务企业通过折扣方式可达到两个目的：一是促进服务的生产和消费；二是鼓励提早付款、大量购买或高峰期以外的消费。

3. 偏向定价技巧

当一种服务原本就有偏低的基本价，或服务的局部形成价格结构形象时，就会产生偏向价格现象。比如，餐厅为了增加惠顾而提供价廉物美的实惠简餐（套餐或 50 元吃到饱），但大多数的客人一旦进入餐厅，最后还是会点其他比较高价的菜色。

4. 个别定价法技巧

个别定价法是指所制定的价格水准是买方决策单位能力范围内所能遇到的价位，当然这是以该决策单位对该项服务或公司感到满意为前提。采用这种定价方式的服务市场，如承包伙食和厂房维修业。采取个别定价法必须要清楚地了解，卖方的决策者有权决定的价格底限是多少。

5. 保证定价技巧

保证必有某种结果产生后再付款就是典型的保证定价技巧。例如职业介绍所，必须等到当事人获得了适当的工作职位后，才能收取费用。保证定价技巧适用于以下三种情况：保证中的各种特定承诺可以得到肯定和确保；高质量服务无法在削价的竞争环境中获取应有的竞争力；顾客所寻求的是明确的保证结果。

6. 高价位维持定价技巧

这是当消费者把价格视为质量的体现时使用的一种定价技巧。在某些情况下，某些服务企业往往有意地造成高质量高价位姿态。已建立起高知名度的服务企业，适宜采取这种定价技巧。

7. 牺牲定价技巧

此种定价技巧是指第一次订货或第一个合同的要价很低，希望借此能获得更多的生意，而后来生意则要较高的价格。当顾客不满意目前的供应者或不精通所提供的服务时，适合采取这种做法。

8. 阶段定价技巧

此种定价方法与前一种类似，即基本报价很低，但各种“额外事项”则要价较高。

9. 系列定价技巧

价格本身维持不变，但服务质量、服务数量和服务水平则充分反映成本的变动。特

别适用于固定收费的标准服务，即服务产品的质量、数量和水平的差异必须容易为顾客所了解（如航空长途旅行）。

实战要点

任何事物都有两面性。我们在运用定价技巧时，往往关注了其有利的一面，而忽略了负面影响或前提条件，在此做特别提示。

1）差别定价以市场可以根据价格进行细分为基本前提。使用差别定价可能产生的问题：①客户可能延缓购买，一直等到差别价格的实施；②客户可能认为采用差别定价的服务产品之嫌“折扣价格”，认为是一种例行现象。

2）折扣定价同时也带来了利润分配与管理的新问题，这是营销学的新范畴。

3）偏向定价。当一种服务原本就有偏低的基本价，或某种服务的局部形成低价格结构形象时，就会产生偏向价格现象。比如，餐厅为了增加惠顾而提供价廉物美的实惠简餐（如商业午餐、套餐或 10 元吃饱等），但大多数的客人一旦进入餐厅，最后还是会点其他比较高价的菜色；汽车修理厂对一般性服务可能收费偏低，以招徕更多的高价的修理工作。

4）个别定价使用关键在于卖方的决策者有权决定的价格底限是多少。而价格的高低取决于谈判技巧。

5）保证定价的前提是要有明确的保证结果，并在企业可实现的能力范围内。但风险是在有些情况下，因各种因素的变化使我们得不到保证的结果。

6）高价位维持定价仅适用于高知名度的服务业公司。

7）牺牲定价适用于顾客不满意目前的服务供应者和购买者不精通所提供的服务两种情况。其最大不利在于：起初的低价位可能成为上限价位。一旦此上限价位成立，顾客便会拒绝再加价。

8）阶段定价由于额外事项要价太高，对客户二次消费会产生负面影响。

9）系列价格定价只适用于有固定收费方式的系列标准服务，而不适用于非标准且成本变动较大的服务项目，如维修服务业。有调查显示，客户不喜欢高成本产品的低质量服务，但更不喜欢低成本产品的低质量服务。因此，一项维修服务的“价值”不一定要与被修理的产品的价值有关。

情景模拟

1. 情景案例

2005 年 1 月 3 日，元旦的最后一天假期，北京王府井电影院挂出的《天下无贼》票价是 48 元，《加菲猫》是 38 元，《功夫》是 58 元，如果要在这儿看完三部片子，就

得花144元，而且这还是普通票的价格，如果你想在贵宾厅看电影，价格还得翻番。此外，影城门口有告示牌，不让外带食品，消费影城的大杯可乐8元，爆米花10元，让人感觉进了候机厅。看电影的人数可想而知了。

（资料来源：http://zhidao.baidu.com/question/1679858.html）

问题：为什么现在看电影的人越来越少?

2. 角色模拟

假如你是电影院经理，你将如何改变电影院的定价策略?

3. 思维启蒙

针对电影业，分析以上各种定价策略的可行性。

4. 参考答案

1）情景案例：主要原因就是电影票价太高，远远超出了消费者的支付能力和心理承受能力。

2）角色模拟：可采取差别定价策略，即个人与团体价格不同、新片与旧片价格不同；时间差别定价，第一天定高价，随后逐渐下降价格。也可以采取其他定价策略，关键是操作技巧的运用。

3）思维启蒙：略。

思考与练习

1. 选择一个你比较熟悉的服务产品，做影响定价因素分析。
2. 举例说明服务企业常用的定价方法和选择这些方法时应考虑的因素。
3. 比较说明服务企业常用的定价策略的优缺点。
4. 在学校附近选择一家服务企业，对其价格及价格策略进行分析，形成分析报告。
5. 简述定价目标、定价方法及定价策略三者间的关系。

美容院的定价策略

1. 美容服务定价的原则

成本是美容服务价值的基础部分，它决定着美容服务价格的下限，市场需求影响顾客对美容服务价值的认识，进而决定美容服务价格的上限，而市场竞争状况则调节价格在上、下限之间不断波动，并最终确定美容服务的市场价格。

美容院成本分为固定成本、变动成本和准变动成本三种。固定成本指不随产出而变化的成本，如美容院房租、仪器设备、家具、员工保底工资等。变动成本是随美容服务产出变化而变化的成本，如美容产品费、水电费、运输费、广告费、邮寄费、员工提成工资等。美容院的固定成本在总成本中所占比重较大，变动成本一般只占总成本的10%。准变动成本指介于固定成本和变动成本之间的那部分成本，如维修费用、员工加班费、员工提成工资等，它取决于服务类型、顾客数量和对额外设施的需求程度，因此不同项目的差异性较大。

此外，美容院在确定美容服务价格目标时必须考虑3个要素：美容服务的市场定位、美容服务的生命周期阶段、价格的战略角色。

1）市场定位是指美容服务项目试图占有的地位，以及在消费者心目中与竞争者相比的地位。

2）美容服务的价格与其生命周期有关。美容院的项目在不断推陈出新，如 SPA、基因美容、全息美容概念的出现等，也有一些项目在美容院销声匿迹。

3）定价决策在实现美容院整体目标过程中具有战略性地位，美容项目的定价决策要同美容院的战略目标相一致，价格政策必须能够配合市场营销组合的其他要素。

2. 美容院定价方法

1）差别定价法。这是一种根据顾客需求强度而索取不同价格的定价方法。它对高峰期服务最为适用。美容院的客流一般集中在下午和晚上，因此促销方案可制定为：若早上做护理的可享受相关折扣。差别定价的形式包括价格时间差异、顾客支付能力差异、美容服务项目差异、地理位置差异。

2）折扣定价法。大多美容院都可采用该法。通过折扣方式能达到两个目的：促进服务的生产和消费；鼓励提早付款、大量购买或高峰以外的消费。

3）偏向定价法。美容院为增加客源而提供实惠或免费护理项目（如免费修眉），但大多顾客一旦进入美容院，最后还是会选择其他较高价格的护理项目。

4）保证定价法。指美容院保证必定有某种结果产生后顾客再付款的定价法。保证定价法适用于：保证中的各种特定承诺可以得到肯定和确保；高质量服务无法在削价的竞争环境中获取应有的竞争力；顾客所寻求的明确的保证结果。

5）高价位维持定价法。这是当消费者把价格视为质量的体现时使用的一种定价技巧。如大型会员制美容会所适宜采用该定价方法，可有意造成高质量高价位姿态，以建立高知名度的旗舰品牌。

6）牺牲定价法。这是指顾客初次惠顾美容院的体验价格很低，而以后的护理费用则较高的定价法。当顾客不太了解提供的服务时，适宜采用该法，以便吸引其成为长期顾客。

7）阶段定价法。有些会员制美容院采取 VIP 储金式消费方式。如办一张会员卡为 1000 元储金，享受护理项目 9 折优惠。续 1000 元后，会员卡金额达到 2000 元时，享受 8 折优惠……这样的累计阶段性消费方式能较好地稳定客源。

8）系列定价法。这是指价格本身维持不变，但服务质量、数量、水平充分反映成本变动的定价法。该方法特别适应于固定收费的系列标准服务，即服务质量和水平的差异容易为顾客所了解。如美容院可设置面部护理疗程卡，原价 88 元/次的暗疮护理，设置为疗程则为 800 元/10 次，从服务数量上有所变化。

（资料来源：http://www.thirs.org/caseoftsinghua/2008109225127.asp）

案例讨论：

1．美容院定价的主要依据有哪些？

2．对于一所刚开张的美容院，你认为定价策略应如何设计？能否给出一个较详细的方案。

第八章

服务促销策略

预期的学习成果

1. 学生能够正确理解服务促销的本质。
2. 学生能够举例说明服务促销组合的基本类型。
3. 学生能够概括出服务广告各媒体的优势及劣势。
4. 学生能够正确介绍服务人员推销的基本模式。
5. 学生能够正确选择适当的服务公关工具。
6. 学生能够分析服务销售促进与有形产品销售促进的异同。

促销可被认为是带有刺激的沟通。由于服务产品具有无形性、易逝性等特征，所以往往会使消费者对服务企业或服务产品不信任，尤其是对自己没有消费过的服务产品更是如此。他们面对五花八门的服务时常常感到茫然、不知所措。这要求服务企业要贴近消费者，增加透明度，树立好的"口碑"，建立长期信任，在此基础上，采用各种促销组合策略赢得消费者。市场竞争越激烈，越需要采取有力的促销措施促使顾客理解、接受服务企业的服务。促销能够提高销售增长（尤其是在需求较弱的时期），加快新服务的引入，缩短人们接受新服务的过程，使人们更快地对服务做出反应。相对于有形产品而言，服务需要我们采取更加积极的促销策略。

第一节　服务促销概述

服务促销是指服务企业通过人员或非人员推销的方式，向目标顾客传递服务的存在及其性能、特征等信息，帮助消费者认识服务所带给购买者的利益，从而引起消费者的兴趣，激发消费者的购买欲望及购买行为的活动。促销本质上是一种通知、说服和沟通活动。市场竞争越激烈，就越是需要采取有力的促销措施促使顾客理解、接受服务企业的服务。促销不只限于对顾客，也需要用来激励员工和刺激中间商。因此，我们有必要对服务促销的目标和特点、不同营销工具的作用及其使用等问题进行考察。

一、服务促销目标

服务市场营销的促销目标与有形产品市场营销大致相同，主要是：

1）形象认知，即建立对该服务产品及服务企业和服务品牌的认识和兴趣。

2）竞争差异，即使服务内容和服务企业本身与竞争者产生区别。

3）利益展示，即沟通并描述服务带来的各种利益、好处和满足感。

4）信誉维持，即建立并维持服务企业的整体形象和信誉。

5）说服购买，即说服顾客购买或使用该项服务，帮助顾客做出购买决策。

对促销目标的具体描述见表 8.1。

表 8.1　服务促销的目标

顾客目标	增进对新服务和现有服务的认知
	鼓励试用服务
	鼓励非用户（参加服务展示、试用现有服务）
	说服现有顾客（继续购买服务而不中止使用或转向竞争者、增加购买服务的频率）
	改变顾客需求服务的时间
	沟通服务的区别利益
	加强服务广告的效果，吸引消费者的注意
	获得关于服务如何、何时及在何处被购买和使用的市场研究信息
	鼓励顾客改变与服务递送系统的互动方式
中间商目标	说服中间商递送新服务
	说服现有中间商努力销售更多服务
	防止中间商在销售场所与顾客谈判价格
竞争目标	对一个或多个竞争者发起短期攻势或进行防御 占领新的市场

任何促销努力的目的都在于通过传达、说服和提醒等方法，来促进服务产品的销售。显而易见，这些一般性目标，会根据每一种服务业及服务产品的性质而有所不同。例如，在运输业和物流业，其促销目标就包括以下各项：

1）在所有潜在使用者之中创造公司的知名度。

2）对于公司的产品和服务提出详尽的解说，包括：成本－利益关系，价格以及其他有关的咨询。

3）改善公司在现有和潜在使用者中的形象以改善顾客对公司的态度。最主要的目标是：在公司将来开发新服务产品时，能让新的目标客户群更容易接受。

4）消除已经存在的错误观念。

5）告知现有及潜在的顾客，有关本公司服务的特殊项目或附加服务及调整。

6）告知目标市场有关各种新的服务渠道的信息。

但是，任何一种特殊服务的特定目标，在不同的产品和市场状况中都会有所变动。因此，所使用的促销组合的构成要素也应有所不同。

二、服务促销与有形产品促销的差异

服务促销与有形产品促销存在着一些差异。这些差异既受服务业特征的影响，又受服务本身特征的影响。

1. 服务行业特征造成的差异

1）缺乏市场营销导向。有些服务业是产品导向型的，因而不太了解市场营销战略对业务有什么影响和帮助，只把自己当作服务的生产者而不是满足顾客需要的服务者。这类服务业的经营管理者只有接受必要的培训，提高专业技术水平，才能懂得促销在整体市场营销中应该扮演的角色。

2）专业和习俗限制。在采取某些市场营销和促销方法时，可能会遇到专业和习俗上的限制。传统和习俗可能会阻碍某些促销工具的运用，使许多促销方法不能自由发挥。

3）业务规模限制。许多小规模的服务企业，认为自己没有足够的财力用于开展市场营销或促销，所以不重视促销活动。

4）竞争的性质和市场条件。许多服务企业认为现有范围内的业务已经能够充分利用生产能力，因而不去积极地扩展其服务范围。这些企业普遍缺乏远见，看不到促销有助于维持稳固的市场地位，而且具有长期性的意义。

5）促销知识有限。通常服务企业对于可利用的促销方式只了解广告和人员推销，想不到利用其他各种各样行之有效而且花费不多的促销方式。

2. 服务本身特征造成的差异

调查显示，买主对于有形产品市场营销和服务市场营销的反应行为有许多相同之处，但还是有很大的差异：

（1）消费者的态度

这是影响购买决策的关键。他们往往是凭着对服务与服务表现者或出售者的主观印象来购买服务，而这种对主观印象的依赖性在购买有形产品时则没有那么重要。

（2）购买过程

在购买过程上，制造业和服务业的差异较为显著。有些服务的购买风险较大，部分原因是买主不易评估服务的质量和价值。另外，顾客也经常受到其他人的影响，尤其是会受到对购买和使用有经验的相关人群的影响。而这种现象对于服务市场营销有着十分重要的意义。也就是说，在服务的供应者和顾客之间，有必要形成一种专业关系，或在促销努力方面建立一种口头传播渠道。这两种做法都可以促使服务促销更富有成效。

三、服务促销组合

促销能够帮助服务企业进行顾客服务的定位，沟通企业与顾客之间的联系。沟通的方式有很多，但如果服务机构不能使它们的多种传播方式实现一体化，结果消费者得到的可能就是一盘信息大杂烩。企业的促销活动是由一系列具体的活动所构成的——广告、人员推销、销售促进、公共关系以及直复营销。如果服务企业的广告这么说，顾客收到的邮寄宣传册那么说，而服务企业的官方网站所说的又是截然不同的信息，那就会加剧消费者的困惑。如何进行促销努力？由于制造业和服务业的差异，其含义是不同的。为了能有效地进行沟通，服务企业必须慎重地整合各种沟通方式，使其成为一个协调的促销组合，尽可能做到清晰、连贯并引人注目地传达企业及其服务的有关信息。当然，同一行业中的各公司的促销组合设计也是不同的，促销活动又可分为以人员活动为主和以非人员活动为主。在某一个具体的促销活动中，各种促销手段一般是同时存在，相互补充。

巧手点金

促销的实质是一种与消费者之间的信息沟通。沟通过程由几大部分组成：发送者、接收者、编码、解码、信息、媒体、反馈及干扰。服务营销人员必须要了解沟通是如何进行的。沟通模式要回答：①谁；②说什么；③通过何种渠道；④对谁说；⑤效果如何。

技巧与方法

制定促销计划八个步骤：

1）服务营销人员必须确认目标及其特性，包括其对服务的看法。

2）要确定沟通的目的，是使顾客认识、了解、喜欢、偏爱、信任，还是购买服务。

3）必须设计出包含有效的内容、结构、格式、来源的信息。

4）必须选择沟通渠道——包括个人渠道与非个人渠道。

5）需要确定总促销预算。

6）促销预算需在各主要促销手段之间分配。

7）服务营销人员必须及时进行监测：在促销过程中，有多少消费者知晓了服务，多少人试用、多少人感觉满意。

8）对所有的沟通手段必须进行有效的管理与整合，以保持连续性、把握好时机及实现成本效应。

服务组织的任务是将信息传递给消费者。在环境中存在着大量的信息干扰，受众可能由于各种原因而得不到组织所发送的信息。

1. 选择性注意

消费者不可能注意到所有的刺激因素，所以，组织必须设法使信息能引起注意，即使周围存在着令人分心的干扰。

2. 选择性曲解

消费者可能按照自己的意图来曲解信息，因为消费者固有的态度，导致期望得到他们想要听到或看到的信息，他们只会听得进符合他们信念体系的信息。这样，消费者常常会加上某些原来没有的内容（发挥），同时忽略掉原有的某些内容。组织进行促销时要力争使信息简明、清楚、有趣和多次重复，使信息的要点得以传递。

3. 选择性记忆

消费者只能记住接触过的一小部分信息。所以，服务营销人员的目的是使信息长期存在于消费者的记忆中。

第二节　服务广告策略

一、广告的内涵

广告指可以确认的广告主以非人员方式有偿地进行思想、商品及服务的提示和促进。广告所使用的媒体包括电视、广播、杂志、报纸以及因特网等。

广告是与人员销售不同的传播方式，它具有高度的公共性。通过广告，销售者可以重复发送信息，购买者也可以接受并比较各竞争对手的信息。企业的大规模广告肯定性地说明了企业的规模、实力及成功。并且，广告不像企业的销售代表那样具有强迫性，受众并不感到有必要去留心或做出反应。广告对于受众的职能是独白，而不是对话。

二、服务广告的作用

在广告中综合使用实物展示、明确的语言和口碑传播等，可以使服务更加具体化。总结起来，服务广告有四个作用：

1. 使被提供的服务有形化

以某种形式的广告来展示服务对于营销人员来说并不是一个太大的难题，因为他们展示的可能不是服务本身，而是将重点放在展示服务的收益或者缺少了该服务的后果上。虽然这么做不能适用于所有类型的服务，但是所有营销人员都认可，对于实用的服务来说，介绍其真实的效用信息是必要的，如信用卡。实用性服务，像保险和金融服务的广告，含有较多的担保信息，如合格证明、资格认证和授权。相对地，经验类服务，像航空、旅馆和旅行社，却很少采用这种形式宣传。58%的金融服务广告包含业绩数据信息，而包含这类信息的旅游和旅馆的广告只有 8%。

2. 展示服务情境

对于这一点的重要性，服务营销人员之间的认识差别很大。有人认为这是广告中最基本的内容，有人却认为略微带过就可以。但无论如何，服务提供商广告中一位女士的笑脸确实会给人留下这个组织亲切友好的印象。有些视觉画面可以引起消费者头脑中对服务本身以及自己接受服务的联想。

3. 鼓励口碑传播

所有的营销人员都认可口碑传播对于所有成功企业的重要性。而服务的无形性使得个人推荐的重要性更为突出，尤其“纯服务”，如水管工和建筑工。企业历史和担保都被认为是创造口碑传播的有效工具，一些社会名人的证明更具有积极的意义。因为他们赋予服务一种个性，一种身份，不仅仅有利于口碑传播，还可以吸引一些目标受众。

4. 建立强大的品牌形象

品牌建设通常被看作是广告的主要目的之一。通常服务的企业品牌必须将服务提供商表现得亲密和值得信赖。这种品牌形象的获得必须要利用所有主要媒体进行持续不断的广告攻势。为了创造和维持值得信赖的形象，服务提供商必须频繁出现在媒体上，而且强调的是组织品牌而不是具体的服务。持续重复的广告攻势对消费者购买决策的影响要远远大于服务质量。

对无形的服务产品作广告与对有形物品作广告具有很大的不同。基于服务的一般特征，市场营销学家提出了服务广告的原则。在服务广告方面我们首先要认识到服务是行为而不是物体。因此，广告就不只是鼓励消费者购买服务，而应把雇员当作第二受众，激励他们提供高质量的服务。因此，为了达到这个目的，服务企业在做广告时要使用自己公司的雇员，而不使用模特。同时还应该提供一些有形的线索来冲销服务的无形特征——不只是展示员工，还包括物质设施，如提供服务的场所。

三、服务广告的指导原则

服务业利用广告的趋势在逐渐扩大。基于服务业的特征，服务业在利用广告时，可以提出服务广告的几个指导原则，这些指导原则虽然也适用于实体性产品，但对服务业

却更为重要。

1. 使用明确的信息

服务广告最大的难题在于如何以简单的文字和图形，传达所提供服务的领域、深度、质量和水平。不同的服务具有不同的广告要求，广告代理商因此而面临的问题是：如何创造出简明精练的言辞，贴切地把握服务内涵的丰富性和多样性，使用不同的方法和手段来传送广告信息，发挥良好的广告效果。

2. 强调服务利益

能引起注意的与有影响力的广告应该强调服务的利益而不是强调一些技术性细节。强调利益才符合市场营销观念，也与满足顾客需要有关。不过所强调的利益应与顾客追求的利益相一致。因此，要确保广告能产生最有利的影响效果，必须先要充分了解和明确顾客需要。

3. 慎重对待承诺

只承诺能提供给顾客的服务项目，而不应提出让顾客产生过度期望而企业又无力达到的承诺。服务企业必须实现广告中的诺言，这对于劳动密集型服务企业来说比较麻烦。因为这类服务企业的服务表现往往因服务实施者的不同而产生差异，这也就意味着有必要使用一种可以确保服务实现的最低标准的方法。对不可能完成或维持的服务标准所做的承诺往往会对员工造成不当的压力（如旅馆服务业和顾问咨询服务业）。最好的做法是，只保证最起码的服务标准，如果能做得比这一标准更好，顾客通常会更高兴。

4. 对员工做广告

服务业雇用的员工很重要，尤其是在劳动密集型服务企业，以及必须由员工与顾客相互配合才能满足顾客需要的服务企业更是如此。因此，服务企业的员工也是服务广告的潜在对象。由于顾客所要购买的服务是由人表现出来的，因此，服务广告者所要关心的不仅是如何激励顾客购买，而且更要激励自己的员工去表现。

5. 在服务生产过程中争取并维持顾客的合作

由于在许多服务业，顾客本身在服务的生产与供应中扮演着相当重要和积极的角色，导致在服务广告中，市场营销人员面临两大挑战：一是如何争取并维持顾客对该服务的购买；二是如何在服务生产过程中获取并保持顾客的合作。因此，构思周到的广告总能在服务生产过程中争取和维持顾客的配合与合作。

6. 建立口碑

口碑是一项营销人员不能控制的资源，但对服务企业及服务产品的购买选择具有现实意义。服务广告必须有效地运用好这一沟通方式，可使用的具体方法有：动员满意的

顾客向其他人传递他们的满意；制作一些资料委托满意的顾客转送给潜在顾客群；针对舆论领袖进行直接广告宣传活动；激励潜在顾客去找现有的顾客咨询。

7. 提供有形线索

服务广告者应该尽可能使用有形线索作为提示，以便增强促销效果。这种具体的沟通展示可以变成非实体的化身或隐喻。知名的人物或物体（如建筑、飞机）经常可用来充当服务本身无法提供的有形展示。

8. 发布连续广告

服务企业可以在广告活动中持续连贯地使用象征、主题、造型或形象，以克服服务企业的两大不利之处，即非实体性和服务产品的差异化。例如，英国航空公司成功的"Fly the flag"标语广告，就是受益于连续性的使用有些品牌和象征变得非常眼熟，消费者甚至可从其象征符号的辨认中得知是什么公司。有些主题对于改善服务促销效果最为明显，如效率、进步、身份、威望、重要性和友谊等。

9. 解除购后疑虑

产品和服务的消费者经常会对购买行动的合理性产生事后疑虑。对于产品可以通过对实物客体的评估解除疑虑，但对于服务则不能如此。因此，在服务促销中，必须保证买主购买选择的合理性，并且鼓励顾客将服务购买和使用后的利益转告他人。不过，最好也是最有效的方式是在购买过程中，在消费者与服务业公司人员接触时，得到体贴的、将心比心的、合适的和彬彬有礼的服务，这时，人员的销售方式就显得尤为重要。

四、服务广告的主要任务

1）在顾客心目中创造公司的形象。包括说明公司的经营状况和各种活动、服务的特殊之处、公司的价值等。

2）建立公司受重视的个性。塑造顾客对公司及其服务的了解和期望，并促使顾客能对公司产生良好的印象。

3）建立顾客对公司的认同。公司的形象和所提供的服务，应和顾客的需求、价值观和态度息息相关。

4）指导公司员工如何对待顾客。服务业所做的广告有两种诉求对象：即顾客和公司员工，因此，服务广告也必须能表达和反映公司员工的观点，并让他们了解，唯有如此才能让员工支持配合公司的营销努力。

5）协助业务代表们顺利工作。服务业广告能为服务业公司业务代表的更佳表现提供有利的背景。顾客若能事先就对公司和其服务有良好的倾向，则对销售人员争取生意有很大的帮助。

五、广告媒体的选择

1. 广告媒体的类型

广告媒体的类型众多，各有不同的功能和特点。常用的广告媒体及各自的优势与劣势，具体见表8.2。

表8.2 各种相互替代性媒体的优势与劣势

媒　体	优　势	劣　势
电视	影响大；观众有选择性；可以制定时间进度表；迅速引起注意；可以获得赞助	制作成本高；市场投放不均；需要提前做出承诺
电台	成本较低；听众有选择性；可以制定时间进度表；长度可以变化；个性化主持；可根据市场调整频度	不具有强行容纳性；在每一市场上，听众数量少；没有视觉影响；达到良好效果总成本高；市场点混乱
杂志	读者有选择性；共同编辑；每份可供多人阅读；色彩亮丽；资源浪费小	信息传播速度慢；取得领导地位缓慢；市场投放不均匀；不同地区、人群需要不同版本
报纸	读者众多；读者可以迅速获取信息；生命周期短；市场弹性大；容易扩充版面	很难锁定具体目标；资源浪费最大；全国范围发行成本高；影响范围不容易控制；内容混乱
海报	容易读取；可频繁多次使用；资源浪费小；可以地方化；可立即登记；进度可灵活安排	信息内容没有深度；全国范围发行成本高；最有利位置已经被占据；没有受众选择性；在某些地区覆盖面小，口碑购买少
邮寄	受众选择性好；进度可灵活安排；同一媒体上没有竞争；个性化	相对成本高；有“滥寄邮件”的现象
户外	灵活；重复展露多；成本低；竞争少	受众选择性差；缺乏创意

2. 服务企业广告媒体的选择

服务企业选择什么样的广告媒体，对其与顾客沟通的效果影响很大。主要应考虑以下因素：

（1）服务特性

不同的服务应选择不同的媒体。专业性强的服务不适宜在电视、广播中做广告，而应在专业杂志上做广告，这样更为有效。而大众性服务则在电视、广播、报纸上做广告效果更好。

（2）顾客习惯

不同的顾客有不同的生活习惯与接触不同媒体的机会与条件，服务企业应选择其目标顾客接触最多的媒体。这样，才能增加消费者接触广告的机会与次数。

（3）媒体的传播范围

不同媒体的传播范围不同，广告宣传的范围要与企业的服务范围一致。

（4）广告媒体的知名度和影响力

它包括发行量，信誉，频率和散布地区等。

（5）媒体的成本

不同的媒体，广告费用不同，如中央电视台与地方电视台在广告费用标价上的差异就很大。企业选择时要考虑到支付能力与广告效果。企业必须定期检查不同的媒体，并决定如何对各类主要媒体分配预算。

巧手点金

据调查，在美国，不同职业团体对广告所持态度有显著不同。很多专业团体都对广告持否定态度，只有会计师和律师对广告的潜在角色有较为积极的看法。另外一项有关金融机构主管们对于会计师提议的广告所持的态度调查报告显示，由于这些金融业主管都是会计服务业的潜在或现有的顾客，因此，大致上持肯定态度。还有一项调查是关于消费者对律师利用广告的态度，其中所讨论的重点，值得专业服务业经营管理者参考，其要点如下：

1）专业服务的选择对于消费者而言是一项重大的决策。

2）服务并不被视为具有同质性。

3）在选择过程中深受个人化信息来源的影响。

4）消费者显然对广告都有所反应。

5）选用法律咨询服务时，存在信息缺口。

该调查报告确认了这样的事实：即单靠广告一项，对消费者并不见得有所帮助。在选择的过程中，人际互动（personal interaction）极其必要，因为，从接触中才能获得正确的资料，如年龄、经验等。不论使用何种方式，消费者在做选择之前，仍然难以确认服务的两项主要属性：质量和完美。

技巧与方法

进行广告促销时可依靠媒体效果调查机构所提供的对目标受众规模、组成和媒体成本的估计来做出选择。对目标受众规模有几种可行的衡量尺度：

1）发行量：登载广告的实体单位的数量。

2）目标受众：接触到媒体的人数。如果媒体是可传阅的，受众比发行量大很多。

3）有效受众：接触媒体的具有目标特点的人数。

4）接触广告的有效受众：实际看到广告的具有目标特点的人数。

实战要点

广告决策包括五个步骤：

1）确定广告目标。服务组织应有明确的目标，以确定广告是用来通知、说服还是提醒消费者。

2）预算决策。广告预算可以采用量力而行法、销售百分比法、竞争对等法或目标任务法。

3）信息决策。信息决策包括信息制作、信息评估与选择有效的信息表达。

4）媒体决策。媒体决策包括确定送达率、频率和影响力目标；选择主要的媒体种类；选择媒体的使用时机。随着市场的发展，新媒体也在不断涌现。

5）广告效果评价。评价广告效果包括在广告之前、之中和之后评价广告的沟通效果和销售效果。

情景模拟

1. 情景案例

自2006年7月1日开始，中央电视台《新闻联播》前5秒，出现了以中国平安保险企业标志为底色的表盘和"中国平安保险为您报时"的提醒语。整个画面简洁、大气，色彩温馨和谐，提醒语充满关心和期盼，这就是中国平安保险在CCTV投放的19点报时广告形式。虽然中央电视台对此时段的广告附加了很多限制，但通过灵活和创新的媒介表现，以及中国平安企业形象的优势，实现了品牌和传播平台的完美结合，创造了中国平安品牌传播的新高度。

问题：平安保险的这个广告在媒介选择上有何讲究?

2. 角色模拟

假如你是一个地方旅游景区的营销推广人员，会采取什么方式为景区打广告?

3. 思维启蒙

在电视与因特网广告影响越来越大的年代，传统的报纸广告是否已经过时?

4. 参考答案

1）情景案例：保险行业竞争激烈，体现在媒体投放上更是如此。中国平安保险的广告投放具有很强的目的性，不是铺天盖地的狂轰滥炸，更不是无规律的东拼西凑，而是深入研究与中国平安品牌理念一致的强势媒体，研究竞争对手的投播策略，有针对性地进行有效投放。中国的媒体环境十分复杂，必须找到一个最能展现中国平安企业形象的媒体，中央电视台是中国最强势的电视媒体。经过不断论证，运用收视点、收视点成本、核心受众的媒介接触习惯等数据进行分析判断，决定运用中央电视台19点报时广告，来提升中国平安保险品牌传播的高度。

2）角色模拟：略。

3）思维启蒙：并非如此。报纸广告有自身的优势，况且企业类型、规模不同，产品、服务各异，广告推广的目的也不尽相同，做广告应该考虑各类媒体的特点，选择最有效且符合成本规划的媒体。

第三节　服务人员推销策略

一、人员推销的内涵

人员推销是销售人员为了销售产品，在与顾客交流的过程中运用口头提示的传播活动。在服务领域，这是传统营销组合中最重要、最经常使用的工具。对于专业服务机构而言，人员推销是最重要的营销手段。由于人们在选择专业服务人员时面临很多风险，服务企业需要通过直接的人员接触来打消顾客的疑虑，说服他们购买服务。在消费者购买决策过程中的某些阶段，特别是在建立偏爱、信心和购买行动阶段，人员推销是最有效的工具。

人员推销包含两个或者更多人之间活跃的、直接的、相互作用的关系。人员推销时，销售人员可以观察对方的要求和特征，并做出即时调整。人员推销能形成从单纯的销售关系到个人间友谊等许多关系。人员推销可以让购买者对聆听销售人员的话有一种义务感，让消费者感到占用了销售人员的时间，有必要做出某种反应。

与广告一样，人员推销的原则、程序和方法，在服务业和制造业的运用大致类似。但在服务市场上，这些工作和活动的组织实施与制造业有所不同。例如，服务企业有时可能必须雇用专门技术人员而不是专业推销人员来推销其服务。另外，服务的某些特征也使得对推销员的资格有特殊的要求。

就人员推销而言，有形产品与服务没有太大的差异性。但在人们的认识、推销的具体进程方面还是存在着明显区别，见表 8.3。

表 8.3　产品推销与服务推销的异同

消费者对服务采购的看法	顾客们认为服务业与制造业相比缺乏 致的质量 采购服务比采购产品的风险高 采购服务似乎总有比较不愉快的购买经历 服务的购买主要是针对某一特定卖主为考虑对象 决定购买一项服务时，对该服务业公司的了解程度是一重要因素
顾客对服务的采购行为	顾客对于服务不太作价格比较 顾客对服务的某一特定卖主给予较多关注 顾客受广告的影响较小，受别人介绍的影响较大
服务的人员销售	在购买服务时顾客本身的参与程度很高 推销人员往往需要花很多的时间来说服顾客对购买的犹疑不决

二、人员推销的优势和特点

1. 信息传递的双向性

人员推销是一种双向沟通的促销形式。在推销过程中，一方面，推销人员必须向顾客宣传介绍商品或服务的质量、功能、用途以及售后服务等，为顾客提供有关商品信息，达到促销的目的。另一方面，推销人员还必须通过与顾客的交谈，了解顾客对企业及所推销产品的态度、意见和要求，在推销过程中不断地收集和反馈信息，为企业的经营决策提供依据。

2. 推销目的的双重性

人员推销的目的不仅是为了推销商品，还要帮助顾客解决问题，与顾客建立长期合作关系。因此，它具有推销产品和建立合作关系的双重目的，这两者是相互联系的。

3. 满足需求的多样性

人员推销活动中，不仅要通过推销产品，满足顾客对产品的使用价值的需要，而且通过宣传介绍产品，满足顾客对产品信息的需要；通过售前、售中、售后的服务，满足顾客对技术和服务方面的需要；通过文明经营，礼貌服务，满足顾客心理精神上的需要。

4. 推销过程的灵活性

人员推销过程中，买卖双方当面洽谈，易于形成一种直接、友好的相互关系。推销人员可以通过交谈和观察，掌握顾客购买的动机，有针对性地从某个侧面介绍产品的性能和特点；可以根据顾客的态度和特点，有针对性地采取必要的协调行动，满足顾客的需要；还可及时发现顾客的问题，及时解释、消除顾客的疑虑。

5. 推销成果的有效性

人员推销过程中推销人员直接将产品推销给顾客，通过面对面的交易，可以使推销人员和顾客之间建立起长期的友好关系，比非人员推销更具有人情味，从而更容易达成协议。

但是由于人员推销的开支比较大，费用比较高，对推销人员的素质要求高，所以，人员推销的运用也有一定的局限性。

三、服务人员推销的指导原则

一般来说，服务购买所获得的满足往往低于对有形产品采购的满足，而且购买某些服务往往有较大的风险，因而服务的人员推销与有形产品的人员推销相比，应采取一些更能降低风险的策略，尤其要坚持以下原则：

1. 发展与顾客的个人关系

服务企业员工与顾客之间良好的人际接触可以使双方相互满足。服务企业以广告方式表达对个人利益的重视，必须靠市场上真实的个性化关心来协助实现。而维系与顾客良好关系需要的费用较高，并且服务员工的增加必然导致了服务表现不稳定的风险，同时也增加了企业管理上的难度。

2. 采取专业化导向

大多数的服务营销中，顾客都相信企业有提供预期服务结果的能力。在顾客心目中，销售人员的行为举止必须像一个真正的专家。因此，服务提供者的外表、动作、言谈举止和态度都必须符合顾客心目中一名专业人士应有的标准。

3. 灵活选择销售形式

服务员工的活动不能局限于接待顾客，传递服务产品，还应当采取一些灵活的沟通方式，间接地为销量增加提供帮助。通常可以采用以下三种间接销售形式：

1）在销售有关产品和服务时，注意引导顾客有效地利用现有服务来创造引申需求。例如，航空公司可以销售“假日旅游服务”，旅馆业销售“当地名胜游览”，电力公司销售“家电产品”以提高用电量。将相关的服务业和其他服务或产品互相联系起来，可以给保险、银行、干洗和旅游等服务业提供更多的销售机会。

2）利用推荐人和舆论领袖来影响顾客的服务选择过程。在许多服务业，顾客必须依靠他人给予协助和建议（如保险代理业、旅行社、投资顾问、管理顾问咨询、观光导游业）。因此，服务业的销售者应该多利用这类有关的参考群体、舆论意见主导者与其他有影响力的人，以增进间接销售。

3）自我推荐。这种方式在某些专业服务领域使用得相当普遍，如对公众演讲、参与社区事务、加入专业组织以及参加各种会议讨论和课程等。

4. 建立并维持有利的形象

有效的市场销售依赖于良好形象的创造和维持。员工和企业形象虽各有不同，但广告、公共关系等促销活动所试图达到的目标都是建立并维持一种与顾客心目中企业和员工的应有形象相一致的有利形象，因为顾客对企业及其员工的印象将直接影响他们的购买决策。

人员推销对于服务企业的整体形象有很大的影响。顾客往往从企业推销员的素质判断这个服务企业的优劣。推销人员的礼仪、效率、关心度和销售技巧，都会影响既有的企业形象。

5. 销售多种服务而不是单项服务

在推销核心服务时，服务企业可从包围着核心服务的一系列辅助性服务中获得利益，同时这也可使顾客购买更加便利和简易。

6. 简化购买过程

顾客对服务产品在概念上可能不太了解，这可能是由于顾客不经常购买，也可能是因为顾客正处于某种特殊的境况，如使用殡葬服务等。针对这种情况，服务销售人员应力求使顾客的采购简易化，也就是说以专业方式照顾好并做好相应的处理，并尽量减少

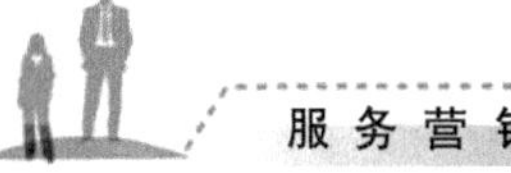

对顾客的要求。

巧手点金

拉克姆用能够提出好的问题和懂得倾听的销售员取代了那些只会做笔记的销售员。他培训销售员能够考虑到四个方面的问题：

1）情境：即需要了解购买者的当前情境的实情。例如，“你是以什么方式对待你的顾客的”。

2）问题：即处理在购买过程中出现的问题、困难和不满。例如，“是哪一方面造成这种情况的出现”。

3）影响：即消费者所遇到的问题、困难和不满所造成的影响。例如，“这个问题是怎样影响你的购买决定的”。

4）解决需要：即一个被提议解决方案的价值或用途。例如，“如果我们的公司能帮助把问题的出现减少80%，你将节省多少成本”。

拉克姆建议应该让他们的销售人员由被动地等待顾客提出问题向主动寻找问题和调查顾客需求发展。这种方法反映出许多企业的重点已由完成即时销售向建立长期稳定的客户关系群转移。

技巧与方法

针对人员推销，销售专家汤姆霍普金斯提供了一些技巧性的建议来帮助完成交易：

1）提出的问题要留有余地：“我今天3点能拜访你，但明天9点会更好。”

2）不要使用“价格”或者“成本”这样的字眼，而使用“投资”。

3）决不要求“约会”，这严重地受到时间的束缚。可以说：“我能到达那个地区，我希望能在合适的时间拜访您。”

4）不要问：“你想要点什么？”这样他们只会重复说：“我们只是看看而已。”而应该问今天是什么吸引您光顾我们这里。

5）分开提问。积少成多。

实战要点

大多数的销售计划在任何有效的销售过程中都要经过一些主要的步骤。基本步骤如下：

1）寻找预期顾客和鉴定资格。

2）准备工作。推销人员应尽可能多地了解预期顾客的情况，在此基础上确定访问

目标、访问方法及访问时机。

3）讲解和演示。销售人员可以按照AIDA模式，即：争取注意（attention）、引起兴趣（interest）、激发欲望（desire）、见诸行动（action），向购买者介绍该服务的“故事”。

4）应付异议。顾客在介绍过程中，几乎都会表现出抵触情绪。要达到克服这些抵触情绪的目标，销售人员应采取积极的方法，请顾客说明反对的理由，向顾客提供一些他们不得不回答的有关自己的反对意见的问题，否定他们意见的正确性，或者将对方的异议转变成购买的理由。

5）达成交易。销售人员必须懂得如何从顾客那里发现可以达成交易的信号，包括顾客的动作、语言、评论和提出的问题。

6）跟进和维护。如果销售人员想保证顾客感到满意并能继续订购，跟进和维护是必不可少的。交易达成之后，销售人员就应着手完成各项具体工作，如提供服务指导、制定后续访问等。还应该制定一个客户的维护和成长计划。

情景模拟

1. 情景案例

有一天，两位顾客到米奇专柜看衣服。其中，一位顾客对一件特价商品表现较浓厚的兴趣，就问促销员可不可以试一下。促销员看一下，没有回答。顾客再问了一次，促销员态度很冷淡地说：“那你就试一下吧。”顾客看见促销员如此态度，二话没说扭头就走了。

问题：请对促销员的表现进行分析。

2. 角色模拟

让两位学生分别扮演银行信用卡服务人员和顾客，由服务人员向顾客推荐办理信用卡，顾客对信用卡业务不熟悉，体会推销的语言技巧。

3. 思维启蒙

什么样的顾客对高压推销表现得更为反感?

4. 参考答案

1）情景案例：顾客对商品表现出兴趣时，不论最终买了与否，身为促销员态度应热情，而不应如此冷漠。有部分促销员，凭顾客的衣着或商品购买量，来给予顾客不同的服务，这不仅违背了服务行业准则，同时也给企业形象带来了一定的负面影响。企业应注重加强对员工综合素质的提高，服务观念的更新。

2）角色模拟：略。

3）思维启蒙：一般而言，接受教育程度较高的顾客以及社会地位较高的顾客会相

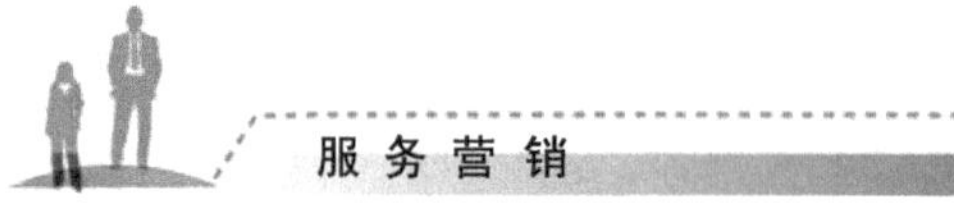

对理性地进行消费，对高压推销也就越表现出反感；此外，还应注意顾客的心理，因为顾客处于非专业性购买情境中时，往往不愿意承认自己的外行。

第四节　服务公关策略

一、公共关系的内涵

通过获得正面的知名度，树立良好的企业形象，稳妥地处理不利的谣言、传闻或事件，企业可以和社会上的方方面面建立良好的公共关系。与人员推销一样，这种工具也被服务企业所偏爱。

服务企业在开展各种活动的过程中，不但需要考虑自己与客户的利益，还应当考虑那些可能受其活动影响的其他公众的利益。公众是指具有实际和潜在利益，对公司实现其目标的能力产生影响的任何群体。通常包括：媒体、社区组织、员工、现有及潜在客户、专业人士联合会、专业机构、政府机构与公众利益集团等。尽管组织机构将主要精力放在有效地管理自己的客户上，公众对企业行为的评价也会影响组织的成功。花一定的时间监控关键公众群体、预测他们的动向以及以建设性的方式与他们打交道，是企业的明智之举。

绝大多数企业使用专业的公关人员来制定针对不同公众群体的公关方案。公关人员监控与企业有关的公众群体的态度，发布信息进行宣传沟通，以树立企业的信誉。当出现负面宣传时，公关人员出面充当问题解决者的角色。他们还向企业的管理层建议消除那些不恰当的举措，在第一时间防止负面影响的产生。因此，公众关系管理的职能是，评估公众态度，为某个人或组织确定符合公众利益的政策和程序，以及实施获取公众理解和认可的行动方案。

由于大众广告的作用力在日益减弱，服务企业也正在更多地求助于营销公关。他们发现公共关系对于建立服务产品知名度和品牌知识方面均有着特殊的效果。有些情况已证明，公关的成本效益高于广告。不过，公关必须同广告一起规划，这就要求企业在运用公共关系时需要掌握更多的技巧。

二、影响服务公关的显著性要素

服务和产品的公关工作基本上并无差异。但是，在争取报纸、杂志评论版面的方式、公关目标、公关工作对于服务业公司的重要性等方面也可能有所不同。而在竞争性公关的内容及诉求却都是相同的，而且都建立在三项具有显著性要素的基础之上。

1）可信度。新闻特稿和专题文章往往比直接花钱买的报道具有更高的可信度。

2）解除防备。公关是以新闻方式表达，而不是以直接销售或广告方式，更容易被潜在顾客或使用者所接受。

3）戏剧化。公关工作可以使一家服务业公司一种服务产品戏剧化。

公关是公共事务领域中较为普遍使用的一环。公共事务的主要工作包括媒体关系、产品和服务的公关、公司内部和外部的组织沟通、游说以及作为企业信息中心的角色。

三、服务公关的主要决策

在考虑何时与如何运用公共关系时，管理层必须建立营销目标，选择公关信息和公关媒体，谨慎地执行公关计划，并评估公关效果。公共关系的主要工具见表 8.4。

表 8.4 主要的服务公关工具

公开出版物	企业大量依靠各种传播材料去接近和影响其目标市场。这些材料包括年度报告、小册子、文章、视听材料、商业信件和杂志
事件	企业可通过安排一些特殊的事件来吸引对其服务项目和企业其他事件的注意。这些事件包括记者招待会、讨论会、郊游、展览会、竞赛和周年庆祝活动，以及运动会和文化赞助等，以接近目标公众
赞助	企业通过赞助活动、文化活动和高度相关事件，推广它们的服务品牌和企业名称
新闻	公关专业人员的一个主要任务是：发展或创造对公司和其产品或人员有利的新闻，争取宣传媒体录用新闻稿和参加记者招待会
演讲	企业负责人应经常通过宣传工具圆满地回答各种问题，并在同业公会和销售会议上演说。这些做法树立了企业形象
公益服务活动	企业可以通过向某些公益事业捐赠一定的金钱和时间，以提高其公众信誉
形象识别媒体	企业至少应努力创造一个公众能迅速辨认的视觉形象。视觉形象可通过企业的标志、文件、小册子、招牌、企业模型、业务名片、建筑物、制服标记等来传播

1. 建立各种目标

服务公关可以建立知名度，它可以利用媒体来讲述一些情节，以吸引人们对某些服务产品、人员、组织或创意的注意力；它也可以通过评论报道来传播信息以增加可信度；它可刺激销售队伍的推销工作；还可以降低促销成本，公关的花费比直邮和广告要低得多。

2. 选择公关的信息与工具

企业必须确认一个服务项目是否有有趣的故事可供报道。假设有一所相对来说不知名的学校希望得到更多的公众认知，公关人员就要为它寻找可能的故事。该校教师中的成员有没有什么不平常的背景，或正在从事什么不寻常的项目？有没有开设新课和特别课程？校园里正在发生着什么有趣的事件？假如可供报道的故事不够充分，公关人员就应该建议该学校发起几件有新闻价值的事，这时的挑战就是创造新闻。这类主意可包括召开较重要的学术讨论会、邀请名人演讲、举行记者招待会等。每一件事都是针对不同目标受众编写各种各样新闻报道的一个机会。一个出色的公共关系甚至能够为普通产品发现和创造生动的宣传题材。

3. 执行计划和评估效果

由于服务公关常与其他促销工具一起使用，故其使用效果很难衡量。关于公关效益最常用的三种衡量方法是：展露次数；知名度、理解和态度方面的变化；销售额和利润贡献。

以上决策对所有的服务业公司都是必要的。许多服务业都很重视公关工作，尤其对于营销预算较少的小型服务公司。公关的功能在于它是获得展露机会的花费较少方法，而且公关更是建立市场知名度和偏好的有力工具。

巧手点金

一个聪明的公司采用具体的步骤来管理与它有关的关键公众的关系。公关部门负责开展下述五项活动：

1）与新闻界的关系：用最正面的形式展示关于本公司的新闻和信息。

2）产品或服务宣传：为某些特定的产品或服务做宣传的各种努力。

3）公司信息传播：通过内部和外部信息传播来促进对本机构的了解。

4）游说：与立法者和政府官员打交道，以促进或挫败立法和规定。

5）咨询：在良好时机或灾祸产生时，就公众事件问题、公司地位和公司形象向管理层提出建议。

技巧与方法

公共关系的工作方法是极为广泛和多样的，常见的战术型公共活动模式有：

1）宣传型公共关系。主要做法是利用各种传播媒介和交流方式，进行内外传播，让各类公众充分了解组织、支持组织，进而形成有利于组织发展的社会舆论，使组织获得更多的支持者与合作者。

2）交际型公共关系。通过人与人的直接接触，进行感情上的联络，为组织建立广泛的社会关系网络，形成有利于组织发展的人际环境。

3）服务型公共关系。以实际行动来获取社会的了解和好评，建立自己良好的形象。

4）社会型公共关系。利用举办各种社会性、公益性、赞助性活动塑造组织形象，通过积极的社会活动，扩大组织的社会影响，提高社会声誉，赢得公众的支持。

5）征询型公共关系。通过信息采集、舆论调查、民意测验等工作，了解社会舆论，为组织行为提供决策支持。

实战要点

进行公共关系要注意传播的 7Cs 原则：

1）可信性。公关活动内容真实可靠。

2）归因性。向公众提供足够的真实的背景材料；

3）有效性。传播内容要与公众有关，内容要让公众容易接受；

4）清晰性。传播的信息要简洁明了，要相互一致。

5）连续性和一致性。重复传递的内容前后要一致；

6）多样性。传播渠道的多样性，一能扩大受众面，二能在不同阶段使用不同的渠道，发挥不同的作用；

7）差异性。充分考虑受众接受能力的差异。

情景模拟

1. 情景案例

北京某大学校园旁，有一家服装厂，这家服装厂的生产车间与这所大学教学人员的住宅区隔墙相望。有一段时间，这家工厂借鉴国外的先进经验，为消除工人在重复劳动中产生的疲劳感和单调感，每到上午9～10点，就在车间内播放各种流行音乐。可是在这段时间内，正是大学的教学科研人员从事科学研究的“黄金时间”，他们需要一个安静的环境，使自己的大脑进入正常工作状态。然而，从仅隔一墙的服装厂传来的“震耳欲聋”的流行音乐，却破坏了他们的工作环境，使他们无论如何也无法进入正常的思维状态。这引起了大学里的教学和科研人员的不满和愤怒，他们多次找厂方交涉，但始终没有得到结果。无奈，不得不采取行动，投书报纸，呼吁社会舆论的支持及政府的干预。

问题：结合实际谈谈发展社区公共关系的意义。

2. 角色模拟

假如你是服装厂的公关部主任，请你进行公关策划，解决大学教学科研人员与服装生产厂的矛盾。

3. 思维启蒙

如果出现对组织不利的事件或传言，公关部门应该如何应付?

4. 参考答案

1）情景案例：通过上述事件，我们可以看到社区公共关系的重要意义，主要表现为两点：

第一，社区关系直接影响着组织的生存环境。社区公众指组织所在地的区域关系对象，包括当地的管理部门、地方团体组织、左邻右舍的居民。社区是一个组织赖以生存、发展的基本环境，是组织的根基。一个组织如果没有良好的社区关系，就会失去立足之地。例如上述案例中的那个服装厂，他们的子女要在当地学校中上学，工厂要就近招工，

地方政府要对其实行管理，当地的群众又是工厂最近的顾客群。组织的发展，离不开这方方面面的支持。因此，组织要将社区作为自己发展的一个部分，将社区公众视为“准自家人”。

第二，社区关系直接影响到组织的公众形象。社区公众涉及当地政治、经济、文化、教育等各个方面，他们对组织的看法又极易相互传播，形成区域性的影响，从而形成组织的某一种公众形象。服装厂如不能顺利解决与大学教师的矛盾，就会给社区公众留下一个噪音扰民的不良印象。而且，这种形象还会因社区内居民间的传播，不断扩大。如果教师以环境保护法律起诉工厂，必然又会引起政府的干预，受到有关部门的处罚。所以任何组织都必须十分注意自己在社区居民中的形象，通过自己保护环境，关心公众利益的实际行动，树立一个“合格公民”的好形象。

2）角色模拟：如果我是这家服装厂的公关部主任，那么我将采取如下措施：立即停播音乐节目，防止事态的进一步扩大或恶化；邀请大学的教师、科研人员代表到工厂来举行座谈会，诚挚地向他们表示歉意，征求他们对工厂的意见，并与他们一起寻找解决问题的办法。如果条件允许，请教师代表参观工厂，也使他们能够理解工厂在劳动时间播放音乐的原因；既然在工人劳动时播放音乐可以减少疲劳，属于提高劳动积极性的必要措施，那么，就在工厂的车间加装双层玻璃，或在工厂与学校之间建隔音墙，使音乐不会对学校的教师造成干扰；在事件解决之后，向有关媒体发布消息，宣布解决方案及问题解决后大学教师的反应，以便在整个社会上挽回因教师投诉造成的不良影响。

3）思维启蒙：略。

第五节　销售促进策略

一、销售促进的内涵

销售促进是指为了刺激产品及服务的购买或销售，服务企业采取的短期引诱及刺激策略。销售促进由多种战术性的推销工具构成，带有短期刺激性，用来刺激消费者做出强烈的或及早的反应。这些工具可以以最终客户为目标（如现金返还、礼物等），也可以针对服务企业自己的员工（如奖金、竞赛等）。

有些服务营销学者对销售促进不太重视，他们认为：销售促进在传统观念中的样品（sampling）、展示（demonstrations）、购买点陈列（POP display）等方面都受到严格限制，而且容易带来副作用。同时，销售促进通常都不被视为一种重要的工具。然而，在过去10～15年，许多服务市场的销售促进活动都在不断增加。

二、服务销售促进的意义

销售促进经常被定义为营销传播工具的一种，像广告和公共关系那样，甚至有时更简单，被定义为“特价优待”（special offers）。这些定义很简单，但很少触及现实中促销活动的多功能性、多样性和复杂性。销售促进的重要性高于促销组合中其他元素（特别是广告），这一点已经被众多的学者用大量证据所证实。其中的原因主要有以下几个方面：

1. 营销预算的压力

由于广告价格的上涨和广告混乱的现象被逐渐认识到，多媒体广告的成本收益预期越来越差。服务产品的广告效果由于服务自身的无形性更是难以实现。

2. 时间的压力

当面对一个短期的营销计划时，销售促进及其迅速的销量增长预期比起通过广告耐心地培养品牌形象更加吸引人。

3. 顾客需求的改变

具有相似顾客特征的市场被看作一个市场细分，这种做法在20世纪80年代非常盛行，如今却随着个人主义的潮流渐渐地被终止。销售促进活动（如有奖销售）比纷繁复杂的媒体更能提供更能定制化、目标更明确的沟通。一项针对美国商务的调查发现，小规模的有奖销售是增长速度最快的促销种类。

4. 竞争对手的行动

销售促进作为一种用来报复竞争对手行动的“快速反应”策略颇为流行。有学者提出，销售促进在某些市场变成必要的竞争手段，因为公司被迫对竞争对手率先采取的行动做出回应，否则就要承担丧失市场份额的风险。

5. 一种新的理念

过去，人们总是认为促销并非营销沟通的上策，短期内追求财富增长的行为会使品牌形象下降。但现实是：像亨氏、宝洁和麦当劳这样的市场领导者，已经将销售促进放在它们营销战略的核心位置了，销售促进代理商已经变得越来越专业，并同广告代理商一样，受到普遍的“尊重”。

三、服务销售促进中的特殊因素

英国一位销售促进评论家在一个特别重视服务业报道的刊物上写道：“我们不能认为……销售促进是制造业的特权。那些服务产品的从业者和制造业一样，必须面对同样的困境……同样的营销上的问题，而服务业方面某些特殊的因素，往往使他们的问题变得更复杂，虽说有时候也因而较为严重。”其中，所指的有关服务销售促进中的特殊因素主要包括：

1. 由服务业特征造成的问题

例如，服务产品不能储存，因此，在销售促进措施的使用上，必须要有所顾忌，如使用高峰折扣定价技巧，平衡服务产品的需求数量。

2. 某些服务业者本身专有的特殊问题

例如，某些销售促进手段的使用可能涉及道德的限制，或者某一专业团体会认为某些方式太过躁进。因此，在实务上销售促进的进行，往往经过“伪装（disguised）”或在另外的名义下行使。

四、服务与有形产品销售促进的异同

1. 两者的相似性

就销售促进本身而言，无论是有形产品生产企业还是服务产品生产企业都可以使用，不同之处在于采取行动的方式，可能因目标对象的特征以及运用方式适应性而有所不同。但服务业使用销售促进的原因，同有形产品业并没有什么不同，主要体现在以下五个方面：

1）需求问题：需求被动且存在剩余产能。

2）顾客问题：使用该项服务的人不够多；购买服务的量不够大；购买或使用之前的选择需要协助；在付款方面有问题。

3）服务产品问题：新服务产品正在推出；没有人知道或谈起该服务产品；没有人在使用该服务产品。

4）中间机构问题：经销商对公司销售的服务未予足够的注意；经销商对公司销售的服务未予足够的支持。

5）竞争问题：竞争强烈而密集；竞争的趋势激烈；新产品开发也相互竞争。

2. 两者的差异性

与此同时，销售促进的增加对服务营销人员是一种挑战，因为他们缺乏那些有形产品行业的同行所具备的经验和熟练程度。了解一些服务和有形产品之间销售促进活动的差异性，可以帮助服务营销人员实施有效而正确的促销。

（1）无库存

由于生产出来的服务不能够存储，销售促进就可以帮助服务营销人员在任何一个既定的时点创造需求，并且与可利用的生产能力相匹配。需求管理包括两个方面：在需求高峰期力求减少对服务的使用和在非高峰期刺激对服务的购买。销售促进计划以激动人心和引人注目的形式把例行的促销行动的信息传递给顾客。当服务的正常售价和变动成本之间存在很大的差距时，进行促销的机会就很大，企业可以提供大幅度的折扣，以充分利用生产能力。否则，这些过剩的生产能力就白白浪费了。

相反，产品销售促进很少以平稳需求为目的。实物产品企业比较容易在短期内管理生产能力。然而，产品企业经常通过开展促销活动来鼓励顾客进行重复购买，从而排除他们购买竞争品牌的机会，加速产品的使用，增加公司的现金收入。如果取得成功，那么这种方法就可以把企业的库存转移到那些储存成本低于制造商和零售商的顾客那里。但是像酒店和航空公司这样的高固定成本的服务企业，很难在短期内对生产能力做大幅度的改变。

尽管没有库存，服务员工仍然可以通过刺激顾客增加服务用量来有效提高顾客的支付水平。例如，在一个有限的时段内提供一个很大的折扣，这就构成了一种促销。有时候电影院提供电影联票，购买了这种联票的人去那家电影院看电影的次数就会比原先多，这是以牺牲选择其他电影院和其他娱乐活动为代价的。

服务销售促进实施起来要比实物更快。对于实物销售促进来说，制造商需要把额外的商品运送到零售商那里以应付预期需求的增长，而且，许多实物商品的促销需要为产品重新制作标签和改变包装，以此来表明这些促销产品或优惠券已包含在内。通常情况下，服务不需要经历这样一个类似的准备过程，除非需要为中间商和其他零售商布置大量的售点展示。

但是从某个角度看，实施服务销售促进的难度可能更大。因为同实物商品的销售促进相比，服务销售促进消耗的时间更长，宣传服务可获性的成本也更高。大多数消费者经常去超市，这使产品生产商除了通过媒体广告，还可以在售点接触到顾客。但是对服务营销人员而言，他们无法与大量非用户进行类似的“免费”接触，因此可能需要更多的广告投入来促使消费者获知服务促销的信息。

（2）中间商作用的削弱

与有形产品相比，服务极少是通过中间商的渠道销售的。有形产品的营销人员要决定如何在广告、消费者促销和商业促销之间分配资金，而进行直销的服务营销人员则不需要考虑最后一项。有形产品促销面临一个问题，即分销商和零售商有时把供应商给予的促销补贴据为己有，却不提供相应的促销支持。而服务业的中间商（如代售机票的旅行社）则有可能避免这个问题的发生，因为服务供应商和中间商的利益是结合在一起的。例如，机票的折扣使得消费者的出行费用大大降低，对处于旅游淡季的旅行社来说非常有利。

对服务中间商予以激励也是必要的。旅游和保险企业都会雇用大量独立的代理人和经纪人，这些企业不仅要同其他“品牌”争夺有形的展示空间，更重要的是“谁先唤起顾客头脑中的记忆”，这样就需要从中间商那里获得足够的配合。

（3）顾客接触人员的重要性

在有形产品营销中，单个零售人员在任何成功的交易中所起的作用都是微乎其微的，而服务营销则相反，顾客和其接触到的企业员工之间的交流是否令人满意，是影响顾客的服务质量感知的重要因素。针对顾客接触人员的激励计划通常是内部营销计划的一个组成部分，以此来确保对服务传递系统的质量控制。现金奖励、奖品、聚餐、表彰活动等都是提供给那些服务工作出色、成功地把顾客介绍给销售人员和完成了质量目标等的员工的促销性激励。

对于高接触度的服务而言，在实施促销工作的过程中，其他员工比服务营销人员更有优势。例如，快餐连锁店提供的礼品和汽车租赁公司的车辆，都是在销售的时候由工作人员提供给顾客。当顾客接触人员实际负责销售时，也可以对他们进行激励，并作为整个销售促进计划的一部分。在不牺牲提供基本服务的速度和效率的前提下，确保顾客和接触人员之间顺利友好的沟通是成功实施销售促进计划的一个关键所在。

五、销售促进方法

不同类型的销售促进活动适用于不同的产品或服务，或者不同的市场目标。销售促进基本上可以分为两类：价值增长（value increasing）和价值附加（value adding）。

价值增长促销利用数量与价格之间的平衡关系来增加消费者对服务产品的价值预期。价值增长促销中最典型的形式是优惠券和减价。像旅游业这样的行业就有很多机会提供这种增加服务“数量”的促销，而一些“纯服务”或者更专业的无形服务就很难采取这种形式。例如，极少有旅馆提供三天的住宿却收取两天的钱，或者采取半卖半送的形式。近几年减价的促销形式已成为很多服务业首选的促销方式。值得注意的是过度降价会带来一些负面影响，因为顾客喜欢将价格看作是质量的代表。

价值附加有时也可以叫做打包销售（packaged up），是销售促进活动的另一大类，却经常被忽视。这种促销方式不改变价格或提供的服务产品，而是送给顾客一些“额外的东西”，例如，免费礼物、附带补充产品或者有奖销售。旅店服务的消费者可以获得“免费赠品”，从免费饮品到浴室的洗漱用品包。这种促销方式太常见了，以至于我们经常感受不到其促销的效果。这种促销方式的不足之处在于，如果缺少它们，顾客会感觉到不满意，但是它们存在也不一定会给顾客留下很深的印象。

具体来讲，服务营销人员可以采用七种销售促进的方法来增加顾客对直接降价的兴趣和兴奋感，或者激励顾客在没有直接降价的情况下，采取特定的行动。这些方法包括样品赠送、价格或数量促销、优惠券、签约返利、未来折扣、礼品赠送和有奖销售。

（1）样品赠送

样品赠送给了顾客一个免费试用服务的机会。例如，瑞星公司向消费者提供杀毒软件一定时间的免费试用期。但是与产品促销相比，服务很少采用样品赠送的方式。许多消费者需要的服务相当昂贵，服务员工通常更愿意提供价格折扣或其他促销行动，而不是免费提供这些服务。即使多为一名顾客服务增加的成本很低，许多服务仍是相对昂贵的，而且服务提供商不能像产品制造商那样生产出较小的服务单位以供试用，例如，有小型的牙膏送给顾客试用，但不可能有十分钟的免费旅行。不过像酒吧和快餐店这样向消费者提供可分割的有形产品的服务企业，无疑就可以有效地使用样品赠送这种促销方式。有时，像牙医这样的健康服务提供者也愿意提供免费的检查，以鼓励人们建立正式的客户关系。

（2）价格或数量促销

价格或数量如果被视为短期促销而不是大额折扣，那么就只应该在有限的时段内提供，如航空公司向商务旅行人员提供特定航线上的多年通行证，条件是他们在某一个特定的时间范围内和航空公司签约。这样的策略有助于为企业迅速建立一个基础顾客群，同时也可以提高现金流入。

（3）优惠券

优惠券通常采用以下三种形式之一：直接降价、与最初购买者同来的一个或多个顾客可享受折扣或费用减免（如两张半价电影票的优惠券）、在基本服务的基础上提供免费或有价格折扣的延伸服务（如在每次洗车时提供免费上蜡）。过去，优惠券总是被印刷在报纸和杂志上，或者通过直邮方式发送给顾客。但是现在在许多城市，中间商成功地把各种优惠券组合成优惠券簿出售，激励购买者使用大量各种各样的服务，包括餐厅、酒吧、汽车企业、电影院和其他服务提供商等。

（4）签约返利

签约返利是由会员服务组织提供，向那些为申请、注册或加入某个组织的人收取初步签约费，如大学的申请费、私人俱乐部的登记费和有线电视系统的初装费等。为了吸引新成员或新用户入会，这些费用可能被减免或者作为客户预付的资金用于支付将来的费用。

（5）未来折扣

未来折扣被竞争性市场上的航空公司、酒店和汽车租赁公司广泛用来刺激那些频繁外出旅行的人员保持品牌的忠诚，他们在加入某一个特定的常客计划之前首先必须签约。这类折扣采取分阶段建立的形式，随着服务消费量的增加，顾客获得的收益越大，如提供免费的服务升级（提供头等舱标准的服务、房间更大、汽车更好），免费的陪同票等。另外，更直接的折扣例子是百货商店未经申请，主动邮寄信用卡给潜在顾客，并且在一个确定的时间内，使用该卡的顾客可享受所有商品的折扣价格。采用这些折扣方案的一个有利之处在于，可以对服务价值进行调整以反映竞争程度和需求的季节性。

（6）礼品赠送

礼品赠送常用于为原本短暂易逝的服务增加有形的要素并为组织提供一种独特的形象。例如，银行和保险业提供的服务很难进行差别化，在美国，这些银行就广泛使用给顾客奖励的手段。银行定期卷入礼品战，它们向储户提供与储蓄金额大小相对应的礼品，从厨房用品到钟表、收音机，作为对不同的储蓄额的回报。如果顾客能在较长的时间里把他们的存款放在银行的话，这种方法的成本要低于为顾客提供更高的存款利率。为了鼓励顾客（可能拥有几张信用卡）增加信用购买额或把其应付款项集中在一个账户里，银行已经开始了一种促销活动，即提供不同种类的奖品给那些在一个既定的时段内，信用卡账户上的应付款超过一定金额的顾客。

（7）有奖销售

有奖销售引入了机会这一要素，如抽奖。这种方式可以被用来有效地增加顾客对服务经历的参与和兴奋感，通常被用来鼓励顾客增加对服务的使用。快餐店有时会开展与奥运会这样的赛事相联系的类似抽奖的促销活动，所有的消费者均可获得一张或多张奖券（取决于订单的大小），当场或销后兑奖。

市场竞争越激烈，就越是需要采取有力的促销措施促使顾客理解、接受服务企业的服务。销售促进能够提高销售增长（尤其是在需求较弱的时期），加快新服务的引入，加速人们接受新服务的过程，使人们更快地对服务做出反应。

巧手点金

需要注意的是，销售促进可能会造成一个危险，它使消费者很难愿意再回到促销之前的情况购买产品，虽然广告在建立品牌的忠诚度。问题是销售促进是否会削弱品牌的忠诚度。销售促进，如减价、优惠券和奖金的不断应用，使产品和服务在购买者看来是在贬值。许多企业声称，大量使用销售促进会增加顾客对价格的敏感度，淡化品牌质量概念，以及偏重短期行为。

技巧与方法

当销售促进与广告结合起来使用时，它就显得最为有效。一项研究表明，单纯的价格促销仅能使销售量增加15%；当它与广告相结合时，销售量能增加19%；当它与广告和售点陈列相结合时，销售量就能增加24%。

实战要点

为了使用某一特定的激励，营销人员要考虑几个因素：

1）激励的规模。若要使促销获得成功，最低限度的刺激物是必不可少的。

2）参与条件。激励物可向每个人或经挑选的团体提供。

3）促销的持续时间。一位研究人员指出，理想的促销频率约为每季度三周时间，理想的持续期间即平均购买周期的时间长度。

4）分发途径。一张减价5元的优惠券可以通过这样几种途径来分发：放在包装内，在商店里分发，邮寄或附在广告媒体上。

5）促销时机。

6）促销预算。促销成本包括管理成本和激励成本。

情景模拟

1. 情景案例

美国西屋电器公司曾经开发了一种保护眼睛的白色灯泡，为了打开销路，采取了免费赠送策略，两周后再派人到使用的用户家中收集使用意见。在反馈意见中，有86%的家庭主妇认为，这种灯泡比别的灯泡好，眼睛的感觉舒服；78%的主妇认为，这种灯泡光线质地优良。于是，西屋电器公司以此作为实验性广告资料，将用户的评论意见公布于众，立即引起了消费者注意，西屋电器公司的白色灯泡一下子成为畅销品。

问题：西屋电器公司为什么采取免费赠送策略？

2. 角色模拟

你是一个软件公司的营销部经理。可以采取的销售促进策略有哪些？举例说明。

3. 思维启蒙

谈谈如何在服务组织中采用免费赠送策略。

4. 参考答案

1）情景案例：西屋公司的产品尚处于推广初期，消费者对其新产品不熟悉，为了尽快让消费者对产品形成感性认识，并由此建立对企业及产品的信任，尽快扩大市场接触面，所以采用了免费赠送的策略。

2）角色模拟：略。

3）思维启蒙：略。

思考与练习

1. 举例说明服务促销与有形产品促销的差异。
2. 针对一个具体的服务行业，分析其在哪种媒体做广告效果最好。
3. 运用实例介绍服务人员推销的基本模式。
4. 公关与广告相比，优势体现在哪些方面？
5. 谈谈你对“销售促进会降低品牌形象”的看法。

案例分析

奔驰服务培养忠诚

德国奔驰公司是享誉世界的汽车制造商，它之所以能屹立于汽车业界长盛不衰，除了引进领导潮流的创新技术，推出新卖点（大打“安全牌”、环保至上）之外，是与其无处不在的服务促销分不开的。

1. 奔驰公司的服务促销从生产车间开始

一般的服务促销都是售后的，而奔驰公司的服务从生产车间就已经开始了。厂里在未成型的汽车上都有一块块的牌子，写着顾客的姓名、车辆型号、式样、色彩、规格和特殊要求等。不同色彩、不同规格、用户在汽车里安装什么样的收录机等等千差万别的要求，奔驰公司都能一一给予满足。据统计，奔驰车共有 3700 种型号，极大地满足了顾客的需要。奔驰公司十分重视争取潜在的客户。它瞄准未来，心理争夺战竟从娃娃开始做起。每个来取货的顾客驱车离去时，“奔驰”赠送一辆可作孩子玩具的小小奔驰车，使车主的下一代也能对奔驰车发生兴趣，争取一代代都成为奔驰车的客户。这样，顾客买奔驰车首先买到了满意的质量和服务。

2. 奔驰公司的售后服务无处不在

周到的售后服务，使奔驰车主没有半点烦恼。在德国本土，奔驰公司设有 1700 多个维修站，雇有 5.6 万人作保养和修理工作，在公路上平均不到 25 公里就可以找到一家奔驰车维修站。国外的维修点也很多。据统计，它的轿车与商业用车在世界范围内共有 5800 个服务网点，提供保修、租赁和信用卡等服务。国内外搞服务工作的人数竟然与生产车间的职工人数大体相等。

奔驰一般每行驶 7500 公里需要换机油一次，行驶 1.5 万公里需检修一次，这些服务都可以在当天完成。从急送零件到以电子计算机开展的咨询服务，奔驰公司的服务效率令顾客满意、放心，并因此培养出大批品牌忠诚的消费者。

（资料来源：http://www.100guanli.com/Detail.aspx?id=390854）

案例讨论：

1. 奔驰的服务促销策略与传统促销方式相比较，有何不同之处？
2. 选择一个服务行业或产品，谈谈你对其促销策略改进的建议。

第九章 服务产品渠道策略

预期的学习成果

1. 学生能够正确理解服务分销渠道的概念。
2. 学生能够举例说明服务分销的类型。
3. 学生能够概括出服务分销渠道设计的思路。
4. 学生能够正确分析服务渠道成员的选择条件。
5. 学生能够举例说明服务位置选择策略的应用。
6. 学生能够列举出服务分销的创新的几种形式。

随着人类的生活节奏加快，事事都讲求高质、高效，而网络的普及和电子商务的风靡，更是改写了传统企业的经营方式，服务行业也不例外。在这种形势下，服务企业要在营销中取得竞争优势，就应该顺应潮流，积极探索既符合网络时代顾客的特殊要求，又能给传统型顾客的服务消费带来便利性，还能最大限度提高企业资源的利用率，节约服务成本的交易模式。所以，服务企业向目标顾客提供服务时需要思考两个问题：一是如何把服务交付给顾客，二是应该在什么地方交付。

第一节 服务渠道

一、服务渠道的概念和类型

服务渠道也被称为服务分销渠道，是指服务通过交换从生产者手中转移到消费者手中所经过的路线，涉及服务从生产向消费转移的整个过程。在这个过程中，起点为生产者出售服务，终点为消费者或用户购买、使用服务，位于起点和终点之间的为中间环节。中间环节包括参与从起点到终点之间服务流通活动的个人和机构。服务渠道既是使服务从生产领域转移到消费领域的媒介，也是信息传递的途径，对企业广泛、及时、准确地收集市场情报和有关服务销售、消费的信息反馈起着重要的作用。

一般情况下，根据服务从生产者移向消费者转移过程中涉及的一系列中间商的基本类别和形态。从不同的角度按不同的标准可以把分销渠道分为以下几类：

1. 依据服务企业在其分销活动中是否通过中间商，可以划分为直接渠道和间接渠道

1）直接渠道是指服务不经过中间商，直接从生产领域转移到消费领域的分销渠道。这种渠道中间环节少，流通费用低，能及时反馈市场信息，常见的法律咨询等服务形式就是采用这种渠道。

2）间接渠道则是服务从生产领域到消费领域过程中，经过一个或一个以上中间环节的分销渠道。

2. 依据中间商层次的多少可分为长渠道和短渠道

1）长渠道是指服务企业经过两个以上的中间环节，把产品销售给消费者。

2）短渠道则指服务企业没有或只经过一个中间环节，把服务销售给消费者。

通常经过的层次或环节越多，渠道就越长；反之渠道越短。

3. 依据渠道中组成每个层次的同种类型中间商数目多少可分为宽渠道和窄渠道

1）宽渠道是指服务企业同时选择两个以上的同类中间商销售服务。

2）窄渠道则是指只选择一个中间商销售服务。

一般而言，使用的同类中间商越多，说明企业的服务产品在市场上的分销面就越广。

4. 依据生产者所采用的渠道类型的多少可分为单渠道和多渠道

1）单渠道指服务企业采用的渠道比较单一，例如，企业将所有的服务产品由自己直销或全部交给某个中间商经销。

2）若服务企业根据不同层次或地区消费者的不同的情况采用不同的分销渠道，则称为多渠道。

二、直销

由于服务的无形性和不可储存性，服务产品的渠道策略和有形产品会有很大的不同。在人们对服务的传统认知中，通常认为服务分销主要采用直销的方式，渠道短，易操作。所谓直销就是服务企业将服务产品直接销售给用户，这也是人们普遍认为的最适合服务产品的分销形式。主要是因为服务生产和服务消费是不可分割的，从服务的生产到消费的过程中可以不用中间商。

1）通过与顾客的面对面接触，服务生产者能快速具体地了解消费者的需要，及时了解消费者对于产品的意见和建议，并针对这些意见和建议采取积极手段解决疑难问题，改进服务质量，改善经营管理，从而较好地控制市场。

2）可以提供真正的个性化服务，有针对性地满足顾客的需要，全面周到地服务顾客。同时还可以突出服务产品的差异化和一些独特的卖点，有效防止同类产品或假冒产品对企业的影响，帮助企业在同行业竞争中取得竞争优势。

3）没有中间环节可以缩短企业服务产品流通时间，节约成本。对于消费者来说，直销也意味着服务消费的价格降低，费用减少。

但是，随着服务市场的繁荣和人们对服务产品的要求越来越高，直销这一传统的渠道模式有时也会为服务的供需双方带来一些不便：一方面，直销具有直接接触顾客的特征，便意味着服务的提供和消费只能在特定的地点进行，尤其是在人的因素所占比重很大的服务产品中更是如此。例如，人们要理发，只能选择到发廊，或者让理发师到指定的地点服务，这样就使服务的生产和消费只能局限于某个地区性市场。而如今，随着人们对服务的需求日益增加并变得复杂，很多时候甚至是跨地域的。此时如果不能使用任何科技手段作为服务机构与顾客之间的桥梁，那传统的直销模式就会成为服务企业发展的障碍。另一方面，很多公司在日常的业务中需要各种各样的专业技术服务，比如法律咨询、经营管理咨询等，若公司因为有这种临时性需要就长期聘请相关人员，那么公司将增加一笔较大的开支。而一些专门的服务中介机构如律师事务所、管理咨询公司等便可以针对某一特定专业的需求提供服务，既帮助公司解决问题，又不会给公司增加负担。

所以，尽管传统的服务行业多采取直接分销，但随着社会的发展，现代的服务业在扩展其业务范围的过程中，中间商已经具有越来越不可替代的作用。

三、间接分销

在现实的商务活动中，有许多服务行业选择间接渠道，包含的一个或一个以上的中间商，例如，采购的外包、售后服务的外包、咨询服务的外包等等。其中有些中介机构承担了所有权风险；有些是担任所有权转移的中介角色（如采购）；有些是担当实体移动（如运输）的任务等。

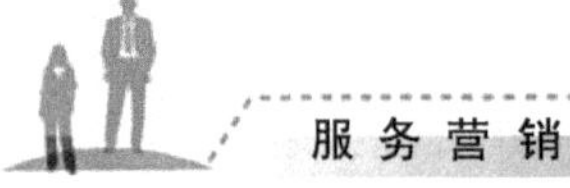

1. 服务中间商的类型

服务业中常见的中间商根据结构和行使的职能大致分为下列几种：

（1）经销商

指将一定服务产品买进后再售出的中间商，其利润来源于进销的差价。经销商包括批发商和零售商。批发商是从事批发业务的服务中间商，如出国留学的中介机构，其业务是将国外大学的具体情况和报考办法等收集整理，然后再推向打算出国的学生；零售商面向广大顾客从事服务产品的供应，如美发店为客户量身定制发型、按摩店为不同病症的顾客提供不同的服务内容。

（2）代理人

指依据代理合同的规定，由服务提供者的授权委托从事某项服务活动的人。如保险代理人接受保险人的委托，代表保险公司依据保险合同的规定招揽业务，代收保险费，接受投保人的投保单，从保险公司获得保险代理手续费。一般在旅游、运输、保险、信用、旅馆等服务业市场出现较多。

（3）代销商

指专门执行或提供一项服务，然后以特许权的方式销售该服务，或为服务提供者代为推销服务产品。一些演出单位常物色能接触目标客户的机构和人员（如报纸、广播媒体等）代为售出门票，代销商收取手续费或从折扣中取得收入。

（4）经纪人

在某些市场，服务因为传统惯例的要求必须经由中间商才行，如股票市场和演出市场。经纪人在市场上为服务提供者和顾客双方提供信息，充当中介并收取佣金。中间商的形式还有很多，在进行某些服务交易时，具有特殊的作用。

2. 中间商在服务分销渠道中的职能

（1）拓展服务的时间与地点

中间商可以帮助服务的生产者选择潜在顾客方便的时间和地点销售服务。比如酒店会找到旅行社作中介，方便顾客通过当地的旅行社订购异地的酒店客房，这样就可避免因地域限制带来的不便。虽然酒店的位置是固定的，但订房的服务却可在潜在购买者更合适的地方和时间提供销售。

（2）搭建服务产品供需双方信息传递的桥梁

潜在购买者往往需要通过广告宣传、现场演示、或与生产者直接沟通等形式来了解服务产品的信息。中间商可以帮助生产者向潜在购买者提供信息，也可以成为消费者了解服务企业的桥梁。另外，凭借长期与消费者频繁接触，中间商能够迅速获知的消费者的真正需求和对服务产品的意见并反馈给企业，使企业能及时调整经营策略，完善产品，改进服务，提高市场竞争力。

（3）丰富产品类型

对于大多数消费者来说，生产者提供的服务产品往往比较局限。但中间商却能够供给多种服务的销售，并不局限于品牌或厂商。客户能够根据自己的兴趣选择服务产品及其配套附加服务，甚至包括彼此竞争的各种互补服务。生产商也得以找到一个可以集中展示产品的平台，吸引到更多的消费者，例如旅行社可以集中展示很多不同地区、不同类型的旅游产品。

（4）完善售后服务

售后服务作为服务产品的重要组成部分，也是影响顾客满意度的重要因素。中间商不仅能促使服务生产商与顾客沟通，还可以代替企业为顾客提供与相关的售后服务。既有利于提高顾客的忠诚度，也可为企业分担一定的业务，节约企业人、财、物等资源。

（5）分散企业经营和投资风险，提高管理效率

中间商的参与，可以承担部分企业经营风险和投资，对服务生产者是有利的。此外，中介还能为顾客提供很多后勤服务，如解决顾客在消费过程中遇到的停车、交通等问题。由中介分担了这部分职责后，企业可以减轻一些日常的事务性工作，提高了对核心工作的管理效率，以及企业资源的利用率。

3. 中间商在服务营销中的有限作用

尽管服务中间商的作用是非常重要的，但它比一般有形商品的中间商更特殊。另外，由于服务的性质本身决定了服务中间商的作用是有限的，并不能行使所有典型的中介职能，见表 9.1。

表 9.1　中间商作用的有限性

服务的性质	对于销售的影响
1．没有所有权	中间商转移的不是所有权，而是服务的使用权
2．不可触知性	没有库存，中间商的作用因此而减弱
3．大部分生产与消费同时	中间商也被分为参加生产过程的和不参加的两种
4．很难标准化	难以通过终中间商控制质量，企业一般直接提供服务（如搬家公司）
5．某些服务专业化、复杂化	中间商对于需要不断强化培训、不断更新知识的服务不感兴趣（如金融产品）
6．某些服务商品化	竞争激烈，价格到顶，边际利润很低，低到没有中间商的好处（如干洗店）
7．立法和态度法则	协会立法和制定态度法则可能限制甚至禁止中间商的使用（如银行储蓄存款）

巧手点金

服务分销渠道是服务企业为目标顾客提供服务时对所使用的位置和渠道所做的决策，它包括如何把服务交付给顾客和在什么地方交付。在服务营销中，企业为了获得竞争优势、应该寻找并制定适宜的交付服务方法和地点的渠道策略，方便顾客对服务产品的购买、享用和受益。

案例

车险渠道选择多

随着中国百姓收入的增加，私家车已经走入了寻常百姓家，为汽车购买保险也就变成了一件很平常的事。保险本身就是一种服务，保险公司在销售这种产品时，也充分的考虑到了本着便利消费者的原则，为其提供了多种购买的渠道，以方便不同类型的消费者进行购买。

随着汽车越来越多地进入百姓家庭，购买车险的渠道也越来越丰富，不同的保险公司的同一种车险产品，价格各不相同；同一家公司的相同产品，由于销售渠道不同，也存在差异。

（1）电话或网络渠道

电话车险比传统车险便宜，因为不经过代理机构直接通过网电形式面对车主销售，这样节省的中间成本就可以让利车主，所以能够把优惠回馈给消费者。但是在服务上是不会打折扣的，电话投保与营业厅投保的车主可以享受同等待遇。网上投保和电话投保的价格基本相同。网上投保的方式非常便捷，只需填上车主的车辆品牌型号和车价及要保的险种，点击估价，如果满意，3 分钟即可完成。在网上投保以后，查询起来也十分简单。

（2）保险中介代理人

选择通过专业保险代理公司的代理人投保，确实可以为自己省去很多时间，代理人可以上门服务或代客户办理各种投保、理赔所需的手续，对于客户而言会比较便捷。但是，广大车主也要擦亮眼睛，毕竟代理人素质参差不齐，有的代理人代办车险业务时，为了从保费中获得较多的佣金，可能会向车主推荐高额险种。还有的代理人为促成车主购买保险，对车主的口头承诺很多，但出险理赔时往往无法兑现。

（3）保险公司营业厅

去营业大厅办理车险这种传统方式得到很多人的青睐，高质量的服务，完善的理赔系统。现场还有保险公司的业务人员对每个保险险种、保险条款进行详细的介绍和讲解，并可以根据投保人的实际情况提出保险参考建议，这样能够让车主选择到更适合自己的保险产品。这种购买车险的方式，客户必须事事自己动手操办，尤其是出险后的索赔。这对于很多不了解理赔程序的客户来说，办理手续时会觉得比较麻烦。

（资料来源：http://finance.qq.com/a/20090620/006864.htm）

技巧与方法

由于服务业市场的中间商形态很多，消费者面对相同或相似的服务产品提供者，也会做一定的选择，不同的行业特点往往是促使消费者作出选择决策的依据，决定了选择

时会有不同的标准和方法。归纳起来，有几点是大致相同：

1）考察中间商经营资格的合法性。可以通过查看经营执照是否有相应的经营许可，向工商局咨询核实该机构的资信和合法性等途径获取信息。

2）考察中间商在本地经营时间的长短。由于服务业规范管理存在难度，导致很多服务中间商鱼目混杂，从事业务的时间长短可以从侧面反映中间商的可靠性。

3）考察中间商在固定资产上的投入量和公司员工人数的多少。为防止“一个周末便人去楼空”的常见恶果，该机构的办公场地最好是自己的产权或是长期租用。另外该机构承租的面积、装修、规模也是公司实力的体现，应该和宣传相符。

4）考察中介的成功案例。有丰富经验和大量的成功案例可证明中间商的服务质量。

5）考察办理费用和退款条件的合理性。有时中介会以极其便宜的报价来吸引顾客，等客户签约后再提出新的费用，所以客户一开始就要问清所有费用和退款条件，约定服务失败的处理办法。

实战要点

由于中间商是独立的经济实体，往往会在对顾客的服务中强调自己的利益。但由于其在某些服务领域中的不可替代的作用，在实际操作中，企业需要以激励来加强与中间商间的良性合作关系。因此，企业必须用行之有效的手段对其进行激励，如，合作广告，举办展销，组织销售竞赛，发放奖金、津贴等。当然，也可以使用一些消极的激励手段，如威胁中断关系等，但这类消极手段的使用要谨慎，以免产生负效应。一般来讲，对中间商的基本激励水平，应以交易关系组合为基础。如果对中间商仍激励不足，则生产者可采取两条措施：

1）提高中间商可得的毛利率，放宽信用条件，或改变交易关系组合，使之更有利于中间商。

2）采取人为的方法来刺激中间商，使之付出更大努力。服务企业在处理他与经销商关系时，常依不同情况而采取三种方法：合作、合伙和分销规划。分销规划是服务企业与经销商可能进一步发展的一种更密切的关系。所谓分销规划，是指建立一个有计划的、实行专业化管理的垂直市场营销系统，把服务企业的需要与经销商的需要结合起来。

情景模拟

1．情景案例

小蕊大学毕业后想到国外去留学深造，她找到了一家留学中间商，听工作人员介绍说，通过他们中介办签证肯定 100%能办成，就缴纳了中介费。但最后由于种种原因，小蕊条件不符，被使馆拒签，小蕊要求中间商退费，但对方以已经提供了中介服务为由拒不退还中介费。

问题：你认为案例中小蕊的经历是什么原因造成的？

2. 角色模拟

假如你是小蕊，你在选择留学中介的时候会注意哪些问题？

3. 思维启蒙

案例中服务中间商以已经提供了中介服务为由拒绝退还中介费，请思考服务中介的服务质量靠什么来衡量？

4. 参考答案

1）情景案例：小蕊的经历主要是由于自己在选择中介的时候不够仔细，没有对中介宣传的真实性做更多了解，给骗子留下了可乘之机造成的。中介通过虚假宣传，夸大学校的办学规模、教学质量或者高签证率，引诱消费者报名，缴纳相关款项后导致签证办理不下来，是严重欺诈消费者的行为。

2）角色模拟：假如我是小蕊，我在选择留学中介的时候会注意考察中介的资质、规模等，也会对中介已办理的成功案例等信息进行了解，还会对中介的承诺形成有法律意义的合同，以此保护自己的权益。

3）思维启蒙：对服务中间商的服务质量进行管理应该从生产商和消费者两方面来展开，厂商可以通过激励、沟通、加强合作等方式加强对中介的管理。而消费者则可将消费服务产品后的感受反馈给厂商，再由厂商依据消费者的感知完成对中介的监督，有时企业也可雇佣神秘顾客来进行这项工作。

第二节　服务渠道的设计和选择

一、服务渠道设计

随着服务生产企业经营规模的扩大，渠道的选择将在企业战略部署中发挥更加重要的作用，前文中我们探讨过服务分销渠道种类很多，不同渠道策略的选择会对企业向新市场的扩张等问题产生不同影响。所以对渠道的设计和选择，是企业经营战略的重要组成部分，是关系着企业经营目标的顺利实现和企业在市场竞争中取得成功的关键。

1. 服务渠道设计的基本原则

（1）便利消费原则

服务产品的生产和消费是同时发生的，渠道的设计应以消费者需求为导向，以便利消费者的使用为原则，以提高经济效益为目的，既能够降低销售成本，又能将服务高效、高质的送达消费者。

（2）有效覆盖原则

服务企业在设计渠道时不仅要考虑渠道成本，还要考虑到建立渠道的目的是将产品销售出去，并保证一定的市场占有率。

（3）相对稳定原则

设计和建立分销渠道需要花费大量的人力、物力和财力，一般情况下，企业在设计渠道时必须要注意到渠道的相对稳定性，以免在使用过程中经常性的做出修改，这样才能进一步提高销售的经济效益。

（4）利益共享原则

在渠道设计时应注意协调平衡各成员之间的利益。企业要有效的引导渠道成员之间建立良好的合作关系，鼓励开展良性竞争，实现利益的共享。

（5）综合应用原则

渠道策略只是企业时常营销策略的一个方面。企业要在竞争中取胜，应将渠道的设计与企业的其他策略如产品策略、价格策略、促销策略结合起来，综合应用。

（6）不断创新原则

在不同的企业发展阶段，分销渠道的设计应该有所不同，因此，分销渠道的设计也应该注重求新、求变的原则。若受到环境变化或其他因素的影响，需要对渠道进行一定的调整，以保持渠道的生命力和适应市场变化的能力。

2. 选择服务渠道模式的因素

一般情况下，服务企业会根据企业自身的特点和规模来选择分销渠道既可以同时选取多种不同的分销渠道，也可以只选取某一种渠道模式。此外，服务企业在选择销售渠道模式时还需考虑很多具体的服务企业内外部因素的影响。

（1）产品因素

服务产品自身的特点是影响服务分销渠道最主要的因素，决定了是否需要中间商和选择何种类型的中间商，这意味着企业将在何地、何时、以何种方式将服务传递给消费者。影响分销渠道选择的产品因素主要有产品的性质和种类，产品的档次或等级两个方面。例如，旅游景点、餐馆等服务企业以直接销售作为其产品销售的主渠道，而旅行社、包机公司则大都以间接销售作为其产品销售的主渠道。产品档次对分销渠道的影响主要表现在高档次产品因其价格昂贵致使其市场相对较小，这类高档产品的服务企业一般采用直销模式或尽可能短的间接分销渠道。例如，很多高档服装会为贵宾客户提供专门的定制服务，而不是让客户在商场里挑选。

（2）市场因素

影响分销渠道适用程度的市场因素是多方面的，主要包括消费者市场的规模、消费者市场与服务产品生产者之间的空间距离以及消费者市场的集中程度。

市场规模越大，所需要的销售网点也就越多，服务产品生产者自身就越难以满足起方便购买的需要。因此，服务产品生产者就有必要开辟间接销售渠道，借助中间商的力量去组织客源和扩大销售。只要不违背经济效益的原则，即使分销渠道再长也是可取的。反之，如果目标市场规模较小，则比较适合采用直销或较短的间接渠道。

如果客源市场所在地距服务产品生产者较远，需要采用间接销售渠道。例如，以国际旅游市场为主要经营对象的旅游企业一般都选择长渠道。如果客源市场区域距离服务产品生产者比较近，则意味着服务产品生产者比较容易向潜在客户施加影响，而且潜在客户也能方便地直接向服务生产者购买产品，因此，采用直接渠道比较适宜。

客源市场的集中程度主要指某一市场区域中潜在顾客的集中程度。在潜在顾客比较密集的市场区域，一般适合于借助当地服务零售商的力量建立一层次销售渠道。如果某一区域内的客源市场比较分散，则应同该地区的服务批发商建立业务联系，由服务批发商去物色和组织服务零售商或利用自己的零售网，面向潜在顾客进行销售。

（3）企业自身因素

服务企业对分销渠道的选择也会受到很多自身因素的影响。这些因素基本上可以归结为两个方面：一方面，企业的经营规模对渠道的选择会造成一定影响。以旅游业为例，小型旅游企业因自身资源、客源量相对有限，多选择直接分销。大型旅游企业往往需要有较多的销售渠道去争取足够的客源，故多选择间接分销渠道。另一方面，服务企业自身的营销实力。这主要涉及其预算以及营销人员的水平和管理经验。如果一个服务企业营销工作的资金实力雄厚，并且在营销队伍和管理经验方面的条件也比较好，则能够依靠自己的力量自行设立销售网点，或根据自己的意愿选择销售模式和渠道。反之，则可以利用中间商的销售网点去实现自己的销售目标。

（4）国家政策因素

服务企业分销渠道的选择有时也会受到国家有关政策的影响。若服务企业客源市场和服务企业不在同一地区，这就需要考虑客源市场所在地的相关政策。

总之，选择分销渠道是一个较为复杂的过程，以上几点只是影响分销渠道选择的主要因素，在具体操作中应考虑的影响因素还有很多，需要具体情况具体分析。此外，若已决定采用间接分销渠道，如何选择合适的中间商也是待斟酌的问题。

二、渠道成员的选择

服务企业选择间接渠道进入市场，下一步即应作出选择渠道成员的决策。渠道成员的选择关系到服务企业的产品是否能够及时地、准确地转移到消费者手中；关系到渠道的效率和分销的成本高低；关系到企业经营目标能否顺利实现；关系到服务产品的质量及企业在消费者心目中的形象。因而，服务企业在选择渠道成员时，必须以严谨的态度，从众多的相同类型的中间商中选出适合公司渠道结构的合作者，为企业今后的渠道管理打下坚实的基础，并借助渠道成员所构建起来的强大的销售网络有效帮助完成企业的分销目标。

1. 选择渠道成员的条件

选择渠道成员首先要了解有关中间商的经营状况、信誉度、市场范围、服务水平等方面的信息，确定审核和比较的标准。具体来说服务企业要选择渠道成员必须考虑以下几个方面：

（1）渠道成员的财务状况及管理水平

渠道成员的财务状况关系到能否按时结算货款，对于企业回笼资金很重要。而整个渠道成员的内部管理是否规范，与其事业的成败休戚相关，会直接影响企业的发展。这两方面是的选择渠道成员的必要条件。

（2）渠道成员的声誉和信誉

所谓声誉也就是人们常说的“口碑”效应。声誉往往与渠道成员的信誉密切相关，信誉良好的渠道成员，往往更容易获得服务企业的青睐而被选择。一个渠道成员的形象代表着企业的形象，因此，很多企业愿意与资金实力雄厚、声誉、信誉好的渠道成员结为合作伙伴。

（3）渠道成员的市场覆盖范围和地理区位优势

通常，企业总是希望被选择的渠道成员拥有最大的市场覆盖范围。但是，除了范围的大小外，企业还应该着重考虑渠道成员的经营范围与服务产品的预计推广地区是否一致，以及渠道成员的销售对象是否是服务生产商的目标市场。此外，还应该考虑渠道成员的区位优势。例如，订票中心的位置最好靠近机场或车站，而健身房则应该选在居民小区附近。

（4）渠道成员的销售能力和绩效

销售能力也是选择渠道成员的重要标准之一，而销售绩效常被看作是市场份额。对于企业来说，渠道成员采用何种方式推销和提供服务产品将直接影响销售效果，选择对服务产品销售有专门经验的渠道成员可以迅速打开销路。但在选择中间商前应该对其所能完成某种产品销售的营销策略和销售绩效作出评估。

（5）渠道成员的综合服务能力

服务产品的生产和消费是同时发生的，服务渠道成员也同时扮演着服务生产者的角色，其服务能力实际也是构成服务产品的一个部分，并不能独立于产品而存在，渠道成员提供的服务的好坏，直接影响了产品本身的质量，因此，考察渠道成员的综合服务能力很重要。

2. 渠道成员的评估

定期考查渠道成员的工作绩效是渠道管理的重要内容。如果某个渠道成员的绩效过分低于既定标准，则须找出主要原因，同时还应考虑可能的补救办法。如果放弃或更换渠道成员将会导致更坏的结果，生产者则只好容忍这种令人不满的局面。若不致出现更坏的结果，生产者应要求工作成绩欠佳的渠道成员在一定时期内有所改进，否则就要取消他。评估渠道成员的绩效，主要有以下两种方法：

1）将每一渠道成员的销售绩效与上期的绩效进行比较，并以整个群体的升降百分比作为评价标准。对低于该群体平均水平以下的中间商，必须加强评估与激励措施。

2）将各中间商的绩效与该地区的销售潜量相比较。即在销售期过后，根据渠道成员的实际销售额与其潜在销售额的比率，将各渠道成员按先后名次进行排列。这样，企业的调查与激励措施可以集中于那些未达既定比率的渠道成员。

3. 渠道成员的选择策略

在评估之后，企业便可以根据自身的具体情况，结合对潜在渠道成员的评估结果确定选择策略。

（1）时期型选择策略

时期型选择策略适用于刚进入某行业或某一个区域市场的企业，通常为了使其产品在该行业或该区域市场上有一个熟悉与适应过程，企业在渠道建立初期，可以根据自身实际选择一些基本符合企业选择标准甚至低于选择标准的渠道成员的合作，以便迅速建立起渠道体系，赢得市场机会。当企业的产品知名度逐步扩大，形象也逐渐建立，企业就需通过严格考核以选择符合企业标准的渠道成员作为企业的长期合作伙伴。采用此策略可以根据企业在不同时期的发展状况来选择渠道成员，避免了初期资金不足、缺乏知名度等问题影响到市场的开拓。但是，如果处理不当有可能导致更换渠道的结局，也会给企业带来损失。

（2）竞争型选择策略

竞争型选择策略主要适用于市场的进攻者。对渠道成员的选择，往往受到市场竞争结构的影响。在市场经济下，建立服务分销渠道是市场专业化发展的趋势，将同类的服务放置到一起销售既可以节约企业的运营资本，又可以简化消费者的挑选的复杂过程。通过和强大的对手竞争，对于提升企业的产品形象、品牌形象也有一定帮助。但是，企业在争取竞争的同时，可能会受制于一些居于市场领导者的渠道成员。

（3）拉动型选择策略

拉动型选择策略适用于市场追随者。他们对市场竞争状况更了解，对消费者需求更清晰，但因为缺少可以展开竞争的资源，只能通过另辟蹊径选择渠道成员开拓市场。这类型企业通过刺激消费者来拉动市场需求，再由需求刺激各渠道成员主动寻求与企业的合作，从而建立起企业的渠道体系。采取拉动型选择策略的企业一般对渠道成员的话语权较强，对消费者的影响深入。但是刺激和引导消费者市场的需求是一个漫长的过程，在实践中，拉动型渠道策略是一种很理想的渠道，但实施起来却要特别注意消费者的选择。

当然，企业对渠道和渠道成员的选择并不一定是一成不变的，而应该根据竞争的变化、产品的特点实时的新建、调整渠道成员的选择策略，以适应企业和市场的发展。

三、服务位置的选择

服务分销渠道选择问题中，有关服务所在位置的选择是一个极为重要的方面。不论以什么渠道形态去获取顾客，服务地点的选择都是很重要的。

1. 服务的位置

位置是指服务企业选择的经营地点。对服务业来说，服务生产者和顾客之间的相互作用的类型和程度决定了对服务位置的选择。

（1）顾客主动寻找服务生产者。在这种情况下服务的位置非常重要，有时能成为主导顾客光顾与否的主要原因。因此，企业在选择服务地点时应该关心目标顾客和竞争对手是否能够到达的该地域。例如，不同银行往往会选择一个比较集中的区域内开设自己的营业网点，这样做既是为了方便顾客的寻找，又有利于竞争。

（2）服务生产者寻找顾客。对于有的服务产品，需要在顾客的房间内，或者顾客指定的地点才能完成，那么服务生产者就需要来找顾客，这种情况包括家政服务、维修服务等。当然，像家教这样的服务，也可以由服务的生产者和顾客共同商量决定提供服务的地点。

（3）服务生产者和顾客在触手可及的范围内交易。在这种情况下交易，位置变得不那么重要了，通常这种交易是由高效的信息通讯技术为保障的。顾客并不关心服务生产者在什么位置，但一样可以享受优质的服务。例如，煤气公司提供给顾客的服务，顾客在缴费的时候可以选择到银行缴纳，也可以通过电话缴纳，甚至在网上缴纳，但享受服务的过程却可以一直在家里。

2. 服务位置的确定

服务位置的重要性根据服务产品性质的不同而有所差异。一般来说，根据服务业所在位置可以下三类：

（1）非位置型的服务业

这种类型的服务业与其所在位置是无关，这些服务的过程是在顾客的处所实现的，所以服务企业所在位置没有服务实现的地点重要，如水电维修、家庭医生等。但是，顾客对这种服务的需要是非固定的，所以为了使服务能够在顾客需要时快速到达，建立一个服务的快速反应系统和应急机制就非常重要了。

（2）集中型的服务业

此类服务业经常集中在一起，主要原因是服务的供应条件和传统。例如，有的海鲜市场内就有明确的分工，有的专门卖海鲜，有的专门提供加工服务，集中在一条街上是为了充分利用相似的供货渠道和共享客源。

（3）分散型的服务业

分散的服务业所在的位置取决于市场潜力。有些服务业由于需求特性及其服务本身的特征，必须分散于市场中，如补鞋服务就需要分散。但也可以机构集中（如律师事务所），服务运营分散（如律师走访调查）等。

巧手点金

企业在决定和某一中间商达成合作意向之前，还应对中间商的多项工作进行评价、考核并进行筛选，以对中间商的工作进行控制和促进，建立一种长期合作、互惠互利的战略伙伴关系。

1）选择和产品性质相符的中间商作为合作伙伴。若中间商长期从事同类产品的销售，熟悉该类产品市场特点和营销要点，销售效果就比较好。

2）要考察中间商渠道网络的规模以及对渠道网络的控制与管理能力，让那些需要企业产品的最终用户或消费者能够方便地购买。

3）中间商在同行业中要有较好的声誉。这样的中间商在消费者的心目中具有较好的形象，能够烘托并帮助企业建立品牌形象。

4）尽量选择有实力的中间商。有经营能力的中间商能为企业在市场开发的投入一份力量，还可能为产品开展广告、促销活动提供某些财务帮助。

5）要考察中间商老总的人品和能力、机构的企业文化和本公司是否一致、内部管理状况和员工工作积极性等。

6）中间商同当地政府及各职能部门应有良好的沟通协调能力，对所在地新闻媒体应建立良好的合作关系。对一些突发事件的出现，要具备较强的危机公关能力，减少对公司的负面影响。

案例

外贸业务中介选择

某化工公司要进口 5000 吨聚丙烯，让一个私人老板帮忙介绍外商，私人老板冲着朋友面子，找到了一位每吨报价比市场价低 30 美元的外商，因当时聚丙烯价格不断上扬，化工公司担心错失良机，便按合同付出 3%定金。但付款之后，外商发来传真，说现货聚丙烯拉丝度一项指标与原合同稍有出入，希望中方正式发函确认新指标。中方一心想着 5000 吨货尽快到手后狠赚一笔，认为细枝末节不必较真，当下发函确认。外商却说中方要求改变技术指标，构成违约，定金已没收。中方觉得事出有因，请使馆出面查询外商的底细，才得知这家公司信用等级很低，根本没有这么大的供货能力，他们是用中方付的定金，现收现支去生产厂家订货，未成后反咬一口。化工公司为此损失了近 200 万元和大好的商机。

外贸业务技术性专业性都很强，要求有科学严谨的态度，而中国人做生意，讲人情，不算细账。外商正是看准了中国商家从商的技术、心理弱点，在人情的幌子下，攻其不备。中国商家对规定和制度都灵活有余，认真不足，最后往往落入对方的“人情陷阱”。

（资料来源：http://www.0577trade.com/trade/html/tradejy/syzl/20070316/2078.html）

技巧与方法

设计一个有效的分销渠道有以下几个步骤：

1. 明确渠道目标

企业建立渠道是为了达到目标市场，只有市场选择与渠道选择统一，才可能使企业获得利润。渠道设计的中心环节，就是确定到达目标市场的最佳途径。确定渠道目标企业必须考虑下列的因素影响：

（1）顾客特性因素

渠道设计深受顾客人数、地理分布、购买频率、平均购买数量以及对不同分销方式的敏感性等因素的影响。

（2）产品特性因素

服务产品为了避免拖延及重复处理，通常需要直接分销。例如，培训类产品经常由企业自己做直销或授权中间商来负责分销。

（3）中间商特性因素

设计渠道时，还必须考虑执行不同任务的市场营销中间机构的优缺点。中间商在执行运输、广告、储存及接纳顾客等方面通常会有不同的特点和要求。

（4）竞争特性因素

服务企业的渠道设计还受到竞争者所使用的渠道的影响，有时服务企业不希望在相同或相近的分销处与竞争者的产品抗衡。

（5）环境特性因素

渠道设计还要受到环境因素的影响。例如，当经济萧条时，服务企业都希望采用能使最后顾客以廉价购买的方式将其产品送到市场。

2. 明确各种渠道交替方案

渠道的交替方案主要涉及到以下三个基本因素：

（1）中间商类型

服务企业首先须明确可以完成其渠道工作的各种中间商的类型。

（2）中间商的数目

在每一渠道类型中的不同层次所用中间商数目的多少，受企业追求的市场展露程度影响。市场展露程度可分为三种：即密集分销、选择分销和独家分销。

1）所谓密集分销，是指服务企业尽可能地通过许多负责任的、适当的批发商、零售商推销其产品。但服务行业通常很少采取密集分销。

2）所谓选择分销，是指服务企业在某一地区仅仅通过少数几个精心挑选的、最合适的中间商推销其产品。飞机与火车票的销售服务往往只选择大酒店、旅行社和专门售票机构。

3）所谓独家分销，是指服务企业在某一地区仅选择一家中间商推销其产品，通常双方协商签订独家经销合同，规定经销商不得经营竞争者的产品，以便控制经销商的业务经营，调动其经营积极性，占领市场。

（3）渠道成员的特定任务

每一个服务企业都必须解决如何将产品转移到目标市场这一问题。每一个渠道成员都有特定任务，如运输公司，即将产品运送到目标市场的工作；广告商，即通过广告媒介通知并影响购买者的工作。

3. 评估各种可能的渠道方案

每一渠道方案都是企业产品送达最后顾客的可能路线，因此，企业必须对各种可能的渠道交替方案进行评估。评估标准有三个，即经济性、控制性和适应性。

在这三项标准中，经济标准最为重要。因为企业是追求利润而不是追求渠道的控制性与适应性。一般说来，利用代理商所花费的固定成本，比企业经营一个营业处所需固定成本低。但是，利用代理商实现某一销售水平所需增加的成本比率也就比利用企业推销员高。在评估各渠道方案时，还需要考虑服务企业是否具有适应环境变化的能力如何。所以，一个涉及长期承诺的渠道方案，只有在经济性和控制性方面都很优越的条件下，才可予以考虑。

实战要点

服务业位置的重要性依据服务业类型而各有不同，但有几个问题是共同的，这是服务提供者在进行服务位置决策时必须考虑的，它们包括：

1）确定市场的要求，考虑服务位置的便利性与可及性将会对顾客决策造成的影响。

2）服务生产企业所经营的服务活动的基本趋势，以及市场竞争状况。

3）服务业的灵活性。

4）为了克服过去所在位置决策所造成的不足，企业所做的制度、程序、过程和技术方面的努力。

5）补充性服务对所在位置决策产生的影响。

由于许多服务业公司认识到位置的重要性，因此，目前在服务营运上更注重系统化方法的运用。服务营销人员全面系统地考虑这些问题将有助于做出正确的位置决策。

情景模拟

1. 情景案例

小雅最近被提升为某基金公司市场推广部的产品经理，主要负责公司新近开发的一支新基金的推广工作。现在的问题是，小雅在考虑渠道方案的选择时应该注意哪些问题?

2. 角色模拟

如果你是小雅，你会提出哪些有效的方式将该产品尽快送达用户市场?

3. 思维启蒙

案例中提到的基金公司可不可以选择拉动型渠道策略，实施的关键是什么?

4. 参考答案

1）情景案例：服务企业在选择渠道时，常常会面临若干个方案，要从中选择出最适合自己的方案，首先要做一定的调查，熟悉公司和不同产品的情况，同时要了解清楚市场上竞争对手的产品状况和目标市场的需求状况，再根以此为据选择渠道方案。

2）角色模拟：如果我是小雅，我会利用现有的推销人员，借助直接邮寄和商业杂志；扩大企业推销队伍，同时分派各个推销员去与特定的用户接洽；依靠代理商（银行）推销产品，但该代理商必须熟悉不同行业及不同地区的情况。

3）思维启蒙：可以选择拉动型渠道策略，实施的关键是如何引起消费者的关注，甚至是强大的吸引力，引导顾客能够主动寻找企业和产品，这样就可以变被动为主动，缩短和消费者需求间的距离。

第三节　服务分销渠道的拓展与创新

一、租赁服务

近年来，租赁业务发展很快，许多销售产品的企业，也开始增添了租赁和租用业务，此外，也有新兴的服务机构投入到租赁市场的服务供应中来。许多公司已经而且正在从拥有产品转向产品的租用或租赁。采购也正从制造部门转移至服务业部门，许多销售产品的公司增添了租赁和租用业务。此外，新兴的服务机构也纷纷投入租赁市场的服务供应。

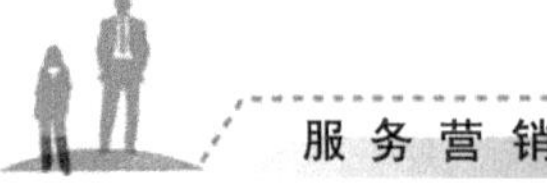

1. 租赁服务中，出租者可以获得的利益

1）扣除维持、修理成本和服务费之后的所得，可能高于买断产品的所得。

2）租赁可以促使出租者打开市场，否则因其产品成本因素，而根本进不了市场。

3）设备的出租可以使出租者有机会销售与该设备有关的产品（如复印机和纸张）。

4）租用协定可以协助开发和分销新产品，并配合客户购买而引发的各种补充性服务。

2. 租赁服务中，租用者可以获得的利益

1）资金不至于套牢在“资产”上，因而这些资金可以利用来从事其他方面的采购。

2）在产业市场，租用或租赁可能比拥有物品更能获得租税上的利益。

3）物品能够租用的话，要进入某一行业或某一市场所需的资本支出，总比其物品必须购买为少。

4）租用者可以获得新设计的产品，这样也可以减少购置过时产品与遭受式样改变的风险。

5）在某种情况下对于一种产品只是有季节性或暂时性需求时，租用设备就比拥有设备更为经济。

6）在多数租用条例规定下，服务上的问题，包括维护、修理和毁坏等，都是由别人负责。

7）租用可以减低产品选用错误的风险以及购后问题。

3. 租赁趋势的影响

租赁是一种无所有权消费，它很可能在消费品市场形成未来的趋势，这种趋势可能对企业的服务营销和企业本身产品很大的影响：

1）租用及租赁品的库存投资会提高，随之而来的是，存量周转率降低而对储存的需求增高，同时对维护，修理设施及存货整理和再包装的需求也会增加。

2）由于大量的存货，引申出更多的融资和财务需求，这往往会造成金融机构本身在分销渠道中担当所有权功能的角色。但随之而产生的现象是，消费者信用需求可能降低，因为所有权已转移到分销渠道内部去了。

3）在租赁及租用情况下，必须要有新的库存观念。例如，应多注意占用比率和产能利用率而不只注重存货周转期。

4）凡供租赁及租用的产品，都必须要有较高质量，耐久性及易于维护和修理等重要的特点，因为租用物品往往是利用度高且经常重复使用。

二、特许经营

在可能标准化的服务业中，特许经营是一种持续增长的现象。在一般情形下，特许

经营是指一个人授权给另一个人，使其有权利利用授权者的知识产权，包括商号、产品、商标和设备分销等等。企业可以提供服务的技术诀窍、营销服务、商标、设施和零售点的建筑，换取销售总额中的一定百分比。而零售者则提供自己的资本和服务，管理销售，支付各种费用给该企业。

1. 特许权交易常见的特征

1）一个人对一个名称、一项创意、一种秘密工艺或一种特殊设备及其相关联的商誉拥有所有权。

2）此人将一种许可权授予另一个人，允许使用该名称、创意、秘密工艺及其相关联的商誉。

3）包括在特许合同中的各种规定，可对受许人的经营进行监督和控制。

4）受许人应支付权利或者为已获得的权利而付出某种补偿。

目前，许多服务业公司，如干洗服务、就业服务以及清洁服务等，都在积极利用特许经营作为企业的增长策略。

2. 特许经营的利益

由于特许经营方式可以给双方带来很多的利益，因而，很可能变成服务分销上更重要的一个环节。

（1）特许人可获得的利益

1）扩大行动范围。当服务的生产组织靠自己的分支机构或代理还不能到达某些地区时，特许经营就是很好的进入方式。这种体系的扩展可在某种程度上摆脱资金和人力资源的限制。

2）可激励经理人在多处所营运，因为他们都是该事业的局部有权人。

3）特许经营是控制定价、促销、服务质量、分销渠道和使服务产品内容一致化的重要手段。

4）营业收入的一种来源。

（2）受许人可获得的利益

1）有经营自己事业的机会，而且其经营是在一种已经测试证实的服务产品观念指导下进行的。

2）有大量购买力作为后盾。

3）有促销辅助支持力量作后盾。

4）能获得集权式管理的各种好处。

在服务领域里面，特许经营已经很普遍，从餐饮到健身，从酒店到房地产公司，比比皆是。

3. 特许经营的弊端

特许经营不总是带来好处，在下列情况时也会有各种弊端。

（1）新的风险

企业推出新的服务时要进行实验，要特别注意与顾客的接触，还要对人员进行培训。

（2）复杂的服务

一些服务过于复杂，或者非常专业化，难于形成了所点的复制机制。

（3）动机减退

如果专营者经营的兴趣发生变化，就会毁坏整个企业的形象。

（4）质量问题

很难保证服务质量的标准化。

（5）潜在的冲突

在专营的授权者和专营者之间可能出现冲突。即使签署了特许专营合同，专营者总还是一个独立经营者。他可以对授权者的控制作出负面反应，不喜欢其他人进入连锁体系而抢生意。另外一个冲突的原因是很多授权者还有自己的直接经营的网络。专营者抱怨在采购或服务方面总是优先授权给直接经营网点，而这些网点也总是“价格战”的主角，从而挤压专营者的利润边际。针对在合同期满后禁止专营者与授权者竞争的条款，针对专营者在收入预测和促销管理方面出现失误的情况，也还会出现授权者与专营者之间的冲突。

三、综合服务

综合服务是服务业增长的另一个现象，即综合公司体系与综合性合同体系的持续发展，并已经开始主宰某些服务业领域。例如，在大饭店和汽车旅馆方面，综合体系如假日饭店、希尔顿和 Best Western 都占有举足轻重的地位。在观光旅游方面，许多服务系统正在结合两种或两种以上的服务业。比如航空公司、大饭店、汽车旅馆、汽车租赁、餐厅、订票及订位代理业、休闲娱乐区、滑雪游览区和轮船公司等。目前有些大型的服务业公司，正通过垂直和水平的服务渠道系统，进而控制了整体的服务组合，提供给旅游者和度假的人。以前，综合一直被认为是一种制造业的体制，现在已经变成许多现代化服务业体系中的一种重要特色。

巧手点金

随着电子商务的发展，网络购物已经成为时下年轻人生活中很寻常的一件事，但付款的安全性不仅仅是消费者最大的担忧，同时也是制约销售方扩大经营的一大困扰。支付宝之类的第三方支付平台的出现不仅解决了网购的支付障碍，也使“淘宝”等网购平台的功能得到完善。对于这些网购平台、产品的销售方及银行来说，第三方支付平台是一种电子商务环境下的全新的服务销售渠道，是顺应科技发展的产物，也是未来服务营销渠道发展的新方向。

案例

电子商务下的服务新渠道——第三方支付平台

支付宝是提供网上支付服务的第三方支付平台，为电子商务提供安全、简单、便捷的在线支付解决方案，由阿里巴巴公司于 2003 年 10 月在淘宝网推出。支付宝用户覆盖了整个 C2C、B2C 以及 B2B 领域，庞大的用户群也吸引越来越多的互联网商家主动选择集成支付宝产品和服务，目前支持使用支付宝交易服务的商家已经超过 30 万家；涵盖了虚拟游戏、数码通讯、商业服务、机票等行业。这些商家在享受支付宝服务的同时，更是拥有了一个极具潜力的消费市场。

同时，支付宝以其在电子商务支付领域先进的技术、风险管理与控制等能力赢得银行等合作伙伴的认同。目前已和国内工商银行、农业银行、建设银行、招商银行等各大商业银行以及中国邮政、VISA 国际组织等各大机构建立了战略合作，成为金融机构在网上支付领域极为信任的合作伙伴。

与国内其他第三方支付平台相比，支付宝的核心能力主要体现为两点：一是强大的后盾为其提供的庞大客户群，淘宝网、阿里巴巴中国站都支持支付宝，这为支付宝获得了其他任何第三方支付平台无法比拟的客户数量；二是安全保障，支付宝对外推出“全额赔付”的政策，使用户有了安全保障。经过几年的发展，支付宝已经成为国内第三方支付平台的领头羊，取得了不俗的成绩。但面对国内十余家第三方支付平台的竞争，支付宝需要突出自己的优势，在稳中求发展。

（资料来源：http://www.gd.chinamobile.com/10086/channel/）

技巧与方法

关于租赁的方法很多，通常服务租赁主要选择以下几种：

1．干租与湿租

干租也被称为直接租赁，出租方仅仅提供资产。而湿租除资产以外，还包括燃料和设备的维护等服务。以租车为例，如果是干租，那租车公司就只提供汽车，但若是湿租，则包括司机、汽油和汽车的维护等服务。

2．经营性租赁

经营性租赁的目标通常是解决短期需求，租赁的时间周期要比所租用对象的实际使用周期短。例如，现在有很多提供室内植物出租的公司，他们将盆栽出租给写字楼或居民家，并定期上门照料植物，从中收取租金，这就是一种经营性的租赁。

3．融资或资本租赁

融资租赁的运作类似分期付款，我们可以将融资或资本租赁的资产视同自己的固定资产，尽管其所有权归暂时属于出租方。这种方式考虑了包含财务和管理在内的各方面因素。

4. 信贷租赁方式

在租赁考虑中我们也可以选择信贷租赁方式。信贷租赁中有第三方参与，如外贸出口企业常会以资产抵押或财政信用作为基础进行投保。

实战要点

在实践过程中，选择特许经营模式需要注意以下几点：

1）必须订立包括所有双方同意条款的合同。

2）特许人必须在企业开张之前，给予受许人各方面的基础指导与训练，并协助其业务的开展。

3）业务开张之后，特许人必须在经营上持续提供有关事业营运的各方面支持。

4）在特许人的控制下，受许人被允许使用特许人所拥有的经营资源，包括商业名称，定型化业务或程序，以及特许人所拥有的商誉及其相关利益。

5）受许人必须从自有资源中进行实质的资本性投资。

6）受许人必须拥有自有的企业。

情景模拟

1. 情景案例

王婷毕业于国内一所知名的外语学院，在某航空公司做了五年的秘书和翻译。最近，她和几个同学决定开设一家英语培训学校，主要的招生对象为3～12岁的少儿。但由于知名度还不够，招生便成了困扰她们的主要问题。

问题：这种情况下可以选择怎样的服务分销渠道？

2. 角色模拟

假如你是王婷，你会考虑哪些特许经营的渠道模式？

3. 思维启蒙

除了文中出现的新型渠道，还有哪些渠道模式可供参考？

4. 参考答案

1）情景案例：直接销售，培训机构现场直接销售，人员推销，电话推销；第三方销售，招生代理商，与学校、幼儿园建立合作关系，幼儿教育协会等。

2）角色模拟：可以考虑特许经营模式，加盟知名培训机构可以利用现有的管理模式，避免走一些弯路，还可以有技术和资金的支持，帮助企业度过创业初期的难关，还可以利用该机构的品牌效应，减小招生难度。

3）思维启蒙：还可以充分利用网络，扩大自己的业务范围，除了面对面授课之外，还可以考虑通过视频实现跨时空的授课和反复练习的目的。

思考与练习

分组练习：将全班分成若干个小组，每个小组选取一个较为感兴趣的服务行业，完成下列思考题。

1．服务业依其所在位置可分为哪几类？

2．调查了解服务分销渠道有哪几种类型？任意选取三个你熟悉的服务行业，观察每种行业各选择的是哪种类型的渠道？

3．假设你们的公司是一家新进入该行业的公司，请和你的团队一起设计服务分销渠道（注意对设计方法的选择）。

4．你们将通过怎样的方法实现对分销渠道成员的选择和控制？

5．请结合你们的实际，介绍在选择服务位置的过程中主要考虑哪些方面的因素？具体的方案是什么？

6．如果要在竞争中脱颖而出，你会选择哪些方式来创新？如果要扩大规模，你将会怎样拓展你们的服务渠道呢？

7．在模拟练习的基础上，总结服务分销渠道和有形产品的分销渠道有何不同？

携程旅游网站的一站式服务

一、携程旅游网情况介绍

1．公司背景

携程旅游网由携程计算机技术（上海）有限公司于1999年5月创建，并于10月正式开通。该公司是一家吸纳内外创业投资成立的高科技旅行服务公司，在不到一年的时间内，携程旅游网迅速成长并实现了旅游产品的网上一站式服务，业务范围涵盖酒店、机票、旅游线路的预定及商旅实用信息的查询检索。2000年10月，携程并购了北京现代运通商务旅游服务有限公司，成为一个大型的商旅服务企业和宾馆分销商。

2. 携程旅游网的特点

携程是一家利用互联网等先进技术平台来为商旅客人及旅游爱好者提供旅行服务的公司。通过与业务伙伴和旅游产品供应商的策略联盟，已建成了快捷有效、体贴周到的服务体系，并一直坚持“以客户为中心”的原则。该网站结合网上服务平台和网上的各种软、硬件设施，满足顾客的旅行需求。

（1）商务服务和内容

携程旅游网提供在线预定服务，包括在线机票预订、酒店预订、旅行线路预订。携程旅游网有覆盖中国及世界各地旅游景点的目的地指南频道，其信息涉及吃、行、游、购、娱以及天气等诸多方面，堪称一部日益完善的网上旅行百科全书。

（2）社区

网站社区频道深受网民欢迎，社区为旅游者提供交流和获取信息的场所，兼有趣味性和实用性于一体的栏目，如“结伴同游”、“有问必答”等。俱乐部开展各种特色旅行活动：对商旅客户按企业的需求定制，有效的出差费用管理，随时随地享受服务。对休闲旅游者提供完全个性化服务，信息实用全面化，旅行、交友、娱乐并重。

3. 携程的优势

（1）价格

作为国内的大型宾馆分销商，携程以遥遥领先的订房量与一千多家宾馆达成了长期的合作关系，同时也为会员提供富有竞争力的价格及丰富的里程奖励计划。随着运营规模和实力的日益壮大，携程将会给会员带来更多的实惠。

（2）服务

携程拥有强大的专业服务队伍与遍及各地的服务伙伴，结合先进的技术和设施，可以位客户提高质量的规范化服务，满足各类客户的各种商旅需求。携程建设之初的服务主要集中在国内旅行市场，其最终的目标是成为一个以中国为目的地的旅行服务公司，全方位满足中国居民的国内外旅行需求。携程还在开发与国外的合作伙伴关系，逐步发展成为一个国际性的旅游服务公司。

网站的服务特点：网站推出“VIP 专区”，专为携程贵宾特设的网络服务平台。消费者可以了解、查询和享受到携程提供的一系列个性化的服务，如：特约商户超级折扣、客户服务优先权等。作为携程会员，可以通过升级奖励和直接购买获得贵宾卡。

二、携程旅行网的设计思想和运行模式

1. 信息内容设计

包括：景点、饭店、旅游路线等方面的信息；旅游常识、旅游注意事项、旅游新闻、货币兑换等；会员的自助旅游倡议、旅游观感、游记、旅游问答等。与旅游相关的产品和服务信息；各种优惠和折扣；旅游工具箱；自助旅游线路介绍；主题旅游路线介绍。

2. 用户注册与个性化服务

携程为注册用户提供个性化服务，提供网上网下的消费优惠。上网者注册个人信息后，携程将为上网者建立用户档案，在此基础上提供个性化服务。

3. 物流配送

目前，携程公司已经在北京、上海等全国 45 个城市建立了配送系统，客户在网上预订，可以享受及时周到的免费送票服务。携程还提供付款、异地送票业务。旅行团合旅游路线预订则与各大旅行社合作完成。

4. 支付方式

携程目前的目标客户主要是具有较强支付能力的上网者，尤其是分布在北京、上海、广州等大中城市的从事商务旅游的高级白领。在这些地方携程设有办事处，上网者一旦开始预订，携程立即可以电话联系客户。目前携程接受网上银行付款，或网下银行电汇、邮汇及现金等方式。

三、综合评估

携程通过与国内大多数航空公司、宾馆、景点、旅行社等旅游机构合企业的合作，以初步具有提供优惠价格的潜力。携程以初步形成以网上预订为基础，通过旅游信息内容吸引旅游者上网消费，通过社区留住旅游者，通过优惠的价格与便捷的预定方法促进旅游者上网消费。是一个有前途、有潜力的旅游电子商务网站。

（资料来源：http://www.jznu.edu.cn/page/depart/sxy/jpk/gaolz/anli/11.html）

案例讨论：

1. 携程旅游网是哪些服务产品的分销渠道成员？
2. 携程旅游网体现了服务中间商的哪些作用？它是怎么发挥作用的？
3. 除了案例中提及的业务，你认为携程还可以在哪些方面拓展业务，以完善自身的渠道功能。

第十章 客户关系管理

预期的学习成果

1. 学生能够正确分析忠诚客户的重要性。
2. 学生初步明确培养忠诚客户的方法。
3. 学生能够举例说明大客户对于企业的重要作用。
4. 学生能够正确对待客户投诉并说明适当办法进行服务补救。
5. 学生能够正确介绍客户满意度调查的方法。

客户关系管理（customer relationship management，CRM）的主要含义就是通过对客户详细资料的深入分析，来提高客户满意程度，从而提高企业的竞争力的一种手段。客户关系是指围绕客户生命周期发生、发展的信息归集。客户关系管理的核心是客户价值管理，通过“一对一”营销原则，满足不同价值客户的个性化需求，提高客户忠诚度和保有率，实现客户价值持续贡献，从而全面提升企业盈利能力。

第一节 忠诚客户的培养

企业应对竞争和价格战的最佳选择，就是培育更多的优质、忠诚客户。在大众消费市场竞争中，企业拥有了忠诚顾客，就拥有了市场，也就拥有了效益。企业在制定竞争策略过程中，必须将忠诚客户的培育与维护放到首要地位，并贯穿以下两个基本理念。

首先，忠诚客户的培育是一个双向的互动过程。忠诚客户将得到企业的优惠待遇，而企业的优惠待遇又成为吸引客户忠诚的条件与保证。所有的忠诚客户都经历了不了解的观望、一般了解的随机性消费、良好体验的回头消费、建立信任的忠诚消费四个发展阶段。当然，也有的客户在经历了失望甚至抱怨后转而选择其他企业，成为竞争对手的忠诚客户。企业给予忠诚客户的优惠待遇，其实质就是企业与客户进行利益博弈的结果。

其次，客户的忠诚度与企业为客户创造的价值量成正比。当企业为客户所提供的价值超越竞争对手时，客户就会选择不断重复购买行为，并愿意与企业建立某种形式上的长期业务联系。在零售业和服务业，无不以日常经营中的点滴积累来换取客户的长期忠诚，忠诚客户培育计划已成为不可或缺的竞争利器。如航空公司的航程积分换里程计划、超级市场的购物积分换折扣计划、汽车经销商的年度销量换返点计划等。

一、培育客户忠诚度的重要性

1. 极大地影响企业的经济收益

企业的收益不是来源于企业自身，而是来源于客户对企业产品的购买。企业要实现自身的利润，首先要有客户购买其产品，更直接地说，客户是企业利润的源泉。没有顾客，企业利润无法实现，企业也就无法实现更大的发展。因此，忠诚客户是企业获得持久的经济收益的重要来源。

2. 使收入和市场份额得到有效的提高

企业收入的增加和市场份额的扩大，归根到底是客户购买量的增加，是客户对企业信任的表现。企业要扩大市场份额，就是要不断扩大产品在消费者当中的购买频率。在市场不变的条件下，消费者购买频率的提高是和客户忠诚度分不开的。由于在一定的市场范围内，消费者数量是有限的，因此，要增加消费者的购买频率只有使消费者不断地回头。

3. 企业客源的重要基础

企业的客源越旺盛说明企业在消费者心目中的印象越好，这也是企业利润得以实现的重要保证。没有客源的企业要想获得良好的企业效益和取得更大利润是不可能的。只有客户对企业充分的信任并产生好感时，他才会把企业介绍其他亲朋好友，如此循环往复，企业在不需要付出更多的成本情况下，便获得了最大的客户群。这种忠诚度对企业树立良好的企业形象有着巨大的积极作用。企业宣传与顾客自身宣传所取得的效果是显然不同的。消费者更多的是相信自己的亲朋好友，而这种信任关系一经确定就很难再发生改变。

4. 企业了解市场的重要依据

企业制定营销战略就必须进行市场调查。而市场调查却有一个缺点，那就是滞后性，不能及时处理企业中存在的问题。尽管这样，在选取调查对象的过程中也是一件很困难的事情。然而，一旦顾客对企业有了好感，他就乐意和企业配合，向企业提供各种想法和建议。而这些建议往往是调查人员和企业自身一下子很难发现的。不仅如此，这也有利于企业快速地对经营活动中出现的问题做出及时的处理。这就减少了企业的决策时间，降低了企业的经营风险。

二、影响客户忠诚度的因素

1. 客户的满意度

客户满意是指顾客通过对一种产品或服务的可感知效果（或结果）与他们的期望值相比较后，所形成的愉悦或失望的感觉状态。如果可感知效果低于期望，客户就不满意；如果可感知效果与期望相匹配，客户就会满意；如果可感知效果超过期望，客户就会高度满意或欣喜。客户满意对客户忠诚是否有影响，影响程度有多大？根据鲍勃·哈特利（Bob Hartley）和迈克尔·W. 斯塔基（Michael W. Starkey）在1996年发表的《销售管理与客户关系》一书中的研究：在高度竞争领域，导致客户忠诚的客户满意的基点较高，满意和比较满意难以有效地令客户产生再购买以及积极的人际宣传行为。如果客户的满意度下降，客户的忠诚度会急剧下降。如果客户不满意，不仅不会再购买，而且可能劝阻其周围的人购买，甚至通过现代信息传播媒介劝阻更多的人购买，从而置企业于困境。只有让客户感到相对主要竞争对手而言高度满意或者意外惊喜，才可能令客户产生高度忠诚。

2. 客户的信任感

信任消费是指消费者以购物的安全性作为强烈的购买和消费标准，并以对商品的信任感作为评价和消费商品的主要根据。在信任消费下，消费者对所购商品首先建立起一种信任预期，在这种信任预期指导下建立自身的消费体系。凡是符合自身信任预期的商品，就会成为可选购的商品类别，不符合自身信任预期的商品则被排斥到可选购商品类别之外。这就是说，在信任消费下，信任感是客户产生首次购买及持续忠诚购买行为的主要影响因素。信任购买和信任消费与购买及消费风险密切相关，购买和消费的风险越大，客户信任感对其忠诚度的影响就越强。

3. 企业与客户之间信息和情感的有效沟通

由客户忠诚的内涵可知，客户忠诚包括行为忠诚和情感忠诚两个密切相关的组成部分。行为忠诚是情感忠诚的基础，而情感忠诚反过来左右行为忠诚。忠诚度越高，情感成分所起的作用就越大。

4. 客户购买的方便程度

在替代产品种类繁多竞争激烈的情况下，如果客户不能较方便地购买到他所需要的产品，即使他对以前的购买和消费高度满意，对企业、品牌及其产品高度信任，在情感上比较偏爱和留恋，也会因急于需要而转向购买竞争对手的产品。如果此时竞争对手的产品能满足其需要并能令其高度满意时，再想拉回客户就比较困难了。

5. 企业的各种客户忠诚奖励政策

客户忠诚奖励政策具有明显的刺激性特点，其形式越新、幅度越大，对顾客忠诚度的促进作用就越强。当竞争对手迅速跟进和效仿时，企业之间对客户的争夺迅速达到白热化程度，从而导致客户的期望值提高、经营成本上升、而成效却迅速递减。如果企业终止奖励政策，则又会使客户继续购买的积极性下降，甚至导致客户流失。所以，企业不应把奖励政策当作建立和强化顾客忠诚的主要手段。

三、培育客户忠诚度的方法

在对顾客忠诚度对企业重要性的研究和对影响顾客忠诚度因素的分析之后，我们对培育顾客忠诚度的方法做出分条陈述。

1. 提高客户满意度

由于客户满意度对客户忠诚度有着重要的影响，这就需要我们在工作中不断提高客户满意度。提高客户满意度首推现场管理。制度显然不能解决一切问题，顾客导向的企业经营中，现场管理将更有效率。推行现场管理，不但能及时发现问题、解决问题，更重要的是可以教给员工解决问题的方法。其次是理顺业务流程。企业必须有能力让服务满足、甚至超出顾客的预期，否则，就必须对企业的组织和业务流程进行重新的设计。要实现这种业务流程重组，必须了解所有内部和外部客户真正想从企业得到什么。以顾客需求为出发点，来确定业务或服务部门的服务规范和工作流程，并以此为标准来重新考虑各相关部门的工作流程的调整，以配合业务部门达到企业目标。让企业所有经营活动都指向一个目的，即客户满意。

2. 降低客户的预期购买及消费风险，提高客户信任感

首先要通过各种可信度高的传媒及时准确地向客户传递能令其信任的各种信息；其次，向客户做出积极的适当的承诺，“积极”是说承诺的标准必须适应竞争的需要，并

随着竞争的升级而提高，否则就难以吸引新客户和留住老客户，“适当”是说承诺的标准必须同自己的市场定位、条件和能力相配；其三，最关键的是要百分之百地甚至超出百分之百地兑现诺言。

3. 寻找和开发潜在客户

在营销过程中，首先要充分利用已经存在的民族情、朋友情、同窗情、师生情、亲情等，寻找和开发潜在客户，并建立客户忠诚。但仅仅这样是远远不够的，还必须做好以下五点：

1）在全体员工中要真正树立起顾客导向意识，想顾客之所想、急顾客之所急，优化现有的业务流程，以超值服务去感动顾客。

2）广泛收集顾客信息，包括顾客组织中一些关键人员的个人信息，建立顾客信息档案或数据库。

3）经常同客户进行互动式信息交流，随时了解其新情况和新问题，并真诚地做出祝贺、理解、同情、支持等回应。

4）利用一切机会同顾客开展一些联谊活动，以增进相互间的友谊。

5）加强同顾客组织中采购决策者及其他对采购有重大影响的员工之间的个人交往，培养和增进相互间的私人感情，当然这必须以不违法、不损害企业和顾客组织的利益为前提。

4. 提高客户购买的便利程度

在客户需要某种服务的时候，能够很方便地找到服务机构。

巧手点金

客户忠诚度是由五个因素组成的：客户的总体满意度，客户的维护和加强与公司现行关系的主动性，成为重复购买者的意愿，向其他人推荐公司的意愿，以及转向公司竞争对手的抵抗力。真正的客户忠诚形成以后，公司与客户的关系将得到加强并最终形成如管理大师 Stephen Covey 所说的“客户协合”。“协合”，按 Covey 的说法，“是在供应商与客户因交往，其相互关系发生变化时产生的，并带来了一些双方初期都没有察觉的新事物。这些交往形成了一种关系，这种关系的力量是无与伦比的，它可以让你提高竞争力。”

技巧与方法

如何培养忠诚客户呢？

1）“攻心为上，攻城为下”。孙子兵法说，“上兵伐谋。”“善用兵者，屈人之兵而非战也，拔人之城而非攻也。”未战而屈人之兵，未战而拔人之城，正是“攻心为上”的形象说明。

2）优秀的策划可以事半功倍。一流策划创造潮流，二流策划领导潮流，三流策划顺应潮流。企业如果通过一流策划创造出使用本企业产品和服务的潮流，这样做的结果必然事半功倍。

3）变被动“等待”为主动“培养”。为获得忠诚顾客，企业大多数通过广告等手段将自己的产品及服务特点宣传给广大消费者，然后就是静等新顾客的上门，当新顾客在使用了企业的产品和服务之后感到满意，就会重复购买，最终成为企业的忠诚顾客。显然，这是一种被动“等待”的过程。由于企业并没有对新顾客进行选择，也没有采取什么主动措施将新顾客牢牢“锁住”，因此，新顾客中可成长为忠诚顾客的比例极低。为了能够更高效地获得忠诚顾客，企业应将传统的被动“吸引”及“等待”改为主动“拉拢”和“培养”。

实战要点

培养忠诚客户，首先就是要抓住客户的心，那么，如何才能抓住客户的心呢？

1. 从“围绕商品”转向“跟着感觉走”

以更低廉的价格提供比竞争对手更人优质的商品和更好的服务，只是企业占有客户的第一步。现代商战获胜的关键是要抓住“客户的心”，这就意味着市场也将从“围绕商品的战斗”转向“围绕感觉的战斗”，这种感觉的终点就是“客户感动”。

一是创造能够领先竞争对手的新领域；二是确立一种为实现创新领域的商业模式；三是比对手更快地切入客户的心。在今后的时代中，上不了这样的台阶就不可能成功，也不可能成为畅销的商品。要基于描绘出的“感动客户”的营销战略，去贴近客户，打动客户的心，提供对客户来说是无上价值的服务。做不到这一点，就不可能成为从优秀到卓越的企业。

2. 让客户感动

在今天，企业要从让“顾客满意”走向让“顾客感动”，就必须使自己提供的产品和服务从完美的体验、感性的心情和理性的产品品质三个层面让“顾客感动”。只有这样，企业才能成为市场的领导者，从而在竞争激烈的时代让顾客的选择成为“非那家公司的产品和服务不可”。

情景模拟

1. 情景案例

有一对夫妻投宿马利欧饭店，订了七点的晚餐，并且请侍应生送到房间，但侍应生在推餐车时不慎打翻了咖啡，比客人要求的用餐时间晚了10分钟才送达。

虽然这对夫妻表明不介意，然而这位侍应生不仅向客人道歉，并郑重其事地留下一份书面报告给已下班的值班经理。隔天，值班经理上班之后，看到桌上的报告，立刻打电话给房客，表示诚挚歉意，并请这对夫妇免费吃早餐。只不过晚餐晚送到10分钟，就请吃免费早餐，一餐也要十几美金，两人份就要三十多美金，哪有这么好的事情？

马利欧却深信：超越顾客期待的服务，正是顾客满意的真谛。

问题：从上述案例中你认为顾客满意有什么作用？

2. 角色模拟

和你的同学演练一个接待新客户的服务过程。一个扮演新客户，一个扮演客户服务人员。目标是尽力为客户留下美好印象，强化新客户的忠诚。

3. 思维启蒙

分析如何让客户从满意到忠诚。

4. 参考答案

1）情景案例：以客为尊会让企业拥有意想不到的影响力，因为当他们满意于企业的服务时，不只会成为企业的终身客户，更重要的是能口耳相传地为企业招徕客户。

2）角色模拟：略。

3）思维启蒙：略。

第二节　大客户管理

大客户也称为核心客户，其实就像精品店、饭店的VIP客人一样，是企业收益的主要来源。根据“帕雷托法则”，企业80%的利润来源于20%的高端客户。针对这群金字塔顶端的客户，企业不仅要花心思经营，而且还要找对方法和策略。

一、识别大客户

大客户通常是某一领域的细分客户，大客户是实现企业利润和可持续发展的最为重要的保障之一，对于企业具有无与伦比的重要性和战略意义。对大客户的识别、开发与持续经营，已经成为行业竞争的焦点。尽管不同企业对大客户的定义不同，但是作为大客户至少包含以下元素之一：

1）与本公司事实上存在大订单并至少有1～2年或更长期连续合约，能带来较大的销售额或具有较大的销售潜力。

2）有大订单且是具有战略性意义的项目客户。

3）对于公司的生意或公司形象，在目前或将来有着重要影响的客户。

4）有较强的技术吸收和创新能力。

5）有较强的市场发展实力。

大客户管理（key account management，KAM）是企业以客户为中心的思想和关系营销发展的必然结果。其目的是通过持续地为客户量身订做产品和服务，满足客户的特定需要，从而培养出忠诚的大客户。假使你是某名牌精品店的VIP客户，每年生日都能享受到独特的生日特惠商品，新品上市时第一个收到通知，店家甚至知道你家里每个人的穿衣风格，你可能就会心甘情愿地每年继续在这家店一掷千金。相反，你虽然贵为VIP客户，生日时一张问候卡也没有，新品上市时还得跟着一堆人挤着看货色，店家总推荐一些不适合你的商品，也许马上你就决定投入别家的怀抱。

但是，大客户管理的范畴涉及内容很广，需要调动的资源众多，可能造成企业经营管理者和大客户人员对大客户管理流于感性，加之市场竞争的不规范往往形成对大客户管理的关系导向，容易造成大客户销售和维护过程中事倍功半，严重的可能造成大客户的频繁流失，进而影响企业的生存。

二、大客户管理的目的

实行大客户管理是为了集中企业的资源优势，从战略上重视大客户，深入掌握、熟悉客户的需求和发展的需要，有计划、有步骤地开发、培育和维护对企业的生存和发展有重要战略意义的大客户，为大客户提供优秀的产品/解决方案，建立和维护好持续的客户关系，帮助企业建立和确保竞争优势。同时，通过大客户管理，解决采用何种方法将有限的资源（人、时间、费用）充分投放到大客户上，从而进一步提高企业在每一领域的市场份额和项目签约成功率，改善整体利润结构。

一般大客户管理的目的可以概括为以下两点：

1）在有效的管理控制下，为大客户创造高价值。

2）在有效的客户关系管理和维护下，为大客户提供个性化解决方案，以期从大客户处获取长期、持续的收益。

大客户管理涉及寻找客户线索、建立客户关系、对潜在大客户销售、产品安装与实施、售后服务等诸多环节的控制与管理。但它的目的只有一个，就是：为大客户提供持续的、个性化解决方案，并以此来满足客户的特定需求，从而建立长期稳定的大客户关系，帮助企业建立和确保竞争优势。

通过大客户管理，企业可以在以下几个方面保持竞争优势：

1）保持企业产品/解决方案和竞争者有差异性，并能满足客户需求。

2）与大客户建立起业务关系后，在合作期内双方逐步了解适应，彼此建立信任，情感递增，容易形成客户忠诚度。

3）形成规模经营，取得成本上的优势。

4）在同大客户接触中不断提取有价值的信息，发展与大客户的客户关系，为满足

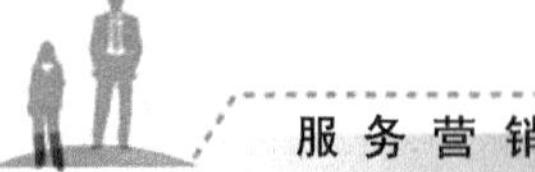

客户的需求做好准备。

5）分析与研究客户，制定个性化解决方案，建立市场区隔，以赢得客户，增加企业综合竞争力。

大客户管理不是孤立的一个管理流程或管理方法，它是对企业长期投资的管理，是一种竞争战略，更是实现大客户战略的必要手段。因此，大客户管理必须和企业整体营销战略相结合，不仅需要对大客户进行系统、科学而有效的市场开发，更要用战略的思维对大客户进行系统管理，需要大客户部门和其他部门及各层次人员持续性努力的工作。从大客户的经营战略、业务战略、供应链战略、项目招标、项目实施全过程到大客户组织中个人的工作、生活、兴趣、爱好等方面都要加以分析研究。

三、大客户管理内容

大客户管理的内容主要包括：战略与目标管理、市场与团队管理、销售管理、控制和关系管理等五部分内容，因企业所处环境和所拥有的能力、资源情况不同，大客户管理的内容在不同的企业也不尽相同，但一般包括以下内容：

1）明确大客户的定义、范围、管理、战略和分工。

2）建立系统化的全流程销售管理、市场管理、团队管理和客户关系管理方法。

3）统一客户服务界面，提高服务质量。

4）规范大客户管理与其他相关业务流程的接口流程和信息流内容，保证跨部门紧密合作和快速有效的相应支持体系。

5）优化营销/销售组织结构，明确各岗位人员的职责，完善客户团队的运行机制。

6）加强流程各环节的绩效考核，确保大客户流程的顺畅运行。

7）建立市场分析、竞争分析和客户分析的科学模型。

8）利用技术手段，建立强有力的客户关系管理支撑系统。

四、大客户管理方法

目前，我国企业在大客户管理上存在的问题主要集中在认识层面和方法层面。有些企业重新市场、新客户的开发，轻老市场和老客户的维护，增加了大客户市场的不稳定因素。不少企业没有完善的客户管理系统，大客户资料不完整，管理方法单一，难以对大客户市场竞争做出准确的管理和预测。这往往造成大客户业务流失，而事后补救必将付出巨大的代价。

要解决上述问题，必须注重科学的方法，大客户管理的方法具体包括：

1. 建立完善的大客户基础资料

要搞好大客户服务工作，首先要在纷繁复杂的客户群中找准目标，辨别出谁是重要客户，谁是潜在大客户。其次，要摸清大客户所处的行业、规模等情况，建立完善的大客户基础资料。同时，要依据资料提供的信息，对大客户的消费量、消费模式等进行统计分析，对大客户实行动态管理，连续对客户使用情况进行跟踪，为其提供预警服务和其他有益的建议，尽可能降低客户的风险。

2. 实行客户经理制

客户经理制是为实现经营目标所推行的组织制度，由客户经理负责对客户的市场营销和关系管理，为客户提供全方位、方便快捷的服务，大客户只须面对客户经理，即可得到一揽子服务及解决方案。客户经理应为大客户提供免费业务和技术咨询，向大客户展示和推广新业务。这是目前比较通用的大客户管理模式。

3. 建立大客户管理系统

大客户管理系统是在大客户的整个生命周期中，为大客户的市场开拓、信息管理、客户服务及营销决策提供的一个综合信息处理平台。它需要企业了解大客户构成与整个客户群体的构成差异，并按客户自然属性进行分类，挖掘出影响大客户的关键自然属性特征，使企业能准确地掌握市场动态，并根据市场需求及时调整营销策略。

五、大客户管理的应用价值

1. 保证大客户能够成为销售订单的稳定来源

20%客户带来公司 80%的业务。从企业的角度来看，80%的项目和收益来自于只占其客户总数 20%的大客户，而数量众多的中小客户所带来的零散项目却只占其营业收益的 20%。当然，这数字随企业的具体经营范围和特点，在具体的比例上有所差异，但大客户对企业而言具有重要意义则是毋庸置疑的。

2. 使成功的大客户经验在行业客户中产生最大辐射效应

从行业客户角度看，每个行业中都有一些领军企业，这些企业的需求却占了该行业整体需求的绝大部分，而这些企业就是被大多数企业所竞争的大客户。如果这些大客户在需求上发生大的变化，很可能将直接影响到其所在的行业市场的整体走势。而企业对这些客户的成功应用经验将起到标杆作用，进而辐射到整个行业客户中。

3. 通过发展大客户提高市场占有率

大多数大客户的自身组织体系复杂，覆盖地理区域广，业务种类丰富，这使得行业大客户的需求必然是一个整体性的、稳定性和持续性规划，而不似中小客户那样，需求具有零散性和相对独立性。同时，大客户对需求的投入数额可观，因此发展大客户不仅仅是整体提升销售业绩的最佳选择，更是提高市场占有率的有效途径。

4. 促使大客户需求成为企业创新的推动力

传统企业在特定的经济环境和管理背景下，企业管理的着眼点在于内部资源管理，往往忽略对于直接面对以客户为主的外部资源的整合，缺乏相应管理。而在大客户经营战略中，更加重视外部资源的整合与运用，要求企业将市场营销、生产研发、技术支持、财务金融、内部管理这五个经营要素全部围绕着以客户资源为主的企业外部资源来展开，实现内部资源管理和外部资源管理的有机结合，保持不断的创新。

5. 使大客户成为公司的重要资源

大客户成为企业发展的动脉，当客户这种独特的资源与其他资源发生利益冲突时，企业应当首先留住客户资源。因为只要不断给予客户足够的满意，客户资源就能够为企业带来长期效应。企业通过实施大客户导向的经营战略，强化大客户的口碑效应，充分利用其社会网络，来进一步优化企业客户资源的管理，从而实现客户价值最大化。

6. 实现与大客户的双赢

在传统的市场竞争中，往往会形成一种以企业本身利益最大化为唯一目的的企业文化。这种企业文化因为能够有效地使企业各项资源围绕企业如何获取更多利润而展开，在很长一段时间内促进了企业的发展。在这一思想指导下，许多企业为获利自觉不自觉地损害客户利益，而导致客户的满意度和忠诚度很低。

而以客户为导向的经营战略，将大客户作为企业重要资源，强调重视客户满意、客户忠诚和客户保留。企业在与众多大客户建立稳定的合作关系的基础上，在为客户创造价值的同时，企业也能获得很大的利润，真正实现客户和企业的“双赢”。

巧手点金

根据“二八”原则，大客户就是指那些占总客户数的20%却能给企业带来80%利润的客户。由于大客户的地位和作用的特殊性，大客户的维护就显得尤为重要。大客户的维护主要是指通过实施一定的、有针对性的服务措施来增强大客户的忠诚度，以达到长期留住大客户的目的。大客户维护的基本环节有以下三个：

1）充分认识大客户维护的重要性。

2）针对大客户开展一系列特殊服务。

3）为大客户服务提供保障措施。

技巧与方法

如何进行成功的大客户管理，不被客户牵着鼻子走呢？

1. 强化与大客户对口部门的内部沟通

大客户的市场部、营销企划部与总裁办公室三个部门与企业利益关系最为密切，三

个部门负责人的态度与支持力度，对企业的运作非常关键，所以要加强与这三个部门的关系，最好是派相关负责人员每个月固定与这三个部门召开一次工作会议，需要对方审批的文件与方案当场呈交讨论，避免被动局面。同时，以上三个部门的人员多与客户进行联络，利用一切机会与之加强联谊关系，促进良好私人关系的形成，促使大客户更加支持企业的工作。

2. 加强与客户高层领导的交流

当大客户是一个企业组织时，企业决策者对企业购买行为具有决定性作用，所以应加强对高层管理者的公关，赢得他们的认可。

3. 以战略规划推动客户工作

企业的战略发展规划对大客户的工作会产生相关的影响。为使双方能够更加良好地合作，企业可以聘请知名咨询公司为其制定相关的战略发展规划，在进行战略发展规划时既考虑到企业所在行业的发展趋势，更将企业与大客户的合作关系也考虑进去。

4. 加强客户的危机感，强化企业与客户的互利关系

一些大客户可能自恃有很强的企业背景和实力，所以缺乏危机意识，对市场反应不够迅速，这样会对企业经营造成不利。要改变这种情况，企业可以组织内部专门人员搜集行业竞争情报，并在此基础上进行相关行业研究，每月提交一份竞争情报分析与策略建议给大客户，既唤醒其管理层的危机意识，也暗示大客户与企业合作对加强他们的竞争力有利。

实战要点

在管理大客户时，应关注一些十分忌讳的环节。

1）不能真正倾听。客户会产生不被重视的感觉。

2）急于介绍产品和服务。太急功近利往往会得不偿失。

3）臆想客户需要。这是不了解客户的表现。

4）客户总是对的。再聪明的客户也会有考虑问题不周全的地方。

5）无谓的闲谈。大客户一般都是事业上比较成功者，时间对他们而言是非常宝贵的资源。

6）没有下一步的行动安排。这是缺乏自信和事前准备不足的表现，而许多大客户往往又非常在意这一点。

7）忽视客户差异。尽管客户之间的需求相近，但他们对服务过程的要求一定不同。

情景模拟

1. 情景案例

2004 年 8 月，浙江台州遭遇到一场 50 年未遇的台风。X 公司一个大客户的仓库正好位于海堤内 40 米处，由于位置特殊连保险公司也拒绝接受投保。

在台风紧急警报发布后，该经销商还存有侥幸心理，以为台风未必在当地登陆，X 公司的客户经理曾经一再劝他改变仓库位置并参加保险，该经销商却一直未有动作。但这次情况非同小可，X 公司的客户经理特地赶往台州，再次规劝他把货物转移至安全地方，这次他终于听了劝告。

随后发生的台风和伴随的海啸在当地历史上是少有的。在同一仓库存放货物的另一客户遭受了灭顶之灾，价值 100 多万元的水泥全部冲入了大海，顷刻倾家荡产。事后这个经销商非常后怕，同时也对 X 公司的客户经理非常感激，庆幸接受他的意见，虽然当时花费了 1 万多元的仓储和搬运费，但保住了价值 60 多万元的货物。

问题：大客户管理过程中需要注意哪些事项?

2. 角色模拟

将学生组组建成两支辩论队进行辩论。辩题是：大客户关系管理就是做好与大客户主管之间的人际关系。

3. 思维启蒙

结合案例，体会〝二八原则〞及其在实际工作中的应用。

4. 参考答案

1）情景案例：企业的客户服务人员，在大客户关系管理过程中，要注意以提升大客户价值为目的，设身处地为客户着想，在平时的交往中注意发展与大客户的主要负责人的私人关系等，同时需构筑强有力的大客户关系管理保障体系，如高管层的配合等。在大客户关系管理中，应该树立信守承诺的形象，取得客户的信任，树立服务品牌。

2）角色模拟：略。

3）思维启蒙：略。

第三节　客户投诉管理与服务补救

现代市场营销观念认为，企业营销活动应以市场为中心，通过不断满足顾客的需要来达到获取利润的目的。所以，出现客户投诉并不可怕，而且可以说它是不可避免的，问题的关键在于，如何正确地看待和处理客户的投诉。要倾听他们的不满，不断纠正企业在销售过程中出现的失误和错误，补救和挽回给客户带来的损害。

一、客户投诉处理流程

客户投诉处理流程一般说来，包括以下几个步骤。

1）记录投诉内容。利用客户投诉记录表详细地记录客户投诉的全部内容如投诉人、投诉时间、投诉对象、投诉要求等。

2）判定投诉是否成立。了解客户投诉的内容后，要判定客户投诉的理由是否充分，投诉要求是否合理。如果投诉不能成立，即可以婉转的方式答复客户，取得客户的谅解，消除误会。

3）确定投诉处理责任部门。根据客户投诉的内容，确定相关的具体受理单位和受理负责人。如属运输问题，交储运部处理；属质量问题，则交质量管理部处理。

4）责任部门分析投诉原因。要查明客户投诉的具体原因及具体造成客户投诉的责任人。

5）提出处理方案。根据实际情况，参照客户的投诉要求，提出解决投诉的具体方案，如退货、换货、维修、折价、赔偿等。

6）提交主管领导批示。对于客户投诉问题，领导应予以高度重视，主管领导应对投诉的处理方案一一过目，及时做出批示。根据实际情况，采取一切可能的措施，挽回已经出现的损失。

7）实施处理方案，处罚直接责任者，通知客户，并尽快地收集客户的反馈意见。对直接责任者和部门主管要按照有关规定进行处罚，依照投诉所造成的损失大小，扣罚责任人的一定比例的绩效工资或奖金；同时对不及时处理问题造成延误的责任人也要进行追究。

8）总结评价。对投诉处理过程进行总结与综合评价，吸取经验教训，提出改进对策，不断完善企业的经营管理和业务运作，以提高客户服务质量和服务水平，降低投诉率。

二、客户投诉处理的方法

在通常的销售情形中，投诉处理的方法有许多种，下面对其中的几种进行分析：

1. 鼓励顾客解释投诉问题

在有机会倾诉他们的委屈和愤怒之后，顾客往往会感觉好多了。重要的是销售人员让顾客充分地解释问题而不要打断他。打断只会增加已有的愤怒和敌意，并且使问题更难处理。一旦愤怒和敌意存在了，说服劝导更难，几乎不可能达到对双方皆公平的解决办法。此外，销售人员还必须同样宽容、开诚布公地对待那些很少表明他们的愤怒、较少冲动但也许有着同样深的敌意的顾客。

2. 获得和判断事实真相

因为很容易受竭力为自己索赔讨个说法的顾客的影响，销售人员必须谨慎地确定有关的事实信息。用户总是强调那些支持他的观点的情况，所以销售人员应在全面、客观认识情况的基础上，找出令人满意的解决办法。

当事实不能揭示问题的真相，或顾客和公司都有错时，最困难的情况出现了。在这种情况下，需要使顾客了解获得一个公平的解决办法的困难，然而，无论如何，目标仍然是使顾客投诉得到公平的处理。

3. 提供解决办法

在倾听顾客意见，并从顾客的立场出发考察每一种因素之后，销售人员有责任采取行动和提出公平合理的最终解决办法。所以，一些公司规定了解决问题是销售人员的责任，另一些公司则规定当实际解决由总部的理赔部门做出时，销售人员应调查问题和提出备选方案。允许销售人员做出处理决定的公司认为，因为销售人员最接近顾客，所以他们最适合以恰当的方式做出公平的、令人满意的结论。运用相反方法的公司认为，如果解决方案来源于管理层而非销售人员，顾客可能更易于接受。

4. 公平解决索赔

为了帮助公司提出一个公平合理的解决办法，销售人员必须获得下列信息：顾客索赔的金额、顾客索赔的频率、顾客账户的规模、顾客的重要程度、所采取的行动对顾客和其他顾客可能的影响程度、销售人员在处理其他索赔时的经验以及特定的索赔信息。

5. 建议销售

建议销售（suggestion selling）这种顾客服务形式经常被忽视，这是一种建议顾客购买与主要产品相关的其他产品或服务的过程。只有当销售人员感到附加产品项目能够增强顾客的满意水平时，才进行建议销售。也许有些销售人员会认为建议销售不是一种服务，而是对顾客的打扰。然而，只要能恰当地运用，它将有助于发展与大多数顾客的关系。建议的内容主要有：建议相关的产品项目和建议较好的产品项目。

6. 建立商誉

销售过程中的最终推动力，尤其是售后服务，应该是以良好的商誉为导向的。商誉（goodwill）是顾客对销售人员、公司以及它的产品的一种积极的感情和态度。满意的顾客信赖公司及其产品，对之有强烈的好感。一旦顾客对公司及其产品失去信任，他们的好感也随之消失。

良好的商誉不仅有助于达成初次交易，也能促进重复购买。商誉有助于顾客在众多的有着相似质量和档次的竞争性产品中选择该公司的产品，也有助于吸引新的顾客并提供参照意见。积极的口碑胜过其他任何事物，也是公司所能做的最好的广告。

三、有效处理客户投诉的要点

当客户有投诉时，处理投诉要注意以下六点：

1. 虚心接受投诉

冷静地接受投诉，并且抓住投诉的重点，同时更清楚地明了客户的要求到底是什么。

2. 追究原因

仔细调查原因，掌握客户心理。诚恳地向客户道歉，并且找出客户满意的解决方法。

3. 采取适当的应急措施

应根据客户投诉的重要程度，采取不同的处理方法。为了不使同样的错误再度发生，应当断然地采取应变的措施。

4. 改善缺点

以客户的不满为参考找出差距，甚至可以成立委员会来追查投诉的原因，以期达到改善的目的。

5. 建立客户投诉管理体系

要建立反应快速、处理得当的客户投诉管理体系。如一些公司的客户（投诉）管理中心。

6. 后续动作的实施

为了恢复企业的信用与名誉，除了赔偿客户精神上和物质上的损害之外，更要加强对客户的后续服务，使客户恢复原有的信心。

四、服务补救的具体措施及其适用情况

服务补救是组织针对服务失误采取的行动。失误可能因各种原因产生：服务可能没有如约履行；送货延期或太慢；服务可能不正确或执行质量低劣；员工可能粗暴或漠不关心。所有这些种类的失误都会引起顾客的消极情绪和反应。面对顾客的不满，服务企业应做出适当的补救行为。

1. 反应系统作为“救火行为”的补救措施

（1）对顾客口头道歉

一句“对不起”，在服务行业中的作用非常大。它可以快速、有效地降低顾客的不满情绪，使顾客从愤怒中平静下来。尤其是当错误出现的一方是顾客时，这种方式可以更有效地缓解服务失败带来的负面影响。

（2）给予不同程度的折扣补偿

当服务失败是因服务提供者的错误产生，并且失败使顾客陷入一般情形时，给予不同程度的折扣作为补偿，会使顾客消除不满甚至感到满意。顾客会认为这是最为实际的补偿方式。因而，在这种情况下折扣补偿是最为有效的方式。当然，顾客的满意程度与折扣的高低有直接的关系，高的折扣会带来较高的成本，企业需要寻找成本和收益的平衡。

（3）采取恢复原状的补救措施

当服务失败源于服务提供者，并且失败使顾客陷入危机情形，采用折扣的方式作为补救，并不会带来好的效果。原因在于问题的关键是保证顾客能完成原有的计划，而非经济上的补偿。当面临这样的情况下，采取恢复原状的补救措施是最有效的。通过调动企业资源实现顾客的原计划，会使顾客感到满意，并会增强对企业的信任感，从而实现服务补救的目的。

2. 预应系统作为“防御行为”的措施

（1）稳健设计

它要求预应系统在设计上能够抵抗各种不可控因素的影响，不改变服务质量特性。为此，预应系统应当将日常的工作规范化、自动化、流程化，降低服务失败的可能。

（2）内部补救

外部补救主要是针对企业的外部顾客而言，而内部补救的对象被锁定为企业的内部顾客——员工。员工是企业与顾客中间的桥梁，尤其是一线员工，他们的情绪状况会直接对顾客造成影响。要使顾客满意首先要使员工满意，因此企业有必要作内部补救工作。做好内部补救工作应遵循三个原则：一是补救的及时性原则。服务流程如同链条，其中任何一个环节出现错误，都要及时通知下一环节的员工，使其有充分准备面对他的顾客。二是补救的移情性原则。出现错误的员工要设身处地地为其内部顾客考虑，并采取相应措施与内部顾客共同解决问题。三是补救的协作性原则。各部门的员工要协同起来，共同为顾客解决问题，而不是把责任推给一线员工。

巧手点金

请看一组有关客户的统计数字：①公司一般每年平均流失10%的老客户；②获得1个新客户的成本是保留一个老客户成本的5倍；③1个不满意的客户会把他们抱怨告诉8～12个人；④每接到1次客户投诉，就意味着还有24个同感的客户和你不辞而别；⑤一个公司如果将其客户流失率降低5%，其利润就可能增加25%～85%。

再来看及时处理客户投诉的价值。据美国白宫全国消费者协会调查统计：①客户不满意，也不投诉，但还会继续购买你商品的有9%，而91%的客户不会再回来；②投诉过但没有得到解决，还继续购买你商品的客户有19%，而81%的客户不会再回来；③投诉过但得到解决，会有54%的客户继续购买你的商品，而有46%的客户不会回来；④投诉被迅速得到解决，会有82%的客户继续购买你的商品，只有18%的客户不会回来。

技巧与方法

根据“首因效应理论”，最先接触到的事物给人留下的印象和强烈影响，对人们后来形成的总印象具有较大的决定力和影响力。因此，客服代表在受理投诉时，如果让客户形成了积极的第一印象，则会产生正面效应；反之，则会产生负面效应。

一般说来，求发泄、求尊重、求补偿，是顾客投诉的三种心态，相应的，客服代表可用LSCIA模型处理客户投诉：

1. 倾听（listen）

当客户提出异议及反映产品及问题时，客服代表首先要学会倾听，收集数据，作好必要的记录。然后，要弄清问题的本质及事实。切记不要打断对方的谈话。在倾听的过程中不妨多运用提问的技巧，比如，发生什么事？这事为什么会发生？你是如何发现的？这样将会有助您了解事情的真相。

2. 分担（share）

如果基本弄清问题的本质及发生原因时，客服代表可以采用分担的方式，举例来说：“您讲的有道理，我们以前也出现类似的事情。”总之，不管是产品本身，还是使用不当等原因，都不能责备客户。这样，客户会感受到他已被重视。

3. 澄清（clarify）

根据上述的两种方法已基本了解客户异议的本质及动向，此时应对问题加以定义，是产品本身还是客户使用不当？如果是产品本身，应立即向客户道歉，并以最快时间给客户解决；若是客户使用不当，要说明问题的实质。

4. 陈述（illustrate）

此时，应立即帮助客户解决问题，说明产品正确的使用方法（性能、特点、特性），并用鼓励的话语感谢客户提出的异议，无论正确还是非正确。必要时予以精神及物质奖励。

5. 要求（ask）

在客户异议基本解决后，还要再问客户还有其他什么要求，以诚恳的态度告诉客户，假如你还有其他问题，请随时致电呼叫中心，并感谢客户提出的宝贵意见和建议。

实战要点

在进行异议处理时，工作人员可以采用以下几个方法：

1. 直接补偿

当客户提出异议且有事实依据时，应该承认并欣然接受，否认事实是不明智的举动，但要设法给客户一些补偿，让他取得心理上的平衡。补偿能有效地弥补产品或者服务本身的弱点，其效果也很有实际意义。

2. 借力使力法

这种方法能处理的异议多半是客户通常并不十分坚持的，特别是客户的一些借口。借力使力法最大的目的是让顾客能借处理异议，迅速地陈述产品或者服务带给客户的利益，以转移客户的注意，消减其不满。

3. 询问法

首先，通过询问，可以把握住客户真正的异议点，使客户回答自己提出意见的理由，说出自己内心的想法。此时，工作人员能听到客户真实的原因并明确把握住不满的项目，也能有较多的时间思考如何处理客户的意见。

4. 直接反驳法

直接反驳客户容易陷入与客户争辩而不自知，往往事后懊恼，但已很难挽回。但也有些情况你必须直接反驳以纠正客户的错误观点。例如，当客户对企业的服务、诚信有所怀疑或当客户引用的资料不正确时，就必须直接反驳并且加以纠正。使用直接反驳技巧时，在遣词造句方面要特别留意，态度要诚恳，本着对事不对人的原则，切不要伤害客户的自尊心。

5. 缓和方法

人有一个共性，不管有理没理，当自己的意见被别人直接反驳时，内心总会感到不快，甚至会很恼火。在反驳客户的说法时，就算说得都对也可能会引起客户的反感。因此，客服人员最好不要开门见山地直接提出反对的意见。在表达不同意见时，尽量利用“是的……如果……”的句法，弱化不同意见的语气。

情景模拟

1. 情景案例

小张是 W 公司的客服人员，前几天公司发给一个大客户的货中，有些货物存在质量问题。客户方打来电话进行质问，并且要求全部退货后，重新发给他们合格的产品。小张表示按照公司规定只能对不合格的产品进行更换处理。客户方很不满，说等几天如果还不能这样处理，他们将取消与公司的合同，导致这样的结果要由小张负责。这件事让小张感觉到压力很大。

问题：小张该如何轻松面对投诉压力?

2. 角色模拟

假设一个客户抱怨的场景，想想你作为一名客户服务人员应该如何处理。

3. 思维启蒙

请辨析：客户投诉与客户满意之间的关系。

4. 参考答案

1）情景案例：客服人员都会对自己有严格的要求，希望自己能给予每位客户最好的服务。因此，一旦当某件事有难度，感觉做得不完美或自己似乎不能解决这件事时，压力就自然产生了。小张就是因为自己不能按照客户的意愿来解决问题而产生很大的压力。往往在压力过大的情况下，做事容易出现疏漏，所以客服人员只有放下压力轻松上阵，才能解决好问题。小张可以向客户表示："十分理解您的心情。"尽量让他感受到你是真的想帮他，真的想让他能够正常使用公司的服务，只是由于各种情况实在无法帮到他，希望客户在以后注意哪些方面或是提供行之有效的替代方案。实在解决不了时，不要自己揽下所有责任，将压力转交给上级，由他替小张解决。

2）角色模拟：略。

3）思维启蒙：略。

第四节　客户满意度调查

从 20 世纪 90 年代中期开始，客户满意度调查在国内跨国公司中得到迅速而广泛的应用。

一、客户满意的含义

客户满意是指客户对其要求已被满足的程度的感受。满意度是客户满足情况的程度。它是对产品或者服务性能，以及产品或者服务本身的评价；它体现了（或者正在给出）与消费的满足感有关的快乐水平，是一种心理体验。客户是否满意取决于客户将其对一个产品或服务的可感知的效果与他的期望值进行比较后所形成的感觉。而“客户满意度”可以看作是可感知的效果与期望值之间的变异函数。如果可感知效果低于期望值，客户就会“不满意”；如果可感到效果与期望值相匹配的话，客户就会“满意”；如果

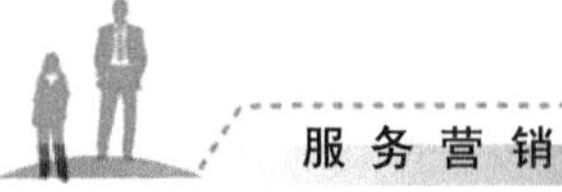

可感知效果超过期望值，客户就会“高度满意”。

因此，客户满意度是客户感觉状态下的一种水平，它来源于客户对企业的某种产品、服务所设想的绩效或产出与自己的期望所进行的对比。也就是说“满意”不仅仅是客户对服务、服务态度、产品质量、价格等方面直观的满意，更深一层的含义是企业所提供的产品、服务与客户期望、要求等吻合的程度如何？因而就产生了客户对企业的产品、服务的不同满意程度。

客户满意度是一个变动的指标，能够使一个客户满意的东西，未必会使另外一个客户满意，能使得客户在一种情况下满意的东西，在另一种情况下未必能使其满意。只有对不同的客户群体的满意度因素非常了解，才有可能实现大多数的客户满意。

当今，客户满意已成为每一个企业共同努力的目标。人们已深刻认识到，客户满意是一个企业综合努力的结果，这包括其品牌概念、产品和服务的质量、管理的有效性、改进和创新的能力、企业的理念和形象等。

二、客户满意度调查的方法

1. 二手资料收集法

二手资料大都通过公开发行刊物、网络、调查公司获得。二手资料在资料的详细程度和资料的有用程度方面不具备优势，但是它毕竟可以作为我们深度调查前的一种重要的参考。特别是进行问卷设计的时候，二手资料能为我们提供行业的大致轮廓，有助于设计人员对拟定调查问题的把握。

2. 问卷调查法

这是一种最常用的数据收集方式。问卷中包含了很多问题和陈述，需要被调查者根据预设的表格选择该问题的相应答案，同时也允许被调查者以开放的方式回答问题，从而能够更详细地说明他们的想法。这两种方法都能够提供关于顾客满意水平的有价值的信息。抽样调查使顾客从自身利益出发来评估企业的服务质量、顾客服务工作和顾客满意水平。

3. 深度访谈法

为了弥补问卷调查存在的不足（如问题比较肤浅，开放性问题回答比较模糊等），有必要实施典型用户的深度访谈。深度访谈是针对某一论点进行一对一的交谈（或2～3人），在交谈过程中提出一系列探究性问题，用以探知被访问者对某事的看法，或做出某种行为的原因。通常情况下，在实施访谈之前设计好一个详细的讨论提纲，讨论的问题具有普遍性。

4. 焦点访谈

为了更周详地设计问卷或者为了配合深度访谈，可以采用焦点访谈的方式获取信息。焦点访谈就是一名主持人引导8～12人（顾客）对某一主题或观念进行深入的讨论。焦点访谈通常避免采用直截了当的问题，而是以间接的提问激发与会者自发的讨论，可以激发与会者的灵感，让其在一个“感觉安全”的环境下畅所欲言，从中发现重要的信息。

三、测量客户满意度的原则

以下是进行客户满意度调查应该遵循的一些基本原则：

1）选取有效的调查样本：调查的样本数量首先要满足统计学上的有效样本要求，同时还要有效代表不同类型的客户群体（产品或服务种类、地域、贡献价值、新老客户等）。

2）仔细设计每一个问题，避免出现以下类似问题：①一个问题问两件或多件事情，如您的投诉是否得到了及时、有效的解决。②使用专业术语，如您知道利差吗？③问题量过大，占用客户太多时间。④问题跟本次调查的目的相关性不大。⑤问题存在歧义，不同的人会有不同的解释。

3）在让客户对问题所涉及的方面进行满意度评价时，应该让客户评价每个问题对他们来讲的重要程度。这样可以帮助明确界定那些重要并紧急的问题，从而立刻采取改进行动。

4）在进行大规模调查前，先进行小范围测试，根据测试效果对问卷及调查方式进行微调。

5）调查尽量简短、明确，并给客户留出建议的机会和时间。

四、客户满意度调查的主要内容

根据调查目的以及所针对的人群来决定调查问卷所包含的主要内容。一般来讲，既要包含一些对服务整体评价的一般性问题，也要含有针对所服务的企业产品或服务特点的具体性问题。对于一般性的服务满意度调查来说，应该包含以下这些问题：

1）对服务的整体质量满意程度。

2）对等待时长的满意程度。

3）对客户服务代表专业知识与技能水平的满意程度。

4）对解决问题的效率或时效性的满意程度。

5）对所建议的解决方案的针对性及有效性的满意程度。

6）对客户服务代表整体态度的满意程度。

7）对整体服务的评价或建议。

五、顾客满意度调查中的注意事项

1. 只调查现有顾客

企业在对顾客调查时，总是倾向于只调查现有的顾客，这样收到的效果可能事与愿违。此类调查方法往往无法反映出企业真实的顾客满意度水平，如果企业将调查样本延伸到自己流失的以及竞争对手的顾客群，这样企业才会发现自己真实的顾客满意度水平。

2. 只是注重现有的顾客满意度水平，不注重如何改进

有许多企业在测量顾客满意度，往往只注重该指标的总体水平，而不注重分析和改进，这样就无助于企业绩效的提高。其实，企业在了解了自己的顾客满意度总体水平的同时，还应该调查顾客对企业产品或者服务期望满意度的关注维度有哪些，并在顾客所关心的问题和满意度维度上下功夫。在企业内部运用 PDCA 循环，改善产品和服务质量。

3. 只是调查产品，不关注服务

随着生产技术和工艺的扩散，各竞争企业在产品日趋同质化。这就意味着，企业竞争的基础已经由单纯的产品提供转移到企业产品的附属项目的提供。例如，顾客对 VCD、彩电、空调等的基本功能要求是一样的，但是对这些产品的其他附属项目却不一样。所以在设计调查问卷时，应该调查顾客对企业的整体印象，从最初的销售合同的签订到售后的安装、维修、发票的开具和产品最终使用等各类服务。

4. 只让销售人员或经销商负责顾客满意度的调查

让销售人员或经销商负责顾客满意度的调查，是一种最便捷的方法（因为销售人员和经销商直接和顾客接触），但是这并非是一种最好的方法。一方面，销售人员和经销商很可能只对满意的顾客群进行调查；另一方面，如果调查结果对他们不利的话，他们会有可能会修改结果或者在以后的调查中操纵整个流程的每一个环节。因此，调查任务的执行应该由企业总部或者外部的咨询企业负责完成。

5. 满意度高≠忠诚度高

满意的客户并不一定是忠诚客户。只有对自己购买和使用的产品和服务满意，愿意一直使用或者再次购买，而且推荐给自己的朋友等，才是忠诚客户的标志。客户忠诚与否还与行业的竞争强度有关。一般情况下，电信业就是一个低满意度而高忠诚度的领域，而计算机、汽车行业就是相对高满意度而低忠诚度的领域。所以，当企业调查的目的是为了了解或预测客户忠诚度时，不要轻易地从满意度指标推导。

6. 满意度测量内容要与时俱进

随着市场及客户需求日新月异的变化，今天客户可能不在意的问题，很有可能成为

客户明天关注的“焦点问题”，因此对客户的期望和要求应做连续跟踪研究，从而了解客户期望和要求的变化趋势，并对客户满意指标体系做出及时的调整和采取相应的应对措施。

7. 不要期望客户“百分百满意”

所谓“金无足赤，人无完人”，“没有最好，只有更好”，服务也永无止境。只有客户的不满意，才能促进企业不断提高服务水平，让服务更上一层楼。因此如果出现客户“百分百满意”，企业就应反思，是否本身调查方法存在问题，有待改进。

企业在进行顾客满意度测量时，如果避免上述问题，其评价的有效性将会大大提高。

巧手点金

客户满意度分析就是在客户满意度调查基础上，分析影响客户满意度的因素，再确定其影响客户满意度的程度，以此来确认改善服务的重心。做好客户满意度分析核心环节是：

1）设计专业问卷对客户实施满意度调查。

2）确定影响客户满意度的因素。

3）分析并确认影响客户满意度因素的权重。

4）客户满意度分析后应当有后续——对分析的正确性进行考察。

技巧与方法

今天的公司面临着更加激烈的竞争，如何赢得顾客、战胜竞争者？答案就是在满足顾客需要、使顾客满意方面做得更好。总结成功企业的经验，要在提供服务的同时制造满意，可从以下几点入手：

1）建立顾客关系管理系统。这样可以随时了解顾客的状态和动态。企业必须像管理其他资源一样对顾客进行管理，做到像了解企业一样了解顾客。

2）构建零成本服务机制。建立顾客导向的企业就必须理解顾客成本，即顾客在交易中的费用和付出，它表现为金钱、时间、精力和其他方面的损耗。所以，要提高顾客满意度，首先要关注顾客的交易成本和使用成本。

3）提高员工满意度。顾客的购买行为是一个在消费中寻求尊重的过程，而员工在经营中的参与程度和积极性，很大程度上影响着顾客的满意度。

实战要点

制造客户满意，提高客户满意度的五个关键点是：

1）客户参与服务产品开发。许多企业以顾客调查来检查客户满意度，却不了解消费者已经日渐细分化而且向参与设计属于自己的服务产品转变。因此，企业在进行客户满意度管理的第一步就是要重新思考它与顾客之间的关系，把顾客视为服务产品创新的伙伴。

2）顾客接触点建设。只要顾客察觉到他们的需求是被个别关注且被迅速满足的，顾客就会对企业的产品和服务感到满意。要在企业内部建立跨部门的合作机制，减少顾客与解决顾客问题的员工之间的层级。

3）流程再造。在整个与客户接触互动的过程中以客户满意为目标，调整企业各个运营环节，向顾客提供增值资讯及服务，以增加客户满意度并留住老客户。

4）销售人员能力建设。拥有最优秀员工的企业会拥有最好的客户。要认识到员工的重要性，对待员工要与对待我们的客户一样，重视员工本身的需要和期望，帮助员工，使其服务水平和自身能力都得到有效提升。

5）销售方式的创新。商品越来越丰富，仅靠品质和服务已经难以抵挡消费者的多变选择，只有与消费者建立休戚与共的情感联系才可能持久维系顾客忠诚度。

情景模拟

1. 角色模拟

与你的同学一起制定一份客户满意度的调查问卷。并对其他学生进行模拟调查。

2. 思维启蒙

客户满意度与客户期望值的关系是什么？客户服务人员应怎样处理好这两方面的关系？

3. 参考答案

略。

思考与练习

1．影响顾客忠诚度的因素有哪些？

2．客服人员如何才能把一个新客户变成一个忠实的老客户？

3．大客户管理对保持企业竞争优势有何意义？

4．如何理解“那些购买我产品的人是我的支持者；那些夸奖我的人使我高兴；那些向我埋怨的人是我的老师，他们纠正我的错误，让我天天进步；只有那些一走了之的人是伤我最深的人，他们不愿给我一丝机会。”

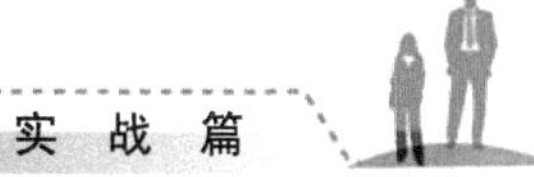

5．举例分析说明客户投诉管理与客户满意度之间的关系。

6．举例说明客户满意度调查的方法。

案例分析

忠诚顾客靠培养

日本的一家化妆品公司设在人口百万的大都市里，而这座城市每年的高中毕业生相当多，该公司的老板灵机一动，想出了一个好点子，从此，他们的生意蒸蒸日上，成功地掌握了事业的命脉。

这座城市中的学校，每年都送出许多即将步入黄金时代的少女。这些刚毕业的女学生，无论是就业或深造，都将开始一个崭新的生活，她们脱掉学生制服，开始学习修饰和装扮自己，这家公司的老板了解了这个情况后，于是每一年都为女学生们举办一次服装表演会，聘请知名度较高的明星或模特儿现身说法，教她们一些美容的技巧。在招待她们欣赏、学习的同时，老板自己也利用这一机会宣传自己的产品，表演会结束后他还不失时机地向女学生们赠送一份精美的礼物。

这些应邀参加的少女，除了可以观赏到精彩的服装表演之外，还可以学到不少美容的知识，又能个个中奖，人人有份，满载而归，真是皆大欢喜。因此许多人都对这家化妆品公司颇有好感。

这些女学生事先都收到公司寄来的请柬，这请柬也设计得相当精巧有趣，令人一看卡片就目眩神迷，哪有不去的道理？因而大部分人都会寄回报名单，公司根据这些报名单准备一切事物。据说每年参加的人数，约占全市女性应届毕业生的90%以上。

在她们所得的纪念品中，附有一张申请表。上面写着：如果您愿意成为本公司产品的使用者，请填好申请表，亲自交回本公司的服务台，你就可以享受到公司的许多优待，其中包括各种表演会和联欢会，以及购买产品时的优惠价等。大部分女学生都会响应这个活动，纷纷填表交回，该公司就把这些申请表一一加以登记装订，以便事后联系或提供服务。事实上，她们在交回申请表时，或多或少都会买些化妆品回去。如此一来，对该公司而言，真是一举多得。不仅吸收了新顾客，也实现了把顾客忠诚化的理想。

（资料来源：http://www.emkt.com.cn/article/12/1283.html）

案例讨论：

1．在客户关系管理过程中，如何才能做到“攻心为上”？

2．结合案例谈谈你对“一流策划创造潮流，二流策划领导潮流，三流策划顺应潮流。”的理解。

3．在培养忠诚客户过程中，被动“等待”与主动“培养”之间有何不同效果？

第十一章 服务有形展示

预期的学习成果

1. 学生能够简单阐述服务有形展示的概念与作用。
2. 学生能够根据服务的特点对服务有形展示归类。
3. 通过对案例的分析，学生能够探讨各种不同类型有形展示的效果，并总结出有形展示管理的具体方法。
4. 利用情景模拟练习，学生能够准确把握影响服务形象形成的关键因素。
5. 学生能够做理想的服务环境简单设计。

服务因其无形性而不同于有形产品。有形产品以物质形态存在，服务以行为方式存在。客户看不到服务，但是能看到服务工具、设备、员工、信息资料、其他客户、价目表等，所有的这些有形物都是看得见的服务线索。由于客户必须在无法真正见到服务的前提下，做出购买决策，所以他们一般会对有关服务的线索格外关注。我们将所有这些有形线索归纳为服务的有形展示。这些有形线索总是传递一些有关服务的信息，并帮助消费者加深对服务产品的认识。

服务有形展示一般都设计在服务购买行为之前，为客户提供了服务产品的“第一印象”。服务企业通常是将服务展示管理放在服务营销链的第一个环节。服务企业通过对服务工具、设备、员工、信息资料、其他顾客、价目表等所有这些为客户提供服务的有形的服务线索的管理，增强客户对服务的理解和认识，为客户做出购买决策传递有价值的服务信息。因此，了解服务有形展示的类型和作用，加强有形展示的管理，创造良好的服务环境具有重要战略意义。

第一节　有形展示概述

服务有形展示是指在服务市场营销管理的范畴内，一切可传达服务特色及优点的有形组成部分。服务产品是无形的。在服务营销中，顾客可以通过服务工具和设备、服务员工、信息资料、价目表等有形展示，了解和感受无形服务。服务企业则可以通过这些线索向消费者传递正确的服务产品信息，使无形产品有形化。这种有形化是企业提升客户满意度、树立品牌形象的有效途径。

服务的有形展示类别很多，从不同的角度可以划分为不同的种类。其中比较常见的是根据服务有形展示的构成要素划分为实体环境、信息沟通和价格展示。

一、有形展示的概念

在实体产品营销中，最好的有形展示就是产品本身。客户可以通过观察、试用等多种手段来了解产品的外形、功能等产品信息。在服务营销中，客户是看不到服务本身，更不可能试用。客户可以通过服务工具、设备、信息资料等多种有形展示来了解产品。可用于服务的有形展示的内容非常广泛。在服务营销的范畴内，一切可传达服务特色和优点的有形组成部分都可称为有形展示。

1973 年，科特勒把“营销氛围”作为一种营销工具，建议设计一种环境空间，从而对客户施加影响；1977 年，萧斯塔引入“服务展示管理”，他认为“产品营销倾向于首先强调创造抽象的联系，而服务营销则将注意力通过多种有形的线索来强调和区分实事，对服务营销商来说，服务展示管理是第一位的。” 而事实上，服务营销学者不仅将环境视为支持及反映服务产品质量的有力实证，而且将有形展示的内容由环境扩展至包含所有用以帮助生产服务和包装服务的一切实体产品和设施。

根据环境心理学理论，客户利用感官对有形物体的感知及由此所获得的印象，将直接影响到客户对服务产品质量及服务企业形象的认识和评价。消费者在购买和享用服务之前，会根据那些可以感知到的有形物体所提供的信息对服务产品做出判断。比如，一位初次光顾某家餐馆的顾客，在走进餐馆之前，餐馆的外表、门口的招牌等已经使他对之有了一个初步的印象。如果印象尚好的话，他会径直走进去，而这时餐馆内部的装修、桌面的干净程度以及服务员的礼貌形象等将直接决定他是否会真的在此用餐。对于服务业来说，借助服务过程的各种有形要素必定有助于其有效地实现推销服务产品的目的。因此，学者们提出了采用“有形展示”策略，以帮助服务企业开展营销活动。

服务产品与实物产品相比具有“不可感知”的特性，使客户难以从心理上准确把握它的特性和价值。要提升客户对服务的感知度，需要使服务的内涵尽可能地附着在某些实物上，或者把服务同易于让客户接受的有形物体联系起来，并把重点放在发展和维护企业同客户的关系上。有形展示是服务企业经常采用的有效策略之一，管理有形展示则

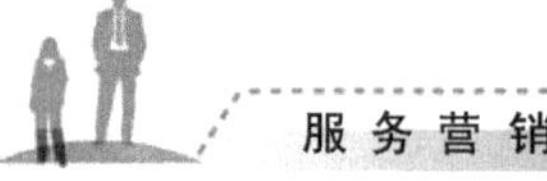

是服务产品能够满足消费者需求，适应市场发展的必要保障。

二、服务有形展示的类型

服务有形展示的方法很多，可以从不同的角度作不同的分类。不同类型的有形展示对客户的心理及其判断服务产品质量的过程有不同程度的影响。

1. 根据有形展示能否被顾客拥有划分

根据有形展示能否被顾客拥有可将之分成边缘展示和核心展示两类。

1）边缘展示是指顾客在购买过程中能够实际拥有的展示。这类展示很少或根本没有什么价值，比如电影院的入场券，它只是一种使观众接受服务的凭证；在宾馆的客房里通常有很多包括旅游指南、住宿须知、服务指南以及笔、纸之类的边缘展示，这些代表服务的物的设计，都是以客户心中的需要为出发点，它们无疑是企业核心服务强有力的补充。

2）核心展示与边缘展示不同，在购买和享用服务的过程中不能为客户所拥有，但却比边缘展示更重要。在大多数情况下，只有这些核心展示符合客户需求时，客户才会做出购买决定。例如，宾馆的级别、银行的形象、出租汽车的牌子等，都是客户在购买这些服务时首先要考虑的核心展示。

事实上，边缘展示与核心展示加上其他现成服务形象的要素（如提供服务的人），都会影响客户对服务的看法与观点。当一位客户判断某种服务的优劣时，尤其是在使用或购买它之前，其主要的依据就是环绕着服务的一些实物性线索所表达出的信息。

2. 根据有形展示的构成类型划分

从有形展示的构成要素进行划分，主要表现为三种类型：实体环境、信息沟通和价格展示（如图 11.1）。如同图中相交的圆环表明的那样，这几种类型不是完全排他的。例如，价格是一种不同于物质设备和说服性信息交流的展示方式，然而，必须通过多种媒介将价格信息从服务环境传进、传出。

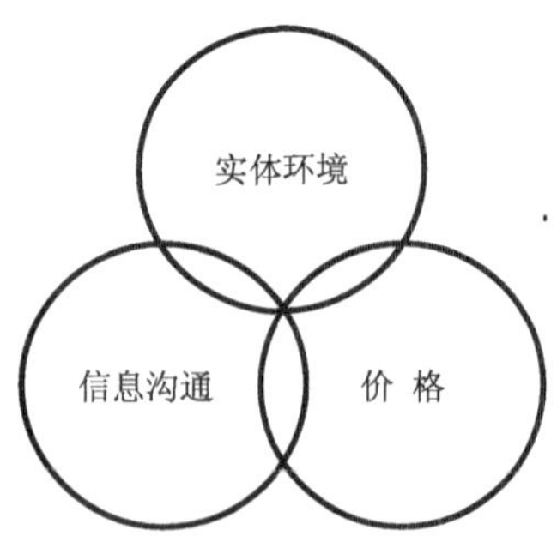

图 11.1　展示的类型

（1）实体环境

实体环境包括三大因素：周围因素、设计因素和社会因素（见表 11.1）。

周围因素通常被视为构成服务产品内涵的必要组成部分，其存在虽不致使客户格外地激动，但如缺少这些或是达不到客户的期望，就会削弱客户的购买信心。周围因素常被认为是理所当然的，所以其影响是中性的或消极的。也就是说，客户注意到周围因素，更多的是引发否定行为而不会因之有意接近。例如，餐厅理应保持清洁卫生，而如果环境污浊，会使客户望而生畏。

设计因素包括美学因素和功能因素。这类要素被用以改善服务产品的包装，显示产品的功能，建立有形并赏心悦目的产品形象。设计性因素的主动刺激比周围环境更易引起顾客的积极情绪，鼓励其采取接近行为，有较强的竞争潜力。

社会因素是在服务场所内一切参与及影响服务产品生产的人，包括服务员工和其他出现于服务场所的人士。他们的人数、仪表、行为等，都有可能影响客户对服务的质量的期望与认知（表 11.1）。

表 11.1 实体环境的构成因素

实体环境	环境特点	相关因素
周围因素	不易引起顾客立即注意的背景条件	空气的质量、湿度、通风情况、噪音、气氛、整洁度
设计因素	顾客最容易察觉的刺激	美学因素：建筑、颜色、尺度、材料、结构、形状、风格、附件 功能因素：陈设、舒适、标志
社会因素	环境中的人	听众（其他顾客）：数量、外貌、行为 服务职员：数量、外貌、行为

（2）信息沟通

沟通的信息来自企业本身及其他引人注目之处，通过多种媒体传播与展示服务。从赞扬性的讨论到广告，从顾客口头传播到公司标志，不同形式的信息沟通都传送了有关服务的线索。

信息沟通所使用的方法有服务有形化和信息有形化两类。

让服务更加实实在在而不那么抽象的办法之一就是在信息交流过程中强调与服务相联系的有形物，从而把与服务相关系的有形物推至信息沟通策略的前沿，这就是服务有形化。麦当劳公司针对儿童的“快乐餐”计划的成功，正是运用了创造有形物这一技巧。麦当劳把汉堡包和法国炸制品放进一种被特别设计的盒子里，盒面有游戏、迷宫等图案，也有罗纳德·麦克唐纳德自己的画像，这样麦当劳把目标客户的娱乐和饮食联系起来，令这些目标客户高兴。

信息有形化主要指营销人员通过营销手段使得与服务有关的服务更加有形化。信息有形化常用的方法是鼓励对企业有利的大众口头传播，而这些口头传播会直接影响消费者的消费倾向。因此，人们在选择保健医生、律师、汽车机械师或者大学教授的选修课

之前，总要先询问他人的看法。

（3）价格展示

价格是市场营销组合中唯一能产生收入的因素，而其他的因素都会引起成本增加。价格之所以重要还有另一个原因：客户把价格看作衡量产品质量和价值的一个线索。价格能培养客户对产品的信任，同样也能降低这种信任。与物质环境、信息沟通一样，价格也传递着有关服务的信息。价格能展示空洞的服务，也能展示“饱满”的服务；它能表达对客户利益的关心，也能让人觉得漠不关心；制定正确的价格不仅能获得稳定的收益，而且也能传送适当的信息。

3. 根据有形展示的性质分类

根据有形展示的性质，服务过程的有形展示可分为以下三大类：

（1）与服务产品有关的有形展示

任何服务工作都或多或少需要一些有形的物品，这些有形展示和服务过程有关。例如，数据处理服务需要使用计算机。在服务过程中使用的各种服务工具和服务设备都会在一定程度上影响客户感觉中的服务质量。

（2）与服务设施、设备有关的展示

服务工作开展过程中时常会需要一些有形的辅助设施，这些辅助设施都会在一定程度上影响消费者感觉中的服务质量。例如，超市为方便消费者购物，特地提供了手推车；商场专门为帮助客户送货而准备的车辆；图书馆里专门设有复印部门，为读者提供打印机和扫描仪及复印机等；儿童医院为减少儿童对医院的恐惧，在病房里放置儿童娱乐器械、玩具等。这些有形物的展示，既可以方便了消费者，还为服务创新提供了一种思路。

（3）与服务人员有关的有形展示

在消费者心中，服务人员就是服务。因此，服务人员应尽量满足消费者合理的需求和愿望，为消费者提供优质的服务。服务人员的服务态度、行为方式、为顾客提供的信息等是服务质量的最好的有形展示。

4. 根据有形展示对服务质量的影响分类

（1）可证明服务质量的有形展示

例如：杂志广告可证明广告公司的服务质量，这类服务工作的成果对顾客的视觉影响很强，最能证明服务质量。

（2）只能向客户表明服务质量的有形展示

在服务工作中使用的各种服务工具并不能证明服务质量的好坏，却可让顾客推测服务质量。

（3）象征服务质量的有形展示

例如：保险公司在广告中表现的一把大伞，象征投保的客户可得到保险公司的全面保护。

区分核心展示和边缘展示，环境、信息沟通和价格等展示手段，服务人员展示和服务产品展示，面向新顾客的展示和面向老顾客的展示等不同种类的有形展示，针对其特点和作用，展开相应的有形展示设计、实施工作，力求达到有的放矢、事半功倍的效果。

三、影响服务有形展示的关键因素

在设计服务环境过程中，需要考虑的因素非常多，包括服务本身、服务实现渠道、价格、广告、促销活动等。但对所有企业而言，有两个关键性因素必须考虑。

1. 实物属性

企业的建筑构造设计对其形象塑造产生多层面的影响。一栋建筑物的具体结构，包括其规模，造型、建筑材料、地点位置以及与邻近建筑物的比较，都在为企业塑造顾客良好的观感。停车场的设置、橱窗、门面设计、招牌标志等外在的观瞻往往能让客户联想到牢靠、保守、进步或其他各种形象。而公司内部的陈设布局、装饰、家具、材料使用、空气调节标记、视觉呈现如图像和照片之素材等，都会给客户带来对企业服务产品和服务质量的初步认识。从更精细的层面而言，还包括记事纸、文具、说明小册子、展示空间和货架等项目。

能将所有这些构成要素合并成为一家服务公司“有特色的整体个性”，需要相当技术性和创造性。有形展示可能使一家公司或机构显示其“个性”，而“个性”在高度竞争和无差异化的服务产品市场中是一个关键特色。

案例

星巴克——浓浓的咖啡香

一杯叫星巴克的咖啡，曾是小资的标志之一。为了吸引客流和打造精品品牌，星巴克的每家店几乎都开在了租金极高的黄金地段。比如，星巴克在北京主要分布在国贸、中粮广场、东方广场、新东安商场等地，在上海则主要分布在人民广场、淮海路、南京路、徐家汇、新天地等上海最繁华的商圈。

吸引人的不仅是星巴克服务员高超的销售技巧、丰富的咖啡基本知识、娴熟的咖啡制作技巧。更多的是店内温馨的气氛、个性化的设计、暖色灯光、柔和音乐等。在星巴克顾客可以随意谈笑，甚至挪动桌椅，随意组合。把美式文化融为星巴克营销风格的一部分。

星巴克在全世界各地的很多店的店面的设计都是由美国方面专门的设计师完成的。他们在设计每个门市的时候，都会依据当地的那个商圈的特色和每栋建筑物特有的风格，然后去思考如何把星巴克融入其中，而不去破坏建筑物原来的设计。所以，尽管客户在每一家星巴克都能够看到熟悉的“美人鱼”，却又不可能找到一模一样的两家店。例如，位于上海城隍庙商场的星巴克，外观就像座现代化的庙；而濒临黄浦江的滨江分店，则表现花园玻璃帷幕和宫殿般的华丽，夜晚时分，可以悠闲地坐在江边，边欣赏外滩夜景，边品尝香浓的咖啡。

（资料来源：http://zhangys920.blog.163.com/blog/static/12854084420099210647765/）

2. 气氛

服务设施营造的气氛也会影响其形象。“氛围”原本就是指一种借以影响买主的“有意的空间设计”。气氛对于员工以及前来公司接洽的其他人员也都有重要的影响。就零售店而言，每家商店都有各自的实物布局、陈设方式，有些显得局促，有些宽敞。每家店都有其“感觉”，有的很有魅力、有的豪华壮丽、有的朴素。商店必须保有一种规划性气氛，适合于目标市场，并能诱导购买。餐馆的气氛和食物同样重要是众所皆知的，大饭店旅馆应该被视为温暖和亲切，零售商店也应该注意尊重顾客，而增添一些魅力到“气氛”里头。有些广告公司细心地花工夫做气氛上的设计；此外银行、律师事务所和牙医诊所的等候室，往往由于气氛的缘故，而有“宾至如归”或“望而却步”的差别。

四、服务有形展示的作用

服务有形展示的首要作用是支持公司的市场营销战略。在建立市场营销战略时，应特别考虑对有形因素的操作，以及希望顾客和员工产生什么样的感觉，做出什么样的反应。有形展示作为服务企业实现其产品有形化、具体化的一种手段，在服务营销过程中占有重要地位，具体来说有以下几方面：

1. 强化对客户的感官刺激

客户在购买无形的服务时，也希望能从感官刺激中寻求到自己所需要的东西。有形展示努力在客户的消费经历中注入新颖的、令人激动的、娱乐性的因素，能够改善客户的厌倦情绪。因此，企业采用有形展示的实质是通过有形物体对客户感官方面的刺激，让客户感受到无形的服务所能给自己带来的利益，进而影响其对无形产品的需求。

2. 引导客户对服务产品产生合理的期望

客户对服务是否满意，取决于客户对服务产品所带来的利益是否符合期望。但是，服务的不可预知性使客户在使用有关服务之前，很难对该服务做出正确的理解或描述，他们对该服务的功能及利益的期望也是很模糊的，甚至是过高的。不合乎实际的期望又往往使他们错误地评价服务，做出不利的评语。运用有形展示则可让客户在使用服务前能够具体地把握服务的特征和功能，较容易地对服务产品产生合理的期望，以避免因顾客期望过高而难以满足所造成的负面影响。

3. 加深客户对服务产品的第一印象

对于新顾客而言，在购买和享用某项服务之前，他们往往会根据第一印象对服务产品做出判断。服务是抽象的、不可感知的，有形展示作为部分服务内涵的载体无疑是顾

客获得第一印象的基础，有助于培养客户对公司的“先入为主”的第一印象，并通过个体的优质服务来强化第一次的美好印象。

4. 促使服务企业积极改变形象，帮助消费者对优质服务作出客观评价

有形展示不仅展示了服务产品，更展示了企业形象。服务企业需要根据市场变化不断地提升企业形象，这种形象的改变必须是消费者可见的信息，这些信息最直接地表现为服务的有形展示。

5. 协助企业培训服务员工

由于服务产品是“无形无质”的，从而顾客难以了解服务产品的特征与优点，那么，服务员工作为企业的内部顾客也会遇到同样的难题。营销管理人员利用有形展示突出服务产品的特征及优点时，也可利用相同的方法作为培训服务员工的手段。使员工掌握服务知识和技能，指导员工的服务行为，为顾客提供优质的服务。

巧手点金

有形展示作为服务企业实现其产品有形化、具体化的一种手段，在服务营销过程中占有重要地位，服务展示通过有形物体对顾客感官的刺激，让顾客感受到无形服务所能带来的好处和利益，进而影响其对服务的需求。

案例

苏宁电器的“1+1 阳光行”

2006年2月，苏宁电器自发成立了中国第一个企业社工服务品牌——“1+1 阳光行”，将公益理念作为一项制度在企业内部推行。2008年春节前夕，中国的南方大范围遭遇暴雪天气，很多返乡旅客因灾被滞留在机场、火车站、汽车站等地。1月底，作为家电领头军的苏宁电器率先启动了“阳光融雪 温暖新年”大型公益活动，号召全国遭受雪灾城市的门店积极开展援助食品、电器紧急抢修、人群滞留区安装“报平安电话”等各种形式的活动，力所能及的帮助受灾群众。2月1日苏宁在深圳火车站地下一楼的地铁出口，现场设置了10部电话和30个万能充电器的台位，为深圳火车站滞留的旅客提供免费热线电话和手机充电服务，发起免费报“平安热线”公益活动。在其他一些受灾较重的城市，苏宁“1+1 阳光行”志愿者向被困车辆送去盒饭和饮水，为火车站滞留人群送去棉衣。此外，苏宁联合全球最大保险公司 AIG 推出家电“阳光保”服务，使全国范围内因降雪天气而导致的电视、电脑、冰箱、洗衣机、空调、热水器等家用电器故障得到有效的解决，并为家用电器的长期保障提供切实可行的解决方案。消费者在苏宁电器购买家用电器后，只需支付小笔服务费用，就可享受苏宁电器提供生产厂家保修期以外的修理或更换服务。为了方便消费者前往市区各中心门店购物，苏宁采取了清除积雪、营业时间调

整、提高店内温度等措施，加大商品促销力度，为消费者提供了舒适的环境、实惠的价格。苏宁电器售后专家还向广大市民支招，列出了燃气热水器、空调、冰箱等家电在冰雪天使用时的注意事项。

（资料来源：http://forum.home.news.cn/thread/70524738/1.htm）

苏宁电器的“1+1 阳光行”是企业将公益理念和服务顾客、服务社会的具体实践相结合的体现，是一种很好的服务有形展示行为。通过这样真诚的关心和帮助，可以提升企业形象，在广大社会公众心里对苏宁的服务留下一个美好的印象，对其将来的消费行为产生一定影响。

服务有形展示一般可以实现三种不同形态的效果：

1）当有形展示呈现给顾客时，就能唤起他们想到该服务的利益。

2）强调服务提供者和消费者之间相互关系。

3）有效地将服务和有形物体联系在一起，从而让客户易于辨认。

每一种服务都有其特定的利益，有形展示的效果往往因所考虑的利益不同而不同。至于服务提供者与客户相互之间的展示效果，根据提供者和客户之间对于服务利益的个人信任程度而定。这也就是强调：有形展示的类型必须与顾客寻求的利益相关，如果没有考虑这些利益，就不应该使用该类型的有形展示。服务营销人员面临的最大挑战是，找出这些利益然后用适当的有形展示去表现它们。

技巧与方法

有形展示在服务营销中的重要地位决定了服务企业要善于利用各种传递服务产品信息的有形元素突出服务的特色，使无形服务相对地有形和具体化。让顾客在购买服务前，能判别服务的特征，产生合理的消费预期，从而提高顾客的满意度。服务企业在采用有形展示策略时，不仅要使服务产品实现有形化；还要使这种有形化服务容易被消费者接受和感知。

1. 实现服务的有形化

主要从以下几个方面展开：

1）做好企业服务有形化的规划，增强服务系统的拓展性。企业的服务有形化系统开发是一项复杂程度高、耗资大的系统工程。在系统功能的设置和软硬件的选择上要充分考虑到未来企业发展的需要，使系统具有较强的拓展性。

2）抓紧企业服务人员的培训，培养高水平的服务型专门人才。尽管服务有形展示有很多方面，但服务者的技能与能力展示是第一位的。随着信息技术更新加快，企业要及时解决技术人员知识老化和技能更新的问题，使从事服务的人员能不断适应现代企业和消费群体的需求。

3）建立起企业服务有形化的基石，提升企业服务品牌的竞争力。资金投入是企业做好服务有形展示工程的前提条件。在此基础上，要使企业服务有形展示设计向高层次发展，这是提升企业服务品牌竞争力的有效手段。

2. 让消费者更容易感知服务

这实际上是服务有形展示最现实的目标。当消费者很容易从有形展示物中读懂服务产品的内涵和价值，服务产品和服务品牌为客户接受的程度自然提高。要做到这一点需要在服务有形展示物上做好文章。

1）必须使用顾客认为很重要的的有形物体进行展示。

2）必须确保这些有形实物所暗示的承诺，在服务被使用的时候，一定要兑现。

3）通过有形展示来发展同顾客的关系，如赠送与服务相关的小礼品。

4）在实施有形展示策略的过程中，把服务环境的设计往往是作为设计的重心，并将企业文化借此体现出来。

实战要点

1）服务是无形的，服务的不可见性使价格等可见性因素成为消费者判断服务水平和质量的一个重要依据，对于消费者做出购买决定起重要作用，因此，正确的定价直接影响着企业在消费者心目中的形象。若定价过低，会暗中贬低了企业提供给客户的价值，使客户心存疑虑：低廉的价格是否意味着低廉的服务质量。反之，过高的价格，则会给客户以价值高估，不关心客户承受力的印象。当客户享受的实际服务价值低于价格时，会对企业形象产生较大的负面影响。

2）服务人员的有形展示重点是亲和力，包括容貌、语言、表情、个人情绪、表达方式等内容。航空公司在挑选空姐时非常注重这方面的要求。此外，顾客往往对某些服务人员的外表有特殊的隐性要求，如保安人员的外表应能使顾客产生安全感。

3）对专业要求较高的服务业来讲，服务人员专业素养的展示非常重要。从某种意义上讲，购买服务实际上是购买服务者的专业技能。这类专业展示根据行业不同会涉及多个层面。有标准的专业着装、专业工作流程、专业技能演示等内容。专业服务人员的专业展示有利于能增强客户的信任感和满意度

4）产品介绍是一种成本较低且被广泛使用的有形展示方法。服务企业销售人员和服务人员经常携带小册子、广告传单、录音带、录像片等销售资料，向客户介绍服务项目和服务范围，有时服务企业还会向顾客赠送销售资料，以便客户今后与企业联系，服务企业向重要客户赠送的礼品也属于这类有形展示。

情景模拟

1．情景案例

邓翔是本市商业中心一家高级美发店的顶级美发师，在业内小有名气，他的徒弟现在遍布全市各个大大小小的美发屋、发廊。最近，他决定自己创业当老板，于是他在本市一家大型超市附近租了一间铺面准备大显身手，这个超市周围是一个正在发展中的大型社区，居民以年轻白领为主。但现在他遇到了一个难题：过去在高级发廊里，他所提供的美发服务最低价为 198 元，请你帮他想想现在他应该定在什么样的价位比较合适呢？为什么？

2．角色模拟

如果你是邓翔，你会从哪几个方面来进行你的美发服务的有形展示？

3．思维启蒙

结合本节内容的学习，思考服务的有形展示能否跨越时间和空间的限制？如何跨越？

4．参考答案

1）情景案例：首先，邓翔的定价一定不能高于他原来的 198 元，因为现在这个店比起原来的店不管在规模还是档次、地段上面都有很大差距，所以这样的价格在一个社区里显得较贵，不容易被大众接受。但是，这个价格也绝对不能低于附近的任何一家规模、档次相当的发廊，邓翔本人在业内小有名气，又是高级发廊里的顶级美发师，比周围同行的价格略高才能够将自己和别人区别开，体现出一种和自身水平相当的档次。价格作为服务的有形展示常常被顾客看作衡量产品质量和价值的一个线索。价格过低时顾客会怀疑低廉的价格是否意味着低廉的服务质量。而过高的价格会给顾客以价值高估，不关心顾客的印象。因此，价格的高低直接影响着企业在消费者心目中的形象。

2）角色模拟：首先是店面的装修，从优雅的环境上给人一种对服务的美好的联想；另一方面是价格，既要体现邓翔的技术和在业界的地位又不能超出目标客户群的支付能力；再者，在宣传册、工作服、员工言行举止等方面要得体符合店面风格、档次等。

3）思维启蒙：在传统的服务有形展示中，一般都借助于服务工具、服务设备、服务员工、信息资料、价目表等有形物向顾客传递了解无形服务的线索，使无形的服务产品有形化，但这样的展示往往会受到时间和空间的限制。例如，餐厅的有形展示是用餐环境、卫生状况、服务员风貌等，但这些展示顾客若没有亲临现场或者顾客到达的时间为餐厅的非营业时间就无法体会。但现在随着电脑的普及和网络技术的发展，餐厅可以借助网络，将用餐环境、服务员风貌拍摄成图片，把营业资料、卫生状况证明文件等资料放在网络上供人浏览。还可以建立自助订餐系统，供异地顾客以及顾客在非工作时间订餐，而餐厅的服务有形展示就可以突破时间和空间的限制。

第二节　服务环境设计

服务环境是企业向顾客提供服务的场所，它既包括服务过程的各种有形设施，又包括许多无形要素。服务环境设计的质量直接影响着企业整体形象，影响着客户对企业及其服务产品的基本认识，间接地影响着客户满意度和忠诚度的建立。企业设计服务环境，需要根据自身的经营目标，进行市场细分和市场定位，明确目标顾客，以目标顾客的实际需求为出发点。实物属性和气氛是服务环境设计的关键性因素。

一、服务环境和服务环境特点

服务环境是指企业向顾客展示其服务产品的各种要素的集合。提供服务的场所，它不仅包括影响服务过程的各种有形展示，而且还包括许多相关的无形要素，如服务者的笑容。就有形部分而言，服务环境意味着：建筑物、地理位置和硬件设施，以及内外部装潢、家具摆设和物品陈列等，甚至像一些在传统的设计观念中，容易被人忽视的用品，包括较不起眼的笔、便签、饮用水、老花镜、指示牌的放置等也包括在内。这些细节性的安排作为服务环境的重要组成部分，都需要以顾客的需要为出发点，以方便顾客的使用为宗旨，以加深服务的可视化效果为目的。完善服务环境，可以提升企业在客户心中的地位，促进客户忠诚。

对大多数企业而言，服务环境的设计和创造并不是容易的工作。即使是那些上门提供服务的行业（如家政服务业），这个问题同样重要。工作人员的仪表仪容、器械、工具的使用、装备、车辆的配备等事项都有可能会在客户心目中形成对服务公司印象。

从服务环境设计的角度看，环境具有如下特点：

1）环境是环绕、包括与容纳，一个人是环境的一个参与者而不是环境的主体。

2）环境往往是多重模式的，也就是说，环境对于各种感觉形成的影响具有多种方式。

3）边缘信息和核心信息总是同时展现，都是环境的一部分，即使没有被集中注意的部分，人们还是能够感觉出来。

4）环境的延伸所透露出来的信息总是比实际过程的更多，其中若干信息可能相互冲突。

5）各种环境均隐含有目的和行动以及种种不同角色。

6）各种环境包含许多含义和许多动机性信息。

7）各种环境隐含有种种美学的、社会性和系统性的特征。

二、服务环境的设计

设计一个理想的服务环境，除需要投入大量人力、物力和财力外，还有一些不可控制的因素会给理想的服务环境的设计增添了难度。一方面，我们现有的关于环境因素及其影响的知识及理解程度还很不够。究竟空间的大小、各种设施和用品的颜色与形状等因素的重要性如何？地毯、窗帘、灯光、温度等因素之间存在怎样的相互关系？另一方面，每个人都有不同的爱好和需求，他们对同一环境条件的认识和反应也各不相同。因此，设计满足各种各样类型人的服务环境，如旅馆、大饭店、车站或机场等存在一定的难度。这就要求我们通过各种方式深入了解消费者的需求，将消费者根据他们的年龄、社会阶层、收入水平分为不同的消费群，同一消费群总会有相似的消费需求。根据企业的经营目标，确定目标客户，根据目标客户的实际需要进行环境设计。例如，繁华的地段显示商店的服务档次不会太低；整洁的环境显示认真、仔细的工作作风；温暖的气氛、柔和的灯光和舒缓的背景音乐显示温情的服务；而强烈的灯光和欢快的音乐显示热情、豪爽的服务等。下面我们就介绍几个典型服务行业的服务环境设计方法。

1．餐厅的服务环境设计

（1）选址

适当的地理位置容易吸引更多的顾客。但选址时要注意了解各种地段的特点，了解目标顾客的消费需求特点，比如学校周围的地段就非常适合开一些规模不大、薄利多销的小餐馆；而市中心商业区较适合开设高级商务餐厅；居民区则适合开始规模较大的特色餐厅。可见，适当的地点并非单纯的指客流量较多的繁华区域或交通便利的地方，而是指使餐厅接近于目标顾客集中的地区。

（2）卫生

良好的卫生环境是餐厅经营的最基本条件。客户对菜品的卫生状况最关注，但我们无法直观地了解现状，只能通过餐厅提供的菜品了解其背后的卫生环境。为了解决这个问题，有些餐厅开始设计开放式厨房，让客户更放心用餐。在“吃出健康”理念的支配下，现代人越来越关注用餐的环境卫生。从外部看，环境卫生包括招牌整齐清洁、宣传文字字迹清楚；从内部看，要求顾客坐席、餐桌、陈列台、厨房、洗手间等整齐清洁。

（3）气氛

餐厅的气氛是影响客户用餐质量的重要因素，无论餐厅外部还是内部的设计与装饰，都要烘托出某种气氛，以便突出餐厅的宗旨和强有力地吸引现有的和潜在的顾客。餐厅的设计、装饰、布局、照明、色调、音响等都会影响餐厅的气氛。比如音响，餐厅中通常都要播放音乐，音量适中的音乐能使顾客心旷神怡，增加食欲；反之，音量过大则可能影响顾客的交谈，使人感到厌烦。不同的餐厅亦要选择不同的音乐风格。同风格的音乐，在快餐厅可能适合播放节奏感较强的流行音乐，而格调高雅的餐厅更适合旋律优美、速度缓慢的古典音乐等。

很多中小企业虽然认识到有形展示的战略性作用，却碍于缺乏资金改善环境设计，而视有形展示为一种奢侈的投资。事实上，在环境设计中，除了实体环境设计外，还应包括许多非实体设计，如企业名称设计、菜品名称设计、员工形象设计、工作流程设计等。我们称之为企业服务营销的“软环境”。当企业发展到一定程度时，这种软环境设计的重要性远远超过硬环境。当代知名企业都非常重视企业的软环境，并且投资较大。另外服务员工的外表、行为、态度、谈吐及处理顾客要求的反应等构成了现场的交流环境。处在环境中的客户可以直接判断服务员工的反应性、能否诚心诚意地处理顾客的特殊要求、能否给客户一种对企业服务质量颇具信心的感觉以及服务员工是否值得信赖等。

2. 酒店的服务环境设计

酒店服务环境设计必须充分体现人性化理念。所谓人性化，就是坚持“以人为本”，提倡亲情化、个性化、家居化，突出温馨、柔和、活泼、典雅的特点，满足人们丰富的情感生活和高层次的精神享受，适度张扬个性。通过细小环节向客人传递感情，努力实现饭店与客人的情感沟通，体现饭店对客人的人文关怀。具体地说，人性化的服务设计应突出以下七大要素：

1）安全。安全是人的第一需求，如果宾客没有安全感，服务再优秀、再完美也无济于事。因此，安全决定着饭店经营管理的良莠和成败。

2）方便。要以“宾至如归”为基本设计标准，不仅生活上方便，工作上也方便。如电话、上网、租车等。

3）尊重。酒店对宾客表示尊敬和热烈的欢迎，宾客会感到自己受到了重视。

4）情感。情感服务已成为饭店服务的灵魂，丰富了优质服务的内涵。

5）细节。一些酒店设计出一种新潮婚宴酒的酒瓶，在贴标签的地方贴上新人的照片，印有新人的姓名、星座、结婚日期，还有很多甜蜜浪漫的祝福语。这种婚宴用酒饮用后，还可回收瓶体送给亲朋好友做纪念，也可做装饰品，确实别出心裁。

6）超前。饭店是当代社会物质文明和精神文明的窗口，亦是现代高科技文明的表现场所。饭店运用现代高科技的设施设备为宾客提供最完善、最快捷的服务，以及最高雅、舒适的环境享受，是超前服务设计的重要方面。

7）创新。在宾客的需求与期望越来越高、越来越多样化的情况下，饭店必须不断适应、不断创新，构思新服务项目。

案例

“个性”鸡尾酒厅

美国俄亥俄州克利夫兰城的一家旅馆按照“充分享受”的原则，为旅游者和当地人在鸡尾酒厅里设置了五个风格各异的区间：

1）阅览区。阅览区四周是玻璃墙，能最大限度地减轻来自酒厅内邻近区域的迪斯科噪音。玻璃墙有很好的能见度，这使阅览区里的顾客不感到与世隔绝。阅览区里有许多装满书的书架、配有台灯的茶几、柔软的椅子和沙发以及“安静”的电子游戏机等，给人舒适、安逸的享受。

2）谈话休息区。谈话休息区，位于阅览区与热闹的迪斯科舞厅之间，但离喇叭很远。谈话休息区的地面高于酒厅，里面的桌子比一般的鸡尾酒桌子大，每张桌子有三个或更多的座位，方便顾客交谈。那些不大去“单身汉”场合的夫妇经常光顾此地，他们与迪斯科区处于不即不离的状态，即可居高临下地看看跳舞者，又不必参加跳舞。

3）迪斯科区（包括站着喝酒的酒吧柜台）。这里是整个酒厅的娱乐中心，位置在谈话休息区下来两上台阶。顾客可以在这里听听迪斯科，散散步，跳跳舞，或停下来闲谈。

4）环形酒吧。环形酒吧位于中央。里面有衣着漂亮的侍者在调酒并与坐着的顾客开玩笑。那些在摩肩接踵的人群中感到不自在的人，在里面有一种安全感。

5）小间区。位于大厅的两侧，里面有些可供两、三人就座的用布幔隔开的小间，夫妇们可以在这里享受这些彼此隔开的小间所带来的自由，同时又感到是整个酒厅的一部分。

（资料来源：http://www.8835.com/UserFiles/File/service）

3. 银行网点的环境设计

银行网点物质环境和物质设施的设计目标，是在地区或全国范围内建立统一的形象，客户在进入另一家支行时同样获得熟悉感和亲切感，以期吸引和保持尽可能多的客户。一个有吸引力的统一环境和设施形象，不仅能够起到地区或全国范围内的广告宣传效果，而且为客户提供心理保证，无论顾客走进哪一家支行，都可以感受到熟悉的环境和氛围。因此，银行网点环境和设施的布局、装修、色彩、建筑风格都必须是统一的，并且对主要的目标市场具有吸引力。例如，网点内部的空间必须是足够宽敞，应该为等待中的客户提供足够多的椅子，还必须准备足够多的工作台供顾客填写表格等，柜台的高度和宽度必须使顾客在交易时感到舒适，与客户会面的时候，应提供足够的座位，并保证顾客的私人空间不受侵犯。

三、设计理想服务环境的作用

通过分析以上例子可以看出环境设计创造非常重要，主要体现在以下几个方面：

1. 有利于识别服务理念

激烈的服务市场竞争中，服务企业或机构越来越讲究服务理念，而抽象的服务理念通过有利的服务环境得到具体的显示。例如，对于很多消费者，在超市里花二五元钱就可以买到的啤酒，到了酒吧却很乐意花 10 倍的价钱去购买，尽管价差很大，但因为顾客对环境感受的不同，啤酒在特定的环境中实现了增值，这种环境包括了乐队演出、灯光、装修、装饰、服务员的衣着、服务的方式等，而这些环境又构成了酒吧独特的文化。

所以，即便是走进同一条街上相邻的酒吧，顾客也能够轻易地区分开，并且很快找到适合自己的圈子，也有利于酒吧培养自己的客源。

2. 有利于识别服务特色

由于服务的无形性，其本身的特色比较难于识别，而服务环境有利于识别服务特色。例如，西安泰都酒店在装修中，将体现乡村文化的土炕搬进了 KTV 包房，非常有特色，能够大大的增强顾客对该酒店的辨识度。

3. 有利于推广服务创新

服务的抽象性使服务创新的推广比较困难。如果将服务创新与服务环境的设计有效结合起来，就可以利用服务环境的识别作用帮助服务创新的推广。例如，湖北快速客运的航母——捷龙客运公司，由于湖北省及相邻省高速公路的相继开通，他们购买了一大批韩国“大宇”、瑞典“沃尔沃”豪华客车满足运输的需要，但仅有车辆这个“硬件”是不行的，还需要“软件”服务质量支持，由此他们向武汉航空公司学习“微笑服务”，请“武航”按空中小姐的模式和要求培训了一批能提供高质量服务的巴士小姐，上岗后受到乘客好评，同时公司的效益大幅度上涨。

4. 有利于烘托和提高服务质量

由于服务过程存在有五大差距，使企业之间的服务质量难以区别。通过改善服务环境设计，可以突出企业的服务特色，提高服务质量。如五星级酒店里的背景音乐常常选用高雅的古典乐、轻音乐，而极少播放激烈的重金属摇滚乐。

5. 有利于服务沟通

服务的无形性使得服务广告比较难做。而服务的内部生产和外部营销的融为一体又使得服务业专门的人员推销变得不必要。如果尽量发挥服务环境的信息提示作用，就可以弥补服务沟通手段的不足。例如金店常用大量金色、红色的材料作为店面主体色彩来体现店内商品和服务的奢华，冷饮店则喜欢用冷色调来体现商品和服务的年轻化。这些色彩上带给人们的视觉冲击，可以很直观的让人“看到”无形的服务产品，起到了良好的沟通效果。

案例

花旗银行深业支行环境设计

花旗银行深业支行位于深圳热闹、繁华的金融街上——蔡屋围深业中心一楼，蓝底白字的“citibank”的花旗标志格外耀眼，远远地吸引着人们的目光。

花旗银行全球网点的环境设计风格统一，此次深业支行采用的是花旗最新推出的设计模式。进得门来，左手一排4个半合围的个人理财区域，一张圆桌和三把色彩绚丽的椅子自然组成一个相对独立的空间；右手是现金柜台；往里是5个布置一模一样的贵宾理财室，米黄色墙面装饰、米黄色的地毯、新颖的吊灯、柔和的灯光，营造了一个既舒适又安全的环境。其中个人理财区域里或橙或绿或蓝的椅子与或蓝或黄绚丽的屋顶射灯互相辉映，使得整个网点顿时鲜亮和摩登起来，改变了过去银行网点的呆板和单调氛围。一些体贴的设计细节更是体现出花旗对每位顾客的人性关怀：比如理财经理桌上特别定制的可以伸缩、旋转的电脑屏幕，保证了客户不论在哪个角度都能方便地看到显示内容；比如过道随处可见摆放产品宣传折页的架子，十分方便客户随时取阅等。

花旗银行深圳深业支行现有一支11人组成的经验丰富的财富管理顾问团队，为顾客提供专业和彬彬有礼的服务。此外，花旗每个月还要举行4～5次面向客户的沙龙，这也是花旗给客户提供的增值服务。

（资料来源：http://www.gd.xinhuanet.com/fortune/2005-05/19/content_4263597.htm）

作为全球领先的金融机构，花旗利用自身资源优势，在瞬息万变的市场形势中，根据客户的需求提供创新的产品和个性化的服务。尤其是在服务环境创造方面，花旗不仅仅是提供了良好的硬件设施，更通过独具匠心的设计，给予了顾客很多特别的细节性的关怀。从每个网点的选址，到整体LOGO的设计，再到店内装修无一不显现出花旗的特色，尤其是在服务环境的设计方面除了有全球统一的整体风格，在细节方面又各有特色，这种统一利于顾客对企业的认知，即使在全世界不同的国家，不同的城市，只要走进花旗，都有一种宾至如归的熟悉感，这种熟悉就是花旗高品质的服务，是花旗品牌带来的保障；而细节上的不同，又有利于凸显不同网点的特色。花旗用色彩、用灯光、用营业区域的划分、用一些贴心的小细节营造出了一个和以往银行完全不同的轻松、温馨的氛围，强化顾客对花旗品牌的辨识度，有利于在顾客心中树立起良好的企业形象，提升顾客满意度，培养更多忠诚顾客。

技巧与方法

运用环境设计来营造企业营销氛围，已经是现代企业普遍采取的营销手段。尽管行业不同，但环境设计的方向基本相同，主要集中在以下几个方面。

（1）视觉

零售商店使用“视觉商品化”（visual merchandising）一词来说明视觉因素会影响顾客对商店观感的重要性。视觉商品化与形象的建立和推销有关。零售业的视觉商品化，旨在确保无论顾客在搭电梯，或在等待付账时，服务的推销和形象的建立仍持续在进行。照明、陈设布局、颜色，显然都是“视觉商品化”的一部分，此外，服务人员的外观和着装也是。总之，视觉呈现是客户对服务产品惠顾的一个重要原因。

（2）气味

气味会影响形象。零售商店、如咖啡店、面包店、包店和香水店，都可使用芳香和香味来推销其产品。面包店可巧妙地使用风扇将刚出炉的面包香味吹散到街道上；餐馆、牛排吧馆、鱼店或烧烤店，也都可以利用香味达到良好的效果；至于那些大型公司的办公室、皮件的气味和皮件亮光蜡或木制地要打蜡后的气味，往往可以发散一种特殊的豪华气派。

（3）声音

声音通常是营造氛围的背景。电影制造厂商很早就觉察其重要性，即使在默片时代，配乐便视为一项不可少的气氛上的成分。青少年流行服务店的背景音乐，所营造的气氛当然与大型百货店电梯中听到莫扎特音乐气氛不大相同，也和航空公司在起飞之间播放给乘客们听的令人舒畅的旋律的气氛全然迥异。若想营造一种“安静”气氛，可以使用隔间、低天花板、厚地毯以及销售人员轻声细语的方式。这种气氛在图书馆、书廊或皮毛货专卖店往往是必要的。最近对于零售店播放音乐的一项研究指出，店内的人潮往来流量，会受到播放什么样的音乐而有所改变。播放缓慢音乐时，营业额度往往会比较高。

（4）触觉

厚重质料铺盖的座位的厚实感、地毯的厚度、壁纸的质感、咖啡店桌子的木材感和大理石地板的冰凉感，都会带来不同的感觉，并营造出独特的气氛。某些零售店是以样品展示的方式激发顾客们的购买欲，但有些商店，如精制陶瓷店、古董店、书廊或博物馆，就禁止利用触感，但不论任何情况，产品使用的材料和陈设展示的技巧都是吸引顾客的重要因素。

实战要点

1）服务环境设计应考虑内外部环境因素：建筑物、周围环境、店内陈设、装修、氛围、员工服饰、员工素质等。服务环境包括影响服务过程的各种设施和许多无形的要素。对服务环境进行设计，利于识别服务理念和服务特色，推广服务创新，烘托和提高服务质量，进行服务沟通。而在服务环境形成形成过程中实物属性和气氛非常重要。

2）服务环境是企业文化的一个展示平台，服务环境设计需要将企业文化因素考虑在内。通过环境中各种要素的展示，让客户了解企业文化，认同企业文化。

3）服务环境的设计需要根据企业产品的情况以及特点来设计，来能传达出来企业产品的相关信息，并符合大众对企业产品的要求。

4）服务环境的设计不能是一成不变的，因为企业时刻在发生变化，市场环境也在时刻发生变化，在今天很流行的服务环境，可能一段时间过后就落伍了。因此设计服务环境时候要想到日后服务环境的变化。大型餐饮业 2～3 年都会进行一次环境设计。

5）服务环境的设计需要与企业相结合，服务环境中展示的要素应尽可能多地传递企业信息和产品信息，使客户在这样环境中感受到浓浓的企业气息。

1. 情景案例

袁璋大学毕业后开了一家冰果屋，由于店面租金较高，他只能找到学校对面的一条不起眼的小巷子里一间 15 平方米的铺面，刚开业的时候还有几位昔日的同学常常去捧场，可时间一长，老同学找到工作后离开学校，客人就逐渐少了下来。经过调查，他发现原因主要有两个：一方面，大多数同学都说不知道有这么一家店；另一方面，去过的同学都认为那里太普通，就像学校的食堂，规规矩矩，白墙灰地，没气氛、没情调。

问题：是什么导致袁璋的生意冷清？可以通过哪些途径帮助袁璋改变现状。

2. 角色模拟

假如你是一位童装店的职员，你将怎样对客户进行服务有形展示？

3. 思维启蒙

结合本节内容，思考工业品市场上服务环境设计和消费品市场服务环境设计有何异同？

4. 参考答案

1）情景案例：袁璋的生意冷清主要是因为他的店知名度不高，了解的人太少，去的人也就少了。可以通过加强服务的有形展示来改善这种状况。首先，他可以通过在学校里发传单、贴海报，或者在巷口放置广告牌、冰花形状的灯箱等让同学们了解到小店的存在；另外还可以通过免费品尝的形式让同学了解到产品；对店内的服务环境进行装修装饰，营造符合产品特点又深受大学生们喜欢的清凉、明快的氛围等，这种行为本身就是对顾客服务的最好展示。

2）角色模拟：童装店的顾客大多数是带孩子的家长，其中又特别以女性家长为主，所以在进行服务环境设计的时候，要充分考虑到顾客的特征。小孩子对一切新鲜事物都充满好奇，而又缺乏自我保护能力。所以店内要少放置易碎品、带棱角的商品展示柜，尖利的物品等，儿童的另一特征是好动，为了给家长足够的时间挑选商品，店内的服务员需要学习照顾孩子的技巧，或者在店内准备零食、玩具等。而店面的装修也应该以可爱的充满童真的风格为主。

3）思维启蒙：工业品市场上服务环境设计和消费品市场服务环境设计都应该注重实物属性和气氛，塑造企业形象（具体内容在上文中已有详细介绍，此处不再赘述），但侧重点各有不同。工业品的购买主要是原材料、零部件、设备等的购买，购买金额大，产品使用时间长，客户们会再三考虑，谨慎决策，导致购买过程长，次数少。所以客户在购买产品时需要生产企业提供优质的售前、售中以及售后服务，主要是技术服务，而服务环境的设计也要突出这种技术性、专业性。但在消费品市场，商品的专业技术性不强，替代品较多，商品价格变动对需求量的影响较大，购买者众多，市场分散，成交次数频繁，且消费者的购买行为具有很大程度的可诱导性。因此在服务环境设计方面，以方便和吸引消费者为主。

思考与练习

1．什么是服务的有形展示？

2．有形展示的类型有哪些？收集生活中常见的不同类型的有形展示实例。

3．列举认识、情感等方面受服务场景因素影响的实例。

4．举例说明服务产品有形展示的作用。

5．服务有形展示的效果的通过哪些形式呈现？

6．实训练习：把全班分为若干个小组，每组4～6人，选取一个学校内部的服务部门，如学校宿管科、学校食堂、学校超市等，针对现有的一些服务有形展示问题，结合本章服务环境设计的基本内容，对其进行服务环境设计。（设计可以用文字、图画等多种形式表现）

大兴丰田无形服务有形展示

大兴汽车是深圳地区集整车销售、汽车配件、汽车维修和信息反馈四位一体的大型汽车经销商。大兴汽车丰田4S店是大兴汽车代理品牌店之一，是丰田汽车在深圳地区的特约经销店。

大兴丰田在2005年深圳丰田经销店客户综合满意度评比中名列第一，是深圳唯一获得丰田全球经销商评估体系认证店（TSM认证），该店所属的大兴集团还曾获得过“全国十佳营销集团”殊荣，是深圳进口车国产车双认证店。

1. 抢先一步，油漆快修

在欧洲和北美，油漆快修作为一种有别于传统油漆修复的独立服务项目，在维修站中已经成功运行。现在，大兴丰田抢先一步，引入“新劲快修系统”，针对车辆外部的无需钣金、拆装和焊接工作的油漆的小损伤。在很短的时间内就可以完成的小面积油漆修复工作。

“新劲快修系统”为车主带来的利益是显而易见的：

缩短油漆修复时间：相比现有的油漆修复，所需等待的时间大幅度减少。

保证油漆修复质量：专业油漆技师和世界500强公司荷兰阿克苏诺贝尔公司的“新劲”汽车修补漆强强联手，保证油漆的修复质量，可享受深圳大兴丰田的五年油漆质量保证计划。

无痕修复：完美的油漆颜色匹配达到新旧漆膜的颜色一致，确保无修复痕迹。

2. 延长保养，超越期待

丰田公司为每辆丰田新车提供为期首2年或者首5万公里（以先到为准）的原厂保修，而大兴丰田则主动延长保养期，主动为客户提供更长的保养期限。在客户遵守相关规定情况下，国产丰田的主要部件能得到3年或7万公里的保修（以先到为准），进口丰田的主要部件能享受3年或首10万公里保修（以先到为准）。

3. 自我鞭策，限时服务

“从来没有客户对我们的服务时间不满意，但我们总想为客户节省更多时间，为客户创造更多价值，所以我们自我鞭策，一定要在保证质量的前提下，科学作业，合理规划，尽量提高效率，用最少的时间完成作业！”大兴丰田负责人在解释为何推出“限时服务”时说。据了解，大兴丰田承诺对于预约客户，如果由于店方的原因没有按时完工，该次维修或者保养的工时费全免，从而实现自我鞭策。

（资料来源：http://www.sznews.com/epaper/szwb/content/2006-10/191content_460744.htm）

案例讨论：

1．大兴丰田无形服务有形展示具体体现在哪些地方？

2．结合实际谈谈汽车销售行业在服务有形展示方面还应注意哪些问题。

应 用 篇

第十二章 旅游市场营销

预期的学习成果

1. 学生能够了解目前世界旅游业发展的情况和我国旅游业所处的现状。

2. 学生能够掌握旅游产品开发的阶段。

3. 学生能够分析文化在旅游服务中的作用，能通过控制影响旅游服务过程质量的因素来管理旅游服务的过程。

世界旅游业发展十分迅猛，到目前很多发达国家的旅游业都成为本国重要的支柱产品，我国旅游业的发展也呈上升趋势，在旅游业发展的过程中，消费者对于文化的需求与日俱增。

由于旅游企业服务的自身特点，旅游企业必须加强服务过程管理和控制，加强顾客管理，要在为顾客服务的过程中努力提高服务质量，形成企业自身的服务文化。

第一节 旅游市场与旅游产品

20世纪后半期，随着新技术的产生，世界经济的持续发展，国际环境相对平和，文化不断繁荣，使得大众旅游成为一种可能，而旅游成为一种普遍化的商品，也使旅游的产业化发展日益迅猛。到目前为止，旅游业已成为世界上最大的行业。我国于1964年成立国家旅行游览事业管理局，后改名为国家旅游局，标志着旅游行业管理条块模式的形成，随着改革开放，旅游业已被国家列为加快发展的重点产业，并且把旅游业确定为第三产业中积极发展的新兴产业序列的第一位。虽然我国拥有排名世界首位的丰富的旅游资源，但是我国的旅游产业开发却严重滞后，与世界旅游强国存在明显的差距。

因此，我国旅游企业要在短时间内进入国际经济舞台，还必须采取强有力的措施，提高营销竞争力。

一、旅游需求分析

旅游动机是直接推进一个人进行旅游活动的动力，消费者的旅游行为由旅游动机所引起并受其支配。旅游动机又产生了旅游需求。有了旅游动机就要寻求和选择目标，旅游目标确定后，就要为满足旅游需要而进行活动。

旅游动机主要有以下四种类型：

1. 文化动机

了解和欣赏异地文化、艺术、风俗和宗教等，希望能在欣赏自然与文化风光的同时能够更好地学习和探索异地的风土人情、历史古迹，品尝美味佳肴，并且与当地人进行交流。

2. 身心健康动机

度假休息，运动，娱乐，以达到身体保健和心理健康的目的。

3. 交际动机

在异地结识新朋友，探亲访友，摆脱日常琐事等。

4. 地位和声望动机

考察、交流、会议、商务等活动，希望通过这些活动满足其被承认、被注意、被赏识等需求。

以上这些是旅游消费者常见的几种动机，当然，他们的旅游动机是非常复杂的，所以不可能一一列举。事实上，在一次旅游消费中，消费者不同的动机和需求也会得到不同程度的满足，在多种交织着起作用的旅游动机中，常常是一种主导性的旅游动机决定着消费者的消费决策，这正是我们要关注的。

二、影响旅游需求的因素

旅游市场需求主要受到人口、经济、科学技术、政策法律、社会文化、自然环境等宏观因素的影响。

1. 人口因素

它包括了人口的数量、密度、居住特点、年龄、性别、种族、民族等。例如，我国人口的地理分布特点，宏观上决定了西南内陆一带是我国比较重要的旅游地。当然人口的地理分布也不是一直不变的，随着市场经济的发展，工业化进程的推进，人口的地理分布就会出现流动状态，在客观上创造了很多有利于旅游市场形成的条件。同样，人口的年龄结构也会对旅游市场需求产生影响。随着平均寿命的延长，人们的收入和闲暇时间的增多，客观上增加了更过的旅游活动，而家庭状况的变化、（如晚婚）独身人口的增加，都为旅游企业开展市场营销活动提供了更多的机会。

2. 经济因素

国民收入水平和居民消费结构构成了经济因素的主体。它们和旅游消费直接相关。另外，像产业结构，货币供应量，消费支出模式等也与旅游消费有密切的关系。由于旅游产品使人们基本生活之外的需求，所以购买旅游产品是由个人可任意支配收入决定的。旅游市场营销着重考虑的是如何激发人们的旅游需求、兴趣和动机，并使所提供的旅游产品与人们可任意支配的收入相适应。

3. 科学技术因素

科技发展一方面为旅游企业的现代化管理提供了必要的装备，另一方面也对旅游企业从业人员的素质提出了更高的要求。

案例

五台山旅游景区新技术的应用

投资 3000 万元新建的五台山自动化监控中心，集视频监控、电子防控和高效应急反应于一体，通过中心的大屏幕，不仅可以监控到景区的各个景点和主要路段，就连 50 公里外的佛光寺也可以尽收眼底。发生情况时，监控中心值班人员可随时向景区所属各单位发出指令，进行及时处置。同时，中心还能向游客提供 110、120、119、112 等报警、求助、投诉服务。

景区在应用现代化手段、推进管理创新和提升服务水平的同时，不断加大科技投入，先后建起了空气质量监测站和档案微机管理系统，购置了 100 余辆欧Ⅲ标准的环保公交车，对污水处理厂进行了新技术改造，提高了水的净化标准。

（资料来源：郭剑峰．2009-09-09．五台山旅游景区新技术的应用．忻州日报）

4. 政策法律因素

旅游政策法律是由某一国家的政府制定的，在分析政治环境时绝不能忽视这个方面，无论哪个国家，都会从维护本国的政治，经济，民族利益为出发点，来制定相应的旅游政策法律。一般国家政策法律对旅游市场需求的影响，主要表现为国家是鼓励旅游还是限制旅游。

5. 自然环境因素

自然环境的优劣影响着旅游需求，良好的自然环境会吸引更多的旅游消费者，也给旅游营销者带来了得天独厚的机遇。自然环境的变化从不同方面影响旅游市场营销，旅游企业需要进行具体的调查研究，并作出相应的变化，利用自然资源，创造出更多的需求。

案例

"十一"峨眉山旅游情况

2009 年"十一"黄金周期间，峨眉山市共接待中外游客 20.08 万人次，同比增长 12.5%。全市实现旅游综合收入 9500.64 万元，同比增长 20.1%。旅游接待人数和收入再创"十一"黄金周历史新高。

由于峨眉山金顶"3802"工程的建成，高山区游人大幅增长，成都、重庆游人呈现上升趋势，中外游客竞相观看"云上金顶，天下峨眉"的壮观景色。黄金周7天时间里，峨眉山市共接待中外游客 20.08 万人次，其中，峨眉山景区接待游客 14.33 万人，同比增长 3.5%；竹叶青生态茗园、温泉度假区和各农家乐共接待游人 5.75 万人次，同比增长 44.1%。

6. 社会文化因素

社会文化是精神财富和物质财富的总和，包括人类知识、信仰、艺术、道德、风俗习惯等，会使人们形成不同的生活方式和价值观，并表现为各种具体的市场需求。旅游营销的目的就在于满足人们不同的需求，所以必须适应社会文化因素，随着其变化而变化。社会文化因素建设具有特殊意义，它不仅仅是旅游广告、旅游产品目录的制作、语言文字、形象等标志，而且更重要的是文化知识的投入，包括文学艺术创作、文化景观建设等。

以上六大因素构成了旅游市场环境的宏观因素。旅游企业要把握市场需求的变化，实现自己的营销目标，恰当地运用环境中的可控因素，了解并适应宏观因素，最大限度的满足消费者的需求。

三、旅游产品的开发

在我国各地的旅游发展中，资源进行了有效的开发，而之后就会形成旅游产品。旅游产品开发的三个阶段分别是依托现状、深化开发和市场导向阶段。

1. 依托现状阶段

依托现状就是有什么样的资源就推出什么样的产品，旅游产品知识资源的简单拼凑，不考虑产品推出后有没有市场需求，有没有自身的特色。我国的早期旅游产品开发就经历了这样的一个阶段，但是也在这一阶段中积累了很多的经验。

2. 深化开发阶段

在产品开发中注入文化内涵，将文化的灵性赋予自然的、物理的载体。有了深刻文化内涵的旅游产品才是无可替代的，才能达到绝无仅有。我国现阶段的旅游产品开发已进入这个阶段，但是大多数还停留在表面，没有实现形式和内容的和谐统一。

3. 市场导向开发阶段

旅游产品开发从“我们有什么”变为“大家需要什么”，即使没有资源也可以创造出市场需求的旅游产品。

四、旅游产品的文化内涵

旅游学者曾经指出：现代旅游现象，实际上是一项以精神、文化需要和享受为基础的涉及经济、政治、社会、国际交流等内容的综合性大众活动。

全球旅游市场的文化需求趋势对我们国家旅游业的发展提供了广阔的前景和发展空间。总体来说，国外旅游者选择中国作为旅游目的地是为了体验古老的华夏文化。但因为世界各地的旅游消费者有着各自不同的文化背景和思维模式，而造成差异性的需求。旅游营销者应该通过研究不同客源市场的异质文化，更深层次地挖掘中国文化对国外旅游者的吸引力，使得国际市场的文化需求得以维持和创新。

文化的异同都会导致国际旅游消费者的流动。由“异”引起的旅游消费者流动是国际旅游的主流。游客通过时空的交换，形成对不同文化氛围的感受，实现情绪的调节和知识的获得。并且这种差异越大，对国外游客的吸引就越大。比如一些欧美游客对于我们大商场里面琳琅满目的商品不屑一顾，而偏偏喜欢小商小贩制作的并不十分精美的中国式小手工艺品。在这些欧美游客眼中，只有这些普普通通的小手工艺品才向他们传递了关于这个东方古国特有的文化气质。

与欧美游客不同，日、韩游客来中国有更强的求“同”的文化动机。中国大唐的政治制度、经济制度、建筑城市风格曾将日本引领到一个新的时代。时至今日，盛唐遗风在日本仍然依稀可见，而且有的地方比中国还保存得更为完整。日本人信佛、懂禅，日

常生活中包含了大量的汉字，这一切都决定了日本人看中国的角度和欧美人不同，相似的文化背景使他们接近中国文化时更具深度和广度，而不仅仅是停留在猎奇的水平上。因此，针对日、韩游客对中国古代文化的浓厚兴趣，我们在开发旅游资源时，要有意识地去发掘地区的古代文化，有益于日韩旅华市场的开拓。

随着旅游需求的不断升温，旅游消费者日益成熟。许多传统的旅游产品已显得不相适应而受到越来越大的挑战。现代旅游营销呼唤现代旅游产品，现代旅游产品需要注入现代元素，因此现代旅游产品需要具备的现代特征的元素包括以下内容：

1. 体验性

旅游业本质上是以出售体验和经历为主要产品，应该是率先跨入体验经济的产业之一。因此，在产品的设计上应该以资源为舞台、以环境为背景、以文化为内涵、以设施为载体、以服务为支撑，为旅游消费者制造独特的体验和经历。旅游产品的价值在于能为顾客提供何种经历和体验的程度。通过调动人们的视觉、味觉、嗅觉、听觉、触觉，而获得身心愉悦的感觉和感受。

2. 休闲化

旅游消费正日渐成熟，人们已不满足于走马观花到此一游式的旅游。旅游的目的是换个环境放松身心成为主要诉求。传统的旅游产品标准化、格式化、流水作业化令人乏味疲惫。新一代旅游产品要求更休闲化，注重休闲设施、休闲活动、休闲空间的布局配置，讲究环境的营造和氛围的设计。

3. 生活化

旅游将成为人们生活方式的重要组成部分。旅游就是旅行中的生活，是换个环境生活的继续。现代旅游者更青睐融入生活元素、生活气息、生活情趣的产品。人们期望不仅观景、观光，而且能观察生活，甚至能有异地生活的亲历。在观光中观察生活，在度假中体验生活，在休闲中品味生活。因此，现代旅游产品在设计中要注重社会生活资源的挖掘。集市、家庭、社区、幼儿园、学校、监狱、婚俗、村落、农事……皆可作为旅游资源深度利用整合组成产品。

4. 参与性

传统的旅游产品模式是以景观为中心设计，以观光为主线展开，人们被组织计划安排，被动地消费产品。旅游消费者的成熟使消费心理、消费行为发生变化。人们已不再满足于被动的接受程式化的产品，希望主动地参与产品的设计和生产的全过程，注重参与过程中的感受和体验。旅游者的参与、社区的参与、与自然人文的交流互动的程度，成为旅游产品的重要品质。

5. 原真性

随着时代的变迁，人们已开始厌倦缺少生活渊源和文脉根基，缺少原真性的旅游产品。在旅游产品规划开发中少些大拆大建修旧的假古董，少些陈列式展示式的假文化，少些商业化表演化的伪民俗，少些人工化公园化的人造景观。现代旅游者更倾心于真山真水、真史真迹，活的文化，真实的生活。更珍惜以自己的视角获得真实体验真实的经历。

6. 精致化

旅游市场趋向成熟的标志，是市场的细分和消费的分层。需求的分层和细分必然要求产品的精致化和管理的精细化。人们已难以接受粗制滥造的产品和粗放的经营管理。旅游产品精品化已成为产品换代提升品质的重要手段。国外的不少旅游产品从资源的禀赋上并不及我们，但在产品上注重设计的细节、服务的细节、管理的细节，细部的雕琢，产出的效应和效果大不一样。

7. 乡土化

商业化社会使一切趋于同化，但地域文化是不可替代的，一方水土养一方人。愈是乡土的愈是个性的，愈是本土的愈有特色。快速城市化的进程，使人们的压迫感更甚，渴望归真返璞来抚平内心的焦躁不安，呼唤现代的旅游产品更多地融入地域的乡村民俗、怀旧的节事、农事农活、家乡菜等乡土化的素材。

8. 娱乐化

旅游产品的主要功能是为了放松身心、享受生活、追求快乐、愉悦自我。因此在旅游产品的设计中也应引入经济学的快乐指数的概念。旅游产品以所能提供的愉悦程度，使消费者物有所值而以本取利。旅游产品不必有太多的文化负重和道德说教，对于旅游产品设计而言只有能实践的文化才是有价值的，才能成为产品的素材。

9. 自组化

旅游的方式正发生变化。从团队主导型转向散客主导型；传统的旅游方式趋向自主、自组、自助式；旅游产品的主导权逐步转向消费者。人们不愿被动接受定型的标准化的产品。追求更能体现个性化、多样化、自由化的旅游；更倾向于自己做主、自行组合、自由行动的产品。传统的旅游方式生成的产品，市场份额会逐步缩小，主要为自理能力弱的人群所接受。旅游产品是由吃、住、行、游、购、娱等各项子产品组合而成。在旅游产品的设计上，既要考虑各子产品的相对独立形成菜单式模块化，又要使各子产品能够自由拼装无缝连接。充分考虑为自助旅游服务的自驾车营地、汽车旅馆、宿营地、引导标志系统等相关服务和设施的配置。使旅游者能自主便捷地计划设计组合组装中意的旅游产品。

旅游产品的核心价值是能吸引人、留住人、留下钱，作为一种组合集成的产品，并非盲目地堆砌罗列各项时尚元素就能包装出现代色彩。只有因地制宜选择适合自身的市场认可的有效元素，才能具备现代产品的特征，成为值得人们期待的旅游产品。

情景模拟

1．情景案例

20 世纪 90 年代以来，古镇旅游渐渐兴起，但是由于古镇旅游开发的理论研究相对滞后，虽取得了一定的经济效益，但开发中也出现了不少问题，付出了一定的代价，现以乌镇为例介绍。

乌镇，中国江南的封面。以其“千年积淀的文化”和“原汁原味的水乡”成为中国十大历史文化名镇之一。

在江南六大古镇中，乌镇开发较晚，因而汲取的经验相对较多，所以旅游资源的保护和开发比较规范，全镇分为传统作坊区、传统民居区、传统文化区、传统餐饮区、水乡风情区、传统商铺区。整个古镇经过这样的重新规划布局，既保存了风貌，又相对集中，这是其他江南古镇所没有的。

与此同时，乌镇还注重“修旧如故”。他们对历史街区民情民俗文化及传统工艺进行挖掘、整理、恢复和展示。为弘扬民俗文化，乌镇将沿袭了几百年的传统节日——“香市”重新加以挖掘，赋予新的内容；为更好地展示当地的民俗文化，重新恢复了三跳、拳船表演、高杆船表演；把一些濒临失传的民间技艺，如桶匠、锡铜匠、烟作匠等请出来，政府给予各种形式的补贴，鼓励这些手工艺人以作坊的形式经营；恢复传统的蓝印花布、三白酒、姑嫂饼等工艺品与食品的生产。

经过几年的运转，乌镇保护与旅游并存得到了专家学者认可。但是，近一时期来，对乌镇开发模式的质疑声四起。

在前不久召开的浙江省政协九届三次会议上，政协委员、杭州市文化局副局长吴锡根为说明浙江古镇“空壳上市”的现象有多么严重，特别举了乌镇的例子。据他称，乌镇原先的老房子因为有生活在那里的居民而弥足珍贵，而现在古镇为了进行旅游开发，把原先生活在古镇老镇区、老街的居民迁出，结果令古镇的传统韵味荡然无存。

随着游客的涌入，居民们强烈要求破墙开店。对此，桐乡乌镇保护与旅游开发管委会感到很头疼：从规范的工商程序审批来看，老房子的居民利用自己的私房破墙开店无需再有审批前置条件，而禁止历史街区居民随意开店并没有哪部适用的法律法规可依。另据有关媒体报道，2004 年夏天，居住在乌镇东大街的几十户居民要求管委会允许他们安装空调。一直以来，这一要求都被管委会以大量安装空调会破坏古镇原有的外部风貌为由否决。居民们则认为，古镇保护不能以牺牲居民的生活质量与基本生活水平为代价。

沉睡千年的古镇在洗尽铅华之后，竟意外地发现自己已经被喧嚣和非议所笼罩。难道通过发展旅游来保护古镇的模式真的走到了十字路口?

总之，目前外界对古镇开发的诟病主要集中在 5 个方面：一是商业色彩过浓；二是门票价格太贵；三是保护不力；四是交通不便；五是旅游发展模式“克隆”成风，旅游资源大同小异。

问题：古镇旅游如何从产品开发上体现差异化?

2. 角色模拟

假设你是乌镇的管理者，那么乌镇的下一步你觉得该如何发展?

3. 思维启蒙

通过本节的学习，你对旅游产品开发的前景是怎么看的?

4. 参考答案

1）情景案例：以市场为导向，以资源为基础，以效益为中心，不一定照搬或恢复到古代的状态，而要尽量满足休闲游的需求。

2）角色模拟：两个阶段：以观光游为主、少量休闲游为辅的阶段；度假游、休闲旅游阶段。

3）思维启蒙：略。

第二节　旅游市场购买行为分析

随着我国旅游业的蓬勃发展，其综合性、关联性很强的特点在带动相关行业的发展，扩大国内需求，增强经济活力，提高人民生活质量等方面发挥了日益重要的作用，旅游开发的热潮一浪高过一浪，我国旅游业的竞争处在不断的激烈演化中。市场营销在旅游业中的创新应用，使得人们对旅游业的管理与经营在认识上升高到一个新层次，各个景区之间的竞争日益激烈的同时，对旅游营销的重视和营销手段的不断创新趋势日益明显，各地景区贯彻市场营销观念，在景区主题定位、旅游产品规划设计、分销渠道及促销策略等各个方面，不断强化营销意识，提升营销水平，极大地推动了一个个景区的建设和发展，推动了我国旅游业的整体营销管理水平，市场营销对旅游业的发展功不可没。

营销观念在旅游业中的应用，离不开对旅游消费者的关注和研究，如何更好的吸引消费者，提升旅游业的经济和社会效益，离不开对消费者消费行为的成功引导。消费者的消费动机是消费行为之源，消费者的消费行为是营销者的营销行为之源。

一、旅游者购买行为概述

旅游者购买决策行为是指旅游者购买旅游产品的活动及与这种活动有关的决策过程所表现的行为方式。

可以将旅游者购买行为按照不同的标准进行分类：

1）按照旅游购买决策单位的不同，旅游购买行为可以划分为旅游消费者的购买行为和组织机构的旅游购买行为。其中组织机构的旅游购买行为也可以依据购买决策单位的不同再次分为两种，即一般组织机构的旅游购买行为和专卖商的旅游购买行为。

2）按照旅游者购买的参与程度不同，旅游购买行为可以划分为由低度参与到高度参与的当日往返旅游购买行为、短程旅游购买行为和远程旅游购买行为。

二、影响旅游购买行为的因素分析

旅游者的购买行为之间差异很大，旅游者的个人特质、心理是旅游者购买行为的最直接影响因素，影响旅游者购买行为的还有更深层次的外部因素，即社会因素、文化因素、环境因素等。

目前有几种旅游者购买行为模式值得我们研究和分析。

1. 边际效用模式

经济理论认为，旅游购买者的购买行为是理性行为。理性旅游者会在产品的价格及自己的收入之间进行最合理的购买决策，以便最大限度地满足自身的需要。在既定价格下，消费者总是力求使每一元钱购买的商品能使自己的边际效用最大化。

产品的效用是产品对消费者使用欲望的满足的能力，边际效用是指每增加一单位产品的消费所导致的效用的增加量。随着购买产品的增加，产品的边际效用总是递减的。

2. 行为科学的旅游购买行为模式

（1）“需要—动机—行为”模式

“需要—动机—行为”模式的内容如图 12.1 所示。

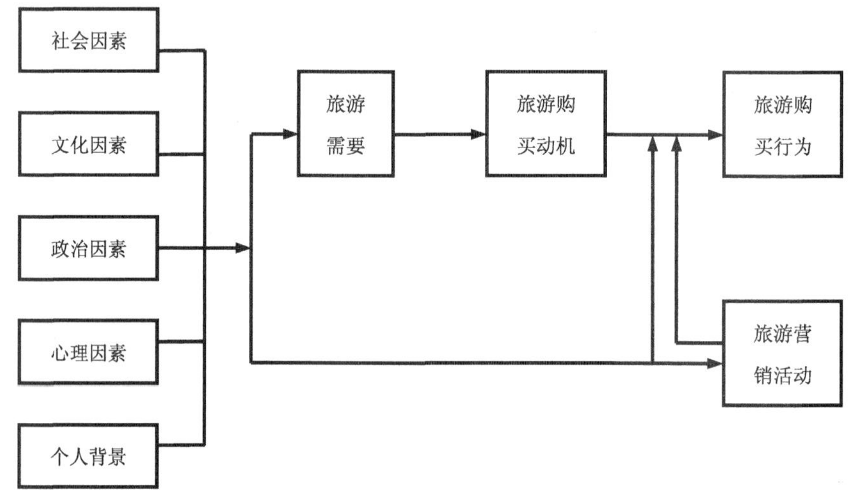

图 12.1 “需要—动机—行为”模式

（2）“刺激—反应”模式

行为主义心理学认为，人的行为是外部刺激作用的结果。行为是刺激的反应，当行为的结果能满足人们需求时，在这样的刺激下，行为就倾向于重复；反之，行为则倾向于消退，具体见图 12.2。

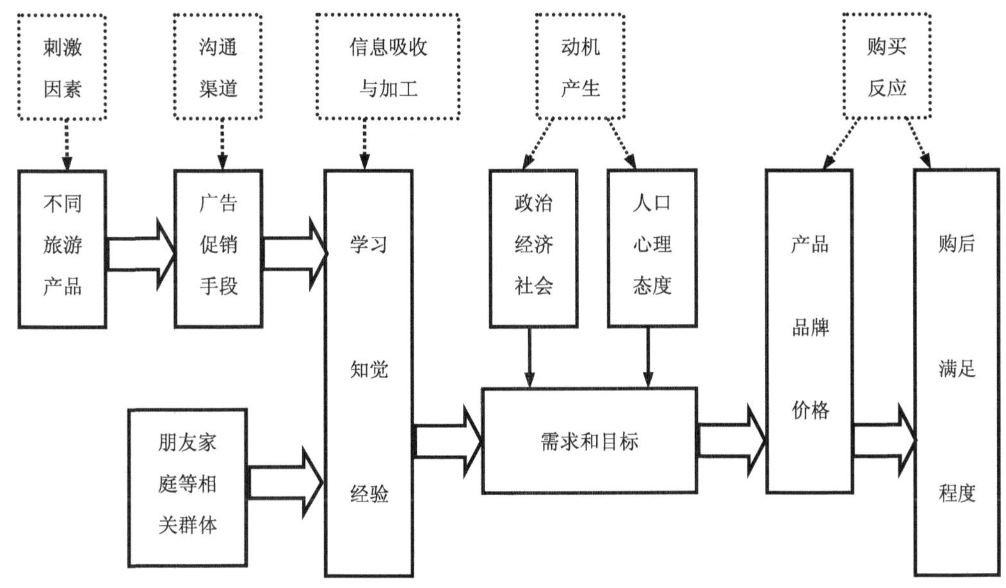

图 12.2 “刺激-反应”模式

三、旅游者的购买过程

一般而言，旅游消费者的购买过程可分为五个阶段：问题识别、信息搜集、可选方案评估、购买决策以及购买后行为。

1. 问题识别

问题识别是旅游消费者购买行为的开始，这个过程实质上是消费者自身发现需求认识需求的过程，在这个过程中，旅游动机起着决定性的作用。

（1）旅游动机类型分析

不同的旅游者由于其个性及生活方式的差别，出游目的也会不同，大致可以将其分为三种类型：感受型、度假型和观光型。感受型的游客喜欢新事物、渴望新感受，寻求意外的收获，其出游目的在于改变固有的生活环境，感受各种新鲜的生活方式。度假型游客喜欢相对静态的生活，不会四处游览，其出游目的在于休养生息、解放身心。观光型游客相对而言对外界更多地持有怀疑态度，不怎么愿意尝试新事物，很重视安全性，其出游目的在于领略名山大川、奇风异俗。

（2）旅游动机层次分析

旅游动机不同，大致可分为5个层次，即放松动机、刺激动机、关系动机、发展动机和实现动机。目前国内旅游者的旅游动机主要处在第一和第二个层次。现代社会充满了竞争和工作压力，劳动仍然是人们获取生活资料的主要手段，人们需要借助于旅游来放松身心、休养生息，为后续工作和学习注入新的活力。随着社会的发展，一部分人可以自由支配的时间和精力增多，高层次的旅游动机自然会相应产生，旅游动机的层次将逐渐提升。

旅游动机分析有助于明确旅游者的旅游需求类型及其动因，在此基础上，旅游营销得以针对其深层次的动机展开有效的营销活动，更好地满足旅游消费者的需求。

2. 信息搜集

需求明确之后，消费者接下来开始收集满足消费需求的旅游产品信息。在这个过程中，旅游营销者对消费者的影响大小，第一要看营销者的信息是否能正面、顺畅地传达到消费者，第二要看营销者的旅游产品信息是否能与消费者的需求相吻合。通常来讲，旅游消费者的信息来源主要有四：相关群体来源，如亲朋好友、邻居、同事等；商业来源，主要指营销者的旅游广告及推销等；公共来源，如大众传媒、行业组织评审等；个人经验来源。在这几种信息传播渠道中，商业渠道是基础，起到信息提示和说服消费者的作用，相关群体、公共来源及个人经验起到相当的评价和证实作用。因此，从营销者的角度看，把好消费购买过程中的这第二道坎，首先，要提高旅游产品信息传播面；其次，提升旅游宣传策划水平，提高信息传播的质量，增强消费者的购买兴趣；第三，设计能满足旅游消费者需求的特色旅游产品，以优质服务提升游客满意度，扩大口碑效应，同时做好公关宣传。

3. 可选方案评估

备选方案的评价过程受前述两个过程的影响，作为营销者，把好这道关实际上是从做好第一关开始的。把握这个过程中的主要因素，一要分析消费者的群体特征，不仅仅是个性爱好和生活方式，还包括其职业背景、收入水平、价值观念等；二要分析旅游产品特色与其旅游需求动机的匹配程度，研究分析旅游线路及旅游活动特色；其三，旅游消费的安全性和方便性；第四，关注性价比，要尽可能使旅游消费物有所值甚至物超所值。

4. 购买决策

旅游者的购买决策包括旅游目的地选择、旅游经营商（或代理商）选择、时间决策、支付方式决策等，对这些决策的影响主要通过旅游促销策略进行，目的地形象宣传、旅游经营商（或代理商）的服务宣传、不同旅游季节的促销活动设计、旅游费用收取形式等，均需通过对目标消费群体的调研展开有针对性的设计，并加大宣传覆盖面，加强沟通传播的力度。

5. 购买后行为

加强与消费者的沟通，不仅在旅游消费前或消费过程中进行，旅游者的消费后行为也应引起旅游营销者的足够重视。随着因特网被日益深度地开发和应用，因特网已成为旅游者收集旅游信息和传播旅游见闻及感受的主要通道，其传播范围之广、速度之快，必须引起旅游营销者的充分重视，否则，一条负面信息的影响可能导致旅游营销者付出惨痛的代价。旅游者在完成购买行为和消费行为之后，其满意或不满意的感受通过互联网或其他媒介的发布会影响到其他旅游者的购买决策。如何关注、引导旅游者的信息发布通道，如何通过何种媒介改善旅游景区景点在消费者心目中的形象、如何进行关系营销消除购后行为中的不良影响，是旅游营销者应予以充分关注的一个重要问题。

实战要点

旅游市场购买分析为旅游营销者更好地研究旅游者的消费行为提供了一个有效的途径和工具，结合旅游者的购买过程，理顺该过程中各环节之间的关系及各环节主要影响因素，可以有效地引导旅游营销策略的开发。此应用的过程中要注意以下几点：

1. 关注旅游消费者行为调研的有效性

有效地引导和影响旅游消费者的购买行为必须以了解和把握消费者行为为基础，对旅游消费者购买过程模型的应用离不开精准的市场调研。市场调研是后续市场营销活动的前提，保证前提的客观性才能保证后续活动的真实有效性，这一点是不言而喻的，调研时要注意下两点。

1）消除调研的主观倾向，确保客观性。

2）旅游消费者需求调研要深入细致，并保持连续性

2. 旅游营销策划要贯彻消费者主体意识

旅游产业相对于其他产业而言，由于涉及吃、住、行、游、购、娱等方方面面，旅游营销管理成为一项内容庞杂的系统工程，对旅游营销者提出了较大的挑战，旅游消费者在需求确认阶段和购买决策阶段都会非常重视这些问题。因此，在对这些要素策划时，应始终贯彻消费者为主体的观念。在这六个要素中，游和娱相对而言更为核心，这两个方面的营销策划到位，一定程度上可提升消费者的满意度。

旅游策划中关注旅游者的消费行为，首先，旅游景观景点的设计策划包括景观景点概念提出、名称确定、地址选择、范围划分、性质定位、文化取向、形象识别、主要促销口号、营销策略等方面的内容都要考虑市场导向，考虑目标消费者的行为习惯和价值偏好。其次，旅游营销实践中特别重视旅游活动的策划，对于旅游节会等旅游促销活动

的策划包括活动的名称确定、活动目标、活动内容、活动组织形式、活动的宣传口号、活动的形象标志设计及媒体推广计划等都要围绕旅游产品特色定位，针对消费者需求和行为特点进行。第三，旅游业的竞争日趋激烈的情况下，旅游资源的整合成为一种行业发展趋势，如三峡旅游协作区的组织、珠三角旅游协作区的组织等已成功实施。但需要注意的是，旅游资源的整合一定要在慎重的旅游资源共性与个性分析的基础上进行，资源整合不能盲目，整合后如何进行联合促销，促销口号、形象识别等仍应以消费者行为研究为前提。

3. 旅游营销应顺应时代要求，与消费者共建和谐

“绿色”和“可持续”发展已成为当今经济社会发展的趋势和要求。旅游消费者作为相对收入较高的这部分群体，其综合素质和精神修养具有更高的水平，对于世界“绿色”和“可持续”的发展要求有更深的理解，其绿色意识的觉醒和绿色消费的形成也更容易，他们也会用这样的标准来评判旅游营销者的营销行为，并对自己的消费和购买行为做出更为理智的选择。因此，旅游营销必须关注并在营销活动中贯彻“绿色”和“可持续”发展观念，倡导绿色文化、实施绿色营销策略、满足消费者的绿色消费需求，不能因过度开发旅游资源而造成浪费，不提供破坏生态的产品、不食用珍稀动物等，同时在营销活动中，宣传“绿色”和“可持续”发展的观念，提醒人们关注环境问题，追求人与社会、人与自然的和谐发展。

情景模拟

1. 情景案例

据报道，把厦门建成中国最佳旅游城市是厦门旅游的近期目标。但厦门发展旅游产业的雄心还不止于此。根据海湾型城市建设的总体目标，到 2010 年，厦门要建成亚太地区知名的生态型海滨旅游城市。

厦门现有国家级重点风景名胜区、国家级自然保护区各一处，全国重点文物保护单位三个，4A 级旅游区四家，两个国际标准的高尔夫球俱乐部。厦门与武夷山、永定土楼等周边旅游区构成的旅游线路，是国内外旅游市场最具竞争力的产品之一。

厦门市旅游业发展的思路是，以城市国际化、现代化的发展为依托，以观光旅游为基础，以都市文化旅游、商务旅游、休闲度假等专项旅游为主体，突出“台、海、精、专”特色，从体制创新、环境创新、营销创新等方面加快旅游深度开发，初步形成区域性目的地和旅游口岸，强化厦门在区域旅游中的龙头作用和中心地位。

德国欧洲旅游研究所在《厦门市旅游发展规划》中，对厦门旅游业未来发展目标进行过这样的阐述：在温馨厦门的旅游主题下，设立山海绿岛、人文闽乡、闽台通道、商展之城四个基本主题，开发不同的旅游产品，并根据不同的客源市场作有针对性的营销，

塑造生态厦门、休闲厦门、人文厦门和商展厦门四大城市品牌。

问题：厦门采取的旅游发展策略是什么？

2. 角色模拟

假如你是厦门市的市长，除了以上措施，你准备还从哪些方面吸引消费者来厦门旅游？

3. 思维启蒙

通过本节的学习，你对旅游市场购买行为是怎样理解的？

4. 参考答案

1）情景案例：发展自己的特色，现代与文化相结合。
2）角色模拟：还可以推出厦门的沿海产品，客家文化等。
3）思维启蒙：略。

第三节　旅游市场营销策略

旅游业是一个典型的服务行业，服务营销的基本策略都适用于旅游业。由于服务的个性化和旅游业自身的特点，我们需要灵活地运用服务营销技巧，才能有针对性地设计、组织和实施适用于旅游业的营销策略。

一、旅游行业发展的基本要求

1. 建立行业协会，制定价格标准

使各个旅游公司都能在规定的价格范围内进行有序竞争，对违反价格规定的旅游公司，行业协会应当给予相应的制裁。

2. 积极建立完备的旅游产品售后服务体系

旅游产品售后服务体系对于一个长期发展的旅游企业来说是非常重要的。它应包括：对游客售后服务满意程度的跟踪调查，获取旅游者对旅游产品的要求和意见，针对不同地区、不同年龄、不同层次的旅游者建立一个完备的资料库,以便今后在进行旅游市场营销及开发新的旅游产品时避免主观性和盲目性。另外，旅游产品售后服务体系的建立还可以帮助旅游企业树立良好企业形象，建立口碑效应，为今后旅游服务产品的市场营销工作打下良好的基础，这同时也是旅游业可持续发展的一个重要环节。

3. 注意对旅游从业人员的法律培训

在各级导游证考试当中要加强对法律知识的考核，鞭策导游人员自觉学习法律知

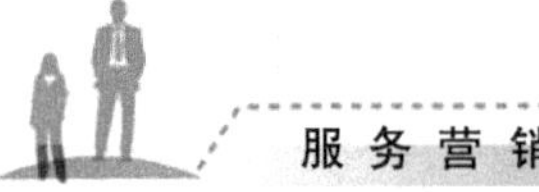

识，强化法律意识。在旅游公司经营活动中，旅游监管部门，要加强检查和监督，定期深入旅游市场，常抓不懈。聘请监督员，微服探察，适时进行监管，对有问题的单位责令其限期整改，达不到要求的要停业或吊销营业执照。

4. 注重发展、应用科技手段，促进旅游事业的发展

运用先进的科技手段，把互联网等引入旅游经营当中，使各个公司网络连接，作到信息通畅、快捷、方便，促进旅游工作效率的提高。

5. 要有长期规划和发展眼光

注意研究旅游市场营销策略，切实针对市场发展变化趋势，制定适合本公司的中、长期规划。根据旅游者消费心理，深入挖掘潜力，不断推出一系列有新鲜创意、有经济效益的营销策略，开掘新渠道，增加旅游公司的收益。

6. 视形象为生命，把旅游公司的形象宣传作为一项工作目标

要经常利用报纸、杂志、电视、电台等媒体，广泛宣传旅游公司和旅游服务项目、景点、产品；多组织展览、旅游形象大使巡游、旅游知识有奖竞赛、旅游摄影比赛、模特表演等，积极搅动旅游市场，让更多的人更加认识旅游公司和旅游景点。导游和其他旅游公司成员要在工作当中注意仪表、举止、言谈等，在实际工作中努力为顾客留下良好的印象。恪守承诺，搞好服务，让游客有宾至如归的感受，使旅游市场淡季不淡，增加旅游收入。

二、旅游价格策略

1. 新产品定价策略

新产品关系着企业的前途和发展方向，它的定价策略对于新产品能否及时打开销路，占领市场，最终获取目标利润有很大的关系。新产品的定价策略一般有以下几种：

（1）撇脂定价策略

在推出一条新的旅游线路或新的旅游产品上市之初，可以将价格定得很高，追求在短期内赚取最大利润。

（2）渗透定价策略

在推出一条新的旅游线路或新的旅游产品上市之初，也可以将价格定得很低，利用价廉物美吸引广大的旅游者，迅速占领市场，取得较高市场占有率，以获得较大利润。

2. 促销定价策略

旅游企业可以根据旅游对象、旅游者人数与旅行时间长短、付款方式和条件等因素的不同，给予不同价格折扣。这是一种舍少得多，鼓励消费者购买，提高市场占有率的有效手段。其主要策略有：①现金折扣；②数量折扣；③交易折扣；④季节折扣；⑤复

合折扣；⑥价格折让。

3. 心理定价策略

旅游企业可以根据消费者不同的心理特点，采取一些迎合消费者的某些心理需求的定价策略。常用的定价策略有：①尾数定价；②整数定价；③声望定价；④招徕定价；⑤分档定价；⑥习惯定价。

三、旅游促销策略

1. 广告

由于旅游业的客户群体分布在社会的不同阶层、不同的社会团体中，旅游业对广告有如下要求：

（1）传播面广

广告是借助大众媒体传播信息的，它的公众性和普及性赋予广告突出的“广而告之”的优点。旅游企业可以选择电视、报纸、广播、杂志等大众传媒在短期内迅速地将其信息告之众多的目标消费者和社会公众。在现代信息化社会，它是一种富有效率的促销方式。

（2）时效性强

旅游业是一个季节性和时间节点要求很强的行业，对广告发布的时间选择和广告内容信息准确性要求比较高。因此，旅游广告一般都登载在旅游黄金季节前期的报纸上，方便旅游者查寻旅游路线相关信息。

（3）表现力强

旅游广告往往需要富有表现力的信息传递方式。它可以借助各种艺术形式、手段与技巧，提供将一个将旅游产品感情化、性格化、戏剧化的表现机会，增大其说服力与吸引力。

以营利为目的的广告是企业采用一定媒介，以支付费用方式通过一定的媒介向目标市场传播信息的一种信息传播活动。现代广告不应只是一味地单向沟通，而是形如单向沟通的双向沟通，即应把企业与顾客共同的关心点结合起来考虑广告的制作和传播。

广告媒体的种类很多，但不同的广告媒体接触的听（观）众不同，影响力不同，广告效果也不同。为了实现广告的接触度、频率和效果等目标，旅游企业应了解各类媒体的主要优缺点，以选择适当的广告媒体。

2. 人员推销

人员推销是旅游企业经常采取的促销方法之一。其特点主要表现在以下几点：

（1）人员推销具有很大的灵活性

在推销过程中，当面洽谈容易形成一种直接而友好的相互关系。交谈中，推销员可

以了解旅游者的消费动机，有针对性地从某个侧面介绍旅游产品的特点，抓住有利时机促成交易；可以根据旅游者的态度和特点，有针对性地采取必要的协调行动，满足顾客需要；还可以及时发现问题，进行解释，解除顾客疑虑，使之产生信任感。

（2）人员推销具有选择性和针对性

不同的旅游项目适用于不同的旅游者群体。在推销旅游项目之前，销售人员可以选择那些具有较大购买可能性的客户做重点推销，并有针对性地对未来顾客作一番研究，拟定具体的推销方案、策略、技巧等，以提高推销成功率。

（3）人员推销具有公共关系的作用

一个有经验的推销员为了达到促进销售的目的，可以使买卖双方从单纯的买卖关系发展到建立深厚的友谊，彼此信任，彼此谅解，这种感情增进有助于推销工作的开展，实际上起到了公共关系的作用。

3. 营业推广

营业推广是由一系列短期诱导性、强刺激的战术促销方式所组成的。它一般只作为人员推销和广告的补充方式，其刺激性很强、吸引力大，短期效果会非常好。营业推广特别适用于那些临时性的旅游项目的促销，如组织观看日全食。

与人员推销和广告相比，营业推广不是连续进行的，只是一些短期性、临时性的能够使顾客迅速产生购买行为的措施。

4. 公共关系

这是旅游企业与公众之间双向传播沟通的过程管理，旨在树立、改善组织形象，赢得公众支持，是企业通过有计划的长期努力，影响团体与公众对企业及提供的旅游项目的态度，从而使企业与其他团体及公众取得良好的协调关系。良好的公共关系可以达到维护和提高企业的声望，获得社会信任的目的，从而间接促进旅游产品的销售。具体做法很多，举例如下：

1）搞好宣传报道，创造和利用新闻。

2）刊登公共关系广告。

3）参与社会福利活动和公益事业活动。

4）举办各种专题活动，建设企业文化。

5）举办各种会议。

交广传媒旅游策划营销机构总经理谭小芳认为，旅游企业在研拟营销策略时，除了着眼于服务本身的特质之外，还需要兼顾内部营销、外部营销、互动营销，这三种策略的组合构成服务营销成功的关键因素，也称为旅游服务营销的金三角。

1. 内部营销：高度共识，力行全员营销

内部营销是指旅游公司内部形成高度共识，有效地将营销观念传达给全体员工，进而透过组织层级落实执行，上行下效，时时抱持“顾客之所欲，常存在我心”的理念来服务顾客。

谭小芳认为，不论是前台接待还是财务人员——总之包含营销部在内的所有企业部属，培养员工的工作热诚，训练员工的服务技能，灌输顾客至上的观念，了解公司所提供旅游产品（服务)的特质、定价结构、渠道运作、推广活动等，都是不可或缺的必修功课。对服务而言，人才是决胜的关键。

“全员营销”对于任何公司都是适用的。操作简单，不会复杂，但关键是能否坚持下去。做好全员营销，要做好以下几方面：

1）树立全员营销观念。要让全员营销观念灌输到员工心理，并落实到实际工作中。

2）规范、充实“全员营销”项目。让全体员工在具体工作项目实施过程中体验“全员营销”的精髓。

3）完善激励机制，有奖有罚，全面促进全员营销的落实。如酒店就可以建立员工积分奖励制度。

2. 外部营销：整合营销，追求顾客满意

外部营销是指旅游公司平时行之于外的营销活动，也就是公司针对外部顾客所实行的各种营销活动，包括服务的策划、定价、渠道、推广等活动，这些活动所讲究的就是整合营销功能的整体营销活动。

交广传媒旅游策划营销机构一直提倡“整合行销传播”，认为真正的旅游整合行销传播必须达到长期的关系行销，而与旅游消费者维系久久不散的关系，则有赖于不可或缺的电脑资料库，旅游景区、旅游局、旅行社等机构必须熟谙直效行销常用的“接触管理”，有条不紊地与旅游者进行适时适地的双向沟通。综合即创造，结构出力量。

3. 互动营销：感性服务，真诚感动顾客

旅游服务营销特别讲究服务人员与顾客的互动；互动营销则是指公司在提供服务及和顾客接触的过程中，员工所应具备的各种技能，包括技术性质量与功能性质量。

交广传媒旅游策划营销机构认为，顾客通常根据公司所提供的技术质量与功能质量来评断服务的优劣，前者如航空公司所提供的航班、航程、时间的便利性，后者如地勤与座舱内服务人员的热诚与亲切。这些服务都和顾客直接接触，最容易感动顾客，也是最容易争取顾客再度惠顾的机会。

谭小芳提倡旅游策划人也利用与顾客接触的短暂时间，迅速掌握顾客的独特需求，透过先进的实时互动系统，从构思多种备选文案，模拟广告、营销、活动的情境，实时且互动地修正广告、策划文案，到提供最佳的文案提交，就是凭着实时的互动营销理念。

掌握和运用谭小芳的服务营销金三角的这一工具，定能像NBA巨星球队公牛中的乔丹、皮蓬、罗德曼的三角战术一样一往无敌。在这个战术中，无疑地，细节起到决定性的关键作用。

情景模拟

1．情景案例

康达公司一年多前，跟随潮流的选择了Google、Baidu来推广企业网站，一开始并没有太在意。半年前的一天，一个客户打来电话，正好被市场总监接到，客户怒气冲冲地讲，他们从网上搜到康达网站，看到他们介绍的客户案例与他们很相似，因此与康达联系过多次，康达的业务人员也给予很好的介绍，可是到投标的时候居然没有来，康达的市场总监及时处理，最后获得了几十万的项目，由此他向总经理汇报了此事，带着尝试的心理，安排了一个客户专员，专门负责网络注册和客户来电咨询，"不做不知道，做了吓一跳"，每月的统计结果是客户通过搜索引擎找到网站，浏览网站后电话咨询有15～20个，注册的50～80个，直接成交2～3单，金额达几十万，当前的投入每月只有四五千元，不及一个销售员的成本，但回报却要好很多。

问题：根据康达公司的情况，旅游市场未来发展的趋势是怎样的？

2．角色模拟

假如你是一个旅游公司的老总，从中你能得到什么启示？

3．思维启蒙

通过本节的学习，你如何来运用旅游市场营销策略的知识。

4．参考答案

1）情景案例：旅游营销要从单纯产品营销逐步转化为社会营销。
2）角色模拟：多方面运用各种媒介来进行旅游市场的宣传和策划。
3）思维启蒙：略。

思考与练习

1．分析世界旅游业发展的状况及其营销因素。
2．旅游资源，旅游产品的开发有哪几个阶段？
3．在旅游服务中如何增加文化的含量？

2007年全球地区旅游业概况

1. 欧洲：适度增长

2007 年，欧洲接待了 41 100 万国际游客，仍然是客流量最大的地区。然而，其2.4%的增长率却低于世界水平(3.1%)。欧洲的所有地区在2007年结束时均呈正增长。西欧的增长率低于平均水平：法国增长率为 2%，德国增长率为 0。中欧和东欧境况均比较良好，如土耳其、克罗地亚和保加利亚，增长率均超过当地的2倍。土耳其增长率为 13.6%。欧洲的旅游收入为每位游客 580 美元，实际上比世界平均水平（670 美元）低100美元。部分原因可能与大量驾车旅游者到临近国家旅游有关，他们的旅游花费通常低于乘飞机的旅游者。

2. 亚洲及太平洋地区：市场活跃

2007 年，该地区接待的国际旅游者为13 100万人次，增长率为7.9%，其市场份额占世界总份额的 18%。东北亚处于该地区的领先地位，增长约为 12%，接下来是东南亚，增长略低于 4%，南亚低于 2%，最后是大洋洲，增长为 1%。旅游地中，中国内地（11%）及中国的香港特别行政区（21%）和澳门特别行政区（12%），伊朗伊斯兰共和国（17%），日本（10%），增长率均为两位数。

中国仍在努力使其产品多样化：内地趋向于与休闲相关的活动；香港致力于聚焦都市生活和吸引内地游客购物；澳门对其文化遗产和家庭相关产品的改进幅度比较大。

相反，旅游地像印度（−6.6%）、印度尼西亚（−2.2%）和澳大利亚（−0.7%）的增长率均为负值。马来西亚的情况也不是很好，2007年其增长率为2%，与前几年两位数的增长率相比，明显降低。尽管澳大利亚政府在强烈地许诺，但还是丢失了相当大数量的来自传统远程旅游客源市场如欧洲的客流量，政府正在开始改变其市场策略，转向新的旅游客源地(如中国)。该地区的旅游收入为720美元/人次，高于世界平均水平的670美元/人次。

3. 美洲：仍然负增长

美洲是唯一以亏损值结束 2007 年的地区，尽管其负值增长率仅仅为−0.6%。北美一直受“9·11”事件的持续影响最严重的地区，2007年的增长率在很大程度上多亏了加拿大的正值业绩(1.7%)。美国和墨西哥的增长率仍为负值−0.1%。南美的旅游业仍然遗留有2005年和2006年的严重影响。2006年尽管其损失达到5.1%，但是2007年下降更厉害，达到 6%。值得一提的是美洲的旅游收入为 1010 美元/人次，是世界人均旅游收入最高的地区。

4. 非洲：南强北弱

非洲接待国际游客2900万人次，增长率为3.7%。该地区占全球旅游业市场份额的4%。非洲反差比较大：北非下降了4%，旅游地像突尼斯和摩洛哥损失比较严重，这主要是因为2007年的春季恐怖分子的袭击影响了旅游旺季的到来。相反，在晚秋季节发生在肯尼亚蒙巴萨岛的袭击事件只对局部地区产生了影响。然而，撒哈拉沙漠以南地区（Sub-Saharan Africa）的情况好于平均水平，增长率为8.5%，旅游地像加纳、坦桑尼亚、塞内加尔和博茨瓦纳处于领先地位。

5. 中东：猛烈反弹

2006年，中东是受2001年经济危机影响最严重的地区之一，客流量几乎下降了4%。然而，2007年，该地区又是增长率最高的地区，增长率为11%。迪拜的增长率令人惊奇，竟达到30%，接下来是黎巴嫩，为13%埃及（9.4%）和约旦（6.1%）的状况也非常喜人。

（资料来源：http://www.hdcmr.com/14684.pdt 2010-4-23）

案例讨论：

请查找《2009年中国旅游行业研究报告》，对比以上资料，分析旅游市场的波动性和竞争性特点。

第十三章 金融服务营销

预期的学习成果

1. 学生能够了解目前世界金融业发展的情况和我国金融业所处的现状。

2. 学生能够简单介绍常用金融产品。

3. 学生能够对大众群体的金融需求做简单的分析。

4. 学生能够运用沟通技巧了解客户的基本需求。

5. 学生能够向客户推荐金融服务多种渠道的基本类型。

金融在国民经济、甚至在全球范围内的作用越来越重要。2008年美国的次贷导致的金融危机席卷全球，使无数人的生活发生了翻天覆地的变化。全球经济一体化再一次得到体现，金融风险的警钟亦再一次响起，振聋发聩，金融的重要性也再一次得到体现。邓小平指出："金融很重要，是现代经济的核心。金融搞好了，一着棋活，全盘皆活。"这一经典性的评价深刻地揭示了金融在现代经济中的地位和作用。金融适应经济的发展而产生，为经济服务，又反作用于经济，对经济的成长和运行发挥着举足轻重的影响。

第一节　金融在国民经济中的重要性及其发展趋势

一、金融在国民经济中的重要性

1. 金融在现代经济中的核心地位，是由其自身的特殊性质和作用所决定的

现代经济是市场经济，市场经济从本质上讲就是一种发达的货币信用经济或金融经济，它的运行表现为价值流导向实物流，货币资金运动导向物质资源运动。金融运行得正常有效，则货币资金的筹集、融通和使用充分而有效，社会资源的配置也就合理，对国民经济走向良性循环所起的作用也就明显。

2. 金融是现代经济中调节宏观经济的重要杠杆

金融业的有效运行，能够更好地调节宏观经济，调节收入分配，使社会公平正义得到更好的实现。现代经济是由市场机制对资源配置起基础性作用的经济，其显著特征之一是宏观调控的间接化。金融业是联结国民经济各方面的纽带，它能够比较深入、全面地反映成千上万个企事业单位的经济活动，同时，利率、汇率、信贷、结算等金融手段又对微观经济主体有着直接的影响，国家可以根据宏观经济政策的需求，通过中央银行制定货币政策，运用各种金融调控手段，适时地调控货币供应的数量、结构和利率，从而调节经济发展的规模、速度和结构，在稳定物价的基础上，促进经济发展。

3. 金融为人们的创业活动提供更好的条件

金融服务对激发社会活力，调动人们的积极性、主动性和创造性，有着积极的推动作用。金融搞好了，才能够使生产力得到更大的发展，使人们创造更多的物质财富，从而为社会整体的良性运行奠定坚实的基础。

4. 金融活动有助于培养社会的法制观念和诚信氛围，增强社会和谐的动力和条件

金融行业的特点，决定了它的正常运行需要两个最重要的社会条件：一个是有比较系统完备的法制，一个是具备基本的信用基础。人们知法守法、讲究诚信，金融业务才能正常开展。金融发展，与金融有关的法制也会发展，伦理道德的建设也会发展。人们经常受到这种非常严格的法律和道德的熏陶，整个社会就会潜移默化地增强民主法治、诚信友爱、安定有序的氛围，并且带动社会其他方面法治和道德的建设，从而使社会主义和谐社会的各种内在要求不断地得到实现。

2008 年 9 月，席卷美国、欧盟和日本等世界主要金融市场的金融危机，实质是信用危机。用预期收益向银行抵押贷款；银行再把贷款转让给证券公司；证券公司再打包成抵押债券，向投资者发行；金融机构再向投资者提供避险工具；避险工具再打包发行，

形成违约掉期交易。这一系列的买卖完全是建立在未来预期收益的基础上，没有丝毫实际资产做基础，由于每个环节都具有收益，有收益就具有资本性质，就可以在资本市场上买卖，于是形成了庞大的虚拟经济。虚拟经济的预期是真实的，就没有风险，并且对于个体来讲随时可以变现为实际资本。如果预期收益是虚假的，信用资产就是纯粹泡沫，随时都会化为乌有。

席卷全球的金融危机，从宏观上使经济总量与经济规模出现较大的损失，经济增长受到打击。伴随着企业大量倒闭，失业率提高，社会普遍的经济萧条，甚至有些时候伴随着社会动荡或国家政治层面的动荡。在微观层面，企业员工感受到就业难，加班比较多，收入降低，资产缩水（投资的股票亏损达一半以上），感到很郁闷；消费开始有所节制了，本来的旅游计划取消了。

二、金融行业的历史与发展趋势

由于金融业在国民经济乃至全球举足轻重的作用，这里把金融服务营销作为服务营销应用部分进行介绍。了解金融行业的发展的历史，可以更鲜活地贴近历史和发展的脉络，去了解金融业的过去、现在与未来。

金融从来都不能独立于经济、社会环境而存活，它的轨迹必定是围绕“社会环境和经济形势”这个中心轴而作的绕轴运动。金融行业是服务于经济环境的，它的有效运作可以推动当时的经济发展，相反它的发展滞后将对经济发展起到制约作用。因此，它的每一步都不离不开经济环境的影响和制约。

在计划经济时代，金融行使着许多国家职责，是中国经济的大管家，主要以功能性为主，是一个记账先生。例如，成立于 1954 年的建设银行，成立时的名称是中国人民建设银行，当时是财政部下属的一家国有独资银行，负责管理和分配根据国家经济计划拨给建设项目和基础建设相关项目的政府资金。

1978 年 12 月 18 日，邓小平在中国共产党十一届三中全会上为中国打开了通往改革开放时代的大门，引领着中国走向了非凡的经济崛起。随着计划经济向市场经济转换，金融业的职责也从功能型的转向服务型，服务于整个改革开放的经济大局。

1979 年，中国人民建设银行成为一家国务院直属的金融机构，并逐渐承担了更多商业银行的职能。随着国家开发银行在 1994 年成立，承接了中国人民建设银行的政策性贷款职能，中国人民建设银行逐渐成为一家综合性的商业银行。1996 年，中国人民建设银行更名为中国建设银行。

随着改革开放的深入进行，中国建设银行在银监会于 2004 年 9 月 14 日批准之后，与中国建投和汇金公司于 2004 年 9 月 15 日签署分立协议，根据此份协议，中国建设银行分立为本行和中国建投（中国建银投资有限责任公司）。本行于 2004 年 9 月 17 日成立为一家股份制商业银行。

随着全球经济一体化的进程，中国的金融行业将会发生翻天覆地的变化。经济的发展是日新月异，金融的创新是势在必然，金融创新突破了限制竞争的壁垒，促进了金融业的市场化，所以它对金融自由化有促进作用。金融自由化对金融创新的促进作用体现在金融自由化带来的激烈竞争。在激烈的竞争环境中，金融机构若想继续生存和发展下去,必须在产品、机构等方面有所创新。而金融机构和金融工具（产品）的创新必然会导致金融制度的创新，一个混业经营的时代将到来。中国光大集团拥有光大银行、光大证券和光大信托三家金融机构,同时持有申银万国证券19%左右的股权，是其最大的股东。今年中国平安携手深圳发展银行使混业化经营向更深层迈进。

第二节　金融市场与金融产品

一、金融市场

1. 金融市场的定义

金融市场是指资金供应者和资金需求者双方通过信用工具进行交易而融通资金的市场。广而言之，是实现货币借贷和资金融通、办理各种票据和有价证券交易活动的市场。它与消费品市场、生产资料市场、劳动力市场、技术市场、信息市场、房地产市场、旅游服务市场等各类市场相互联系，相互依存，共同形成统一市场的有机整体。

在整个市场体系中，金融市场是最基本的组成部分之一，是联系其他市场的纽带。因为在现代市场经济中，无论是消费资料、生产资料的买卖，还是技术和劳动力的流动等，各种市场的交易活动都要通过货币的流通和资金的运动来实现，都离不开金融市场的密切配合。从这个意义上说，金融市场的发展对整个市场体系的发展起着举足轻重的制约作用，市场体系中其他各市场的发展则为金融市场的发展提供了条件和可能。

2. 金融市场的功能和作用

（1）便利投资和筹资

金融市场又称为资金市场，包括货币市场和资本市场，是资金融通市场。所谓资金融通，是指在经济运行过程中，资金供求双方运用各种金融工具调节资金盈余的活动，是所有金融交易活动的总称。在金融市场上交易的是各种金融工具，如股票、债券、储蓄存单等。资金融通简称为融资，一般分为直接融资和间接融资两种。直接融资是资金供求双方直接进行资金融通的活动，也就是资金需求者直接通过金融市场向社会上有资金盈余的机构和个人筹资；与此对应，间接融资则是指通过银行所进行的资金融通活动，也就是资金需求者采取向银行等金融中介机构申请贷款的方式筹资。

（2）合理引导资金流向和流量，促进资本集中并向高效益单位转移

经济发展了，人民富足了，社会闲散资金充足了，怎样引导这些富余资金为经济的

发展添砖加瓦，金融市场发挥着重要作用。它提供的从低到高风险的金融产品既满足了各种风险习性的投资者的喜好，又为经济的发展筹措了资金。

（3）方便资金的灵活转换

从居民手中持有的现金到形成融资企业生产的产品，方式转换多样，如可购买债券、股票等，而且转换灵活、及时，如可以随时进行债券、股票之间的转换，甚至赎回，这些活动举手之间均可完成，金融市场就是这么一个有力的武器!

（4）实现风险分散，降低交易成本

如上所述，由于金融市场提供了众多风险不一的产品，实现了风险分散，同时，由于一个大的、广泛的、有效的、竞争的金融市场的存在，大大降低了交易的成本。

（5）有利于增强宏观调控的灵活性

金融市场的存在和有效，使国家的货币政策和财政政策得以有效施行，增强宏观调控的灵活性。

3. 金融市场的分类

金融市场的构成十分复杂，它是由许多不同的市场组成的一个庞大体系。金融市场体系包括货币市场、资本市场、外汇市场和黄金市场。金融市场按不同的分类标准可进行如表 12.1 所示分类。

表 12.1　金融市场的分类

分类标准	市场名称
按地理范围	国际金融市场、国内金融市场
按经营场所	有形金融市场、无形金融市场
按融资交易期限	长期资金市场、短期资金市场
按交易性质	发行市场、流通市场
按交易对象	拆借市场、贴现市场、大额定期存单市场、证券市场（包括股票市场和债券市场）、外汇市场、黄金市场和保险市场
按交割期限	金融现货市场、金融期货市场

二、金融产品

金融产品是金融机构为开展业务的需要,针对特定市场上顾客的金融需求而设计和推广的产品，其基本形式为独立的或附着于金融工具、金融服务，如现金、股票、期货等有价值的产品，发展到现在也包括提供理财方案、理财咨询等包含知识产权的产品。

传统的金融产品包括存款、贷款、保管箱及结算等服务，现代金融产品有信用卡、保险、债券、证券投资基金、股票、金融咨询等及金融衍生产品。

1. 存款

银行通过吸收存款、发放贷款服务，来赚取存、贷款之间的利差，通过提供结算、保管箱等服务来获取手续费，增加中间业务收入。

2. 信用卡

信用卡是银行向社会公开发行的、持卡人可在银行核定的信用额度内先消费后还款、并可在中国境内（不含港澳台）和境外（含港澳台）使用、以人民币和某一指定外汇分别结算的卡。其主要功能是：消费结算、取现、转账、其他（电话银行、网上银行），先消费后还款，有20～50天的免息期。

3. 保险

保险将集中分散的社会资金，用于补偿因自然灾害、意外事故或人身伤亡而造成的损失的一种方法，分为寿险、财险。

4. 债券

债券是政府、金融机构、工商企业等机构直接向社会借债筹措资金时，向投资者发行，并且承诺按一定利率支付利息并按约定条件偿还本金的债权债务凭证。债券的本质是债的证明书，具有法律效力。债券购买者与发行者之间是一种债权债务关系，债券发行人即债务人，投资者（或债券持有人）即债权人。

5. 证券投资基金

证券投资是一种利益共享、风险共担的集合投资方式，即通过公开发售基金份额，集中投资者的资金，由基金管理人管理，由基金托管人托管，以组合投资的方式进行证券投资。

6. 股票

股票是股份有限公司在筹集资本时向出资人发行的股份凭证。股票代表着其持有者（即股东）对股份公司的所有权。这种所有权是一种综合权利，如参加股东大会、投票表决、参与公司的重大决策、收取股息或分享红利等。

7. 金融咨询

金融咨询是银行为社会提供金融服务的一种方式，是广义的银行经济信息的组成部分。

8. 金融衍生产品

金融衍生产品通常是指从原生资产（underlying assets）派生出来的金融工具。由于许多金融衍生产品交易在资产负债表上没有相应科目，因而也被称为“资产负债表外交易（简称表外交易）”。金融衍生产品的共同特征是保证金交易，即只要支付一定比例的保证金就可进行全额交易，不需实际上的本金转移，合约的了结一般也采用现金差价结算的方式进行，只有在满期日以实物交割方式履约的合约才需要买方交足贷款。因此，金融衍生产品交易具有杠杆效应。保证金越低，杠杆效应越大，风险也就越大。国际上金融衍生产品种类繁多，活跃的金融创新活动接连不断地推出新的衍生产品。

金融衍生产品主要有以下几种分类方法。

（1）根据产品形态划分

可以分为远期、期货、期权和掉期合约四大类。

1）远期合约和期货合约都是交易双方约定在未来某一特定时间、以某一特定价格、买卖某一特定数量和质量资产的交易形式。期货合约是期货交易所制定的标准化合约，对合约到期日及其买卖的资产的种类、数量、质量作出了统一规定。远期合约是根据买卖双方的特殊需求由买卖双方自行签订的合约。因此，期货交易流动性较高，远期交易流动性较低。

2）掉期合约是一种为交易双方签订的在未来某一时期相互交换某种资产的合约。更为准确地说，掉期合约是当事人之间签订的在未来某一期间内相互交换他们认为具有相等经济价值的现金流（cash flow）的合约。较为常见的是利率掉期合约和货币掉期合约。掉期合约中规定的交换货币是同种货币，则为利率掉期；是异种货币，则为货币掉期。

3）期权交易是买卖权利的交易。期权合约规定了在某一特定时间、以某一特定价格买卖某一特定种类、数量、质量原生资产的权利。期权合同有在交易所上市的标准化合同，也有在柜台交易的非标准化合同。

（2）根据原生资产划分

大致可以分为四类，即股票、利率、汇率和商品。如果再加以细分，股票类中又包括具体的股票和由股票组合形成的股票指数；利率类中又可分为以短期存款利率为代表的短期利率和以长期债券利率为代表的长期利率；货币类中包括各种不同币种之间的比值：商品类中包括各类大宗实物商品。

我们将金融服务产品分类汇总为如表 12.2 所示。

表 12.2　金融服务产品分类

<table>
<tr><td rowspan="5">1．基础性金融产品</td><td>资产类产品</td><td>票据贴现、银行承兑汇票、中期流动资金贷款、短期贷款、固定资产贷款、个人住房贷款等</td></tr>
<tr><td>负债类产品</td><td>向中央银行借款、向同业拆借资金、发行金融债券、储蓄对公存款等</td></tr>
<tr><td>结算类产品</td><td>银行承兑汇票、现金收付、银行汇票、委托收款、支票、汇兑等</td></tr>
<tr><td>租赁类产品</td><td>经营租赁、融资租赁</td></tr>
<tr><td>涉外类产品</td><td>1）涉外资产类产品：对国内厂商贷款、对国内厂商贴现、国内厂商押汇和出口买方信贷
2）涉外负债类产品：向国内吸收外币存款、在国外吸收外币存款、在国外发行外币债券和向国外借款
3）外汇买卖：外汇资金拆借、代客外汇买卖、出口押汇、托收、汇出汇款、贴现、进口押汇、进口代收、代售旅行支票、信用证
4）国际结算</td></tr>
</table>

续表

2. 开发性顾问类金融产品	财务顾问	证券公开标价交换顾问、公司并购（重组、上市）中的财务顾问
	投资顾问	风险投资顾问、证券投资顾问
	战略顾问	
	融资顾问	
	信息服务	
3. 其他新兴产品	金融期货	
	离岸金融	
	期权	

第三节　金融市场购买行为分析

过去客户对金融业的要求，仅仅是提供结算功能，现在不同了，随着社会的进步，各种各样的金融需求应运而生，金融企业所要做的就是，了解客户的需求，提供合适的产品，并且一定要记住：合适的才是最好的！再好看的鞋子，如果给客户一个错误的号码，只会让客户的脚难受，最终遭到遗弃。为客户提供的金融服务也是一样的，没有哪种药能包治百病，也没有哪一种产品能满足所有客户的需求，因此，只有真正了解了客户的需求，才能提供合适的金融产品给客户。

一、客户需求分析

1. 结算需求

不可否认至今为止，结算仍是客户对金融的最大需求。公司类客户在经营中，和对方的结算均是通过银行来实现，手段有支票、本票、汇票等。

在我们这个服务经济时代，金融行业不光提供传统的结算服务，顺应时代的发展，也推陈出新了一些新兴的银行结算服务。如众所周知的代发工资，寄钱等。另外，随着商业的发达，很多零售企业的开设多个分店，银行顺势推出了代收业务，实现了各分店的营业额的归集，例如武汉中百集团各分店的营业款，每天通过各银行的分支机构当天即可归集到总公司的账下，提高了资金的运用效率。

实际结算功能中还包含一个保管作用，有些客户把钱存到银行并不是为了多那么一点利息，银行实际对他来说，仅仅是一个安全的钱包，帮他保管暂时不用的钱。还有众多银行推出的保管箱业务，更是满足客户这一需求的具体体现。

2. 信贷需求

大多数个人、单位均有信贷需求，这也是一个众所周知的金融服务项目。如个人的住房贷款、信用卡，单位的流动资金贷款、中长期贷款等，都是为满足客户的信贷需求。2007 年的金融危机最开始就是由臭名昭著的次贷危机引起的。次贷是住房贷款的一种。

3. 理财需求

经过30年的改革开放，中国的国力得到大力提高，建国60周年国庆阅兵向世界展示了中国的强大，人民富足了，2008年的中国股市创造的历史新高，也是因为流动资金过剩引起的。人们手上的闲置资金多了，就会考虑怎么让自己持有的资产保值、增值。

从上节可以看到，从传统金融产品到金融衍生产品林林总总，令人眼花瞭乱，而普通群众缺乏专业的金融知识，面对自身资产保值增值的需求及高技术含量的金融产品，必然需要专业人士的指导，这就是理财需求。

二、金融行业提供金融服务的渠道

1. 物理渠道

银行网点、证券公司等都是金融行业提供金融服务的物理渠道。物理渠道的建设越来越引起金融高管的重视。银行网点隔几年都要重新装修一次，而且装修的风格亦越来越亲民化，摆脱了原来老式营业网点冷冰冰、阴森森的装修风格。理财室甚至整个银行的装修都越来越温馨，拆掉了玻璃、栏杆，服务人员和客户面对面地亲切交谈，大厅里多了饮水机、伞架，随手就看的报纸、杂志等。物理渠道也是金融行业满足客户需求，争夺市场份额的重要阵地，大多数客户享受金融服务都是通过物理渠道实现的，或者说第一次接受或了解金融服务都是通过物理渠道实现的。

2. 电子渠道

在20世纪发达的今天，电脑、手机等电子产品已是人们不可或缺的一份子，金融行业也通过这些电子产品来把它的服务触角伸到每一个可能的角落。网上银行、手机银行、短信通过、手机炒股等不一而足。基本上除了现金，客户的一般需求均可通过电子渠道完成，如活期存款、定期存款互转，缴水费、电费、电话费，购买基金、保险、股票，汇款、信用卡还款等，让客户足不出户地满足自己的金融需求，更有手机银行不仅有上述功能，而且能随时随地完成，大大提高了金融服务效率及客户满意度。

3. 客户经理

现代客户的金融需求不但越来越高，也越来越细化，不同的客户的需求是不一样，不同的客户对金融行业的贡献度也不一样。金融行业中流行“二八”现象，即80%的低端客户仅为金融行业提供了20%的利润，而20%的高端客户却为金融行业提供了80%的利润。这也很好理解，同样是吸收一笔存款，低端客户可能只有1000元，而高端客户可能是1000万元。因此高端客户的争夺是竞争的焦点，导致金融行业对客户进行细分，对不同的客户采取不同的服务方式。客户经理就是针对高端客户（very important people，VIP）提供的一对一服务，既能满足高端客户的个性化需求，又能给客户尊重的感觉，这种服务方式为金融行业赢来了众多VIP客户，这就是花旗银行进入中国时的高收费、高门槛的原因，它要让花旗银行的资源发挥更大的效益。

三、如何了解客户的需求

1. 识别客户

初次见面时，一定要学会识别客户。前面所述，现代商业银行很注意分层营销，分层营销的前提就是识别客户，只有把我们的高端客户识别出来，才能提供精准营销。

案例

案例1　小李今天担任大堂经理，指导客户取号办理业务，她一眼瞟见取号的客户手里有拿着车钥匙，往门口一看，停着一辆宝马车，她忙把客户迎进贵宾室，引见给专业客户经理小王，提供了全程一对一服务。第二天，该客户转来了800万存款，并办理了一笔期缴保险。

点评：该大堂经理通过一个车钥匙，把该高端客户从众多一般客户中识别了出来，可以说是慧眼识珠。作为一个金融行业的从业人员，必须具备这种能力，才能为其工作化繁为简。

2. 倾听

虽然不是所有的客户一来就可以直截了当地说明其需求，但倾听仍不失为了解客户需求的最好方式。

案例

案例2　一客户来到银行网点，得到了大堂经理的热情接待，大堂经理把该客户引到贵宾室，热情地向他介绍了该行热销的基金产品，客户没有吱声，该大堂经理忙又向他介绍了该行正在销售的3种保险产品，客户听得一头雾水，问道："你认为哪种保险最好？""都非常好!"客户起身离去。

点评：首先，从上所述大堂经理从头到尾都没有了解客户需求的意思，而是极力想把自己的产品推销出去，缺乏尊重客户意愿的态度，很容易引起客户的反感。客户会觉得你不是真心为他着想，而是把他当成一个待宰的羔羊，从他身上获利，他当然不能让你得逞。

其次，一次向客户提供的产品不应太多，原则上不能超过3个。提供太多产品，客户思想上接受不了，容易造成思维混乱，也造成客户挑选困难，俗称挑花了眼。同时给客户不专业的印象。因为客户是不具备专业的金融知识的，你应肩负这一重任。

3. 观察

我们不仅学会倾听，更要学会观察，因为人的肢体语言会把他的真实想法泄露出来，特别是那些很谨慎、语言不多的客户，其一举一动，都会透露出特定的信息。

案例

案例 3 接案例 1，专业客户经理小王接待了大堂经理介绍的客户，在交谈过程中，发现客户边谈话边时不时地瞟向手机，他看到手机上有一个很漂亮的小女孩的照片，忙转移话题，和客户聊起独生子女年教育新问题，立即引起客户的共鸣，在详细了解了客户女儿的信息后，承诺为客户提供子女教育基金的理财方案，并约好第二天见面时间。

点评：客户经理小王在与客户交谈中，随时注意客户表情的变化，当发现客户心不在焉时，能即时发现问题所在，灵活地转移到客户感兴趣的话题，实现了交流的互动性，只有实现了交流的互动性，才能得到我们有价值的信息，了解客户的心理，才能对症下药。

4. 提问

在与客户交流时，不断要注意倾听，还要学会提问。因为不是所有的客户一见到你，就会竹筒倒豆子似的，把你所想了解的信息全提供给你。那么你就要学会如何让客户开口，或者让那些漫无边际的交谈，转移到正题上。

案例

案例 4 如案例 2，如果该大堂经理把该客户介绍给客户经理小王，小王忙给客户倒了一杯热茶，小王："您好，我是××支行的专职客户经理小王，请问您今天来是想办理什么业务或了解哪方面的问题？"

客户："我有一笔 200 万的资金，不知道投资什么好？"

小王："冒昧地问一下，您过去都进行过哪些方面的投资呢？"

客户："就是存过定期存款，平时上班也挺忙的，也没空了解。"

小王："没关系，其实理财说难也难，说不难也不难，您有理财意识，就成功一大半了，不知道您这笔资金大约可以存多长时间？"

客户："一年左右吧。明年底我估计有个项目需要投资。"

小王："您看，我行现在正在发售一款信托型理财产品'利得盈'，一年期，利率 4.2%，比一年定期存款高 1.95%，您这 200 万元，一年下来，就比定期存款高出 3900 元，而且是没有风险的，您看呢？"

客户："行，正好。"

小王："这款理财产品是我行专为 VIP 客户提供的，您办理这款理财产品的同时，我行还可为您办理一张贵宾卡，今后就由我为您提供专业服务，您看，需要填一下这张表。"

填表完毕，小王忙把客户填表时准备的宣传资料递给客户，小王："这是一些金融产品的资料您可以了解一下，改天贵宾卡办下来了，您看方便我送过去吗?"

客户：“不用不用，我来拿吧!”

小王：“行，那我约您，咱再聊聊!”

客户：“好，一定!”

点评：首先，客户经理小王没有像大堂经理一样，只顾推销产品，而是耐心询问客户的需求。

其次，在了解了客户的需求后，仍没有急于推销，而是巧妙地了解客户的理财经历，为对症下药提供依据。如果一个完全没有投资经验的人，一上来就推荐基金等风险产品，很有可能把客户吓跑。

再次，客户经理小王在交谈中注意及时赞美客户，互相增进了好感。同时，以为客户办理贵宾卡的契机，留下了客户的资料与下次见面的机会，甚至通过递送宣传资料，为下次见面准备了话题，让客户进一步了解其他风险投资产品，为今后为客户全面理财奠定基础。

5. 分析

作为一位金融专业人士，不仅要做好与客户面谈的幕前工作，更重要的是要学会做好幕后分析工作。现在很多金融企业都有自己独立的数据系统，能够为工作人员提供很多有用的数据，如客户关系系统，能自动把全行客户的存款、产品、贡献度排序，方便客户经理精准营销，同时还有客户存款到期提醒、生日提醒等，相当于客户经理的专业电脑，客户经理要学会运用这些资源，做好分析提炼。

案例

案例 5　接案例 4，客户经理小王一上班，就打开他的电脑，查看客户关系系统。系统中自动提醒下星期四是该客户生日，小王又把上次为客户办的贵宾卡的查看了一下，发现客户不但用了，而且交易频繁，忙又把客户的明细打印了出来，明细上显示客户 1 个月就消费了 5 万元，而且是经常在几个固定的场所消费。小王会心地笑了，因为客户能月均消费 5 万元，说明客户的财力，而且客户经常在几个固定的场所消费，说明这样的客户一旦营销成功，忠诚度是非常高的，客户频繁地使用贵宾卡，说明他的营销是成功的。而且刚好客户消费的场所该行的信用卡可以提供消费折上折服务，在征得客户同意的情况下，小王忙为该客户提交了信用卡申请，等到下星期四，小王就可把信用卡和生日礼物同时送给客户了，客户同时拥有了该行的 3 项产品（利得盈、贵宾卡、信用卡），既满足了客户的需求，又提高了客户对银行的忠诚度。

课堂活动：请对小王的表现进行点评。

四、营销方式

金融行业的营销方式有很多种，以下主要介绍一下金融企业的分层营销和一对一营销，这是金融企业针对不同的客户群体，针对性地采取的不同营销方式。

1. 分层营销

针对普通大众客户群体，由于人数众多，金融企业不可能提供一对一服务，但这部分客户的需求也必须满足，否则不利于安定团结和社会的和谐稳定。

1）金融企业针对这类大众化客户的各类需求进行细分，推出各类金融产品，如活期、定期存款，信托类理财产品，保险、基金、房贷、车贷等，同时同一种金融产品中又针对客户的不同风险承受能力，推出不同风险程度的产品，如基金有货币型、债券型、股票型基金，保守型客户可选择货币型基金，稳健型客户可选择债券型基金，激进型客户可选择股票型基金。

2）针对客户在金融企业中的资产规模进行划分，对不同层次的客户从物理柜台到服务人员上进行区别性地服务。例如，很多金融企业都针对不同的客户群体发放了贵宾卡，营业场所内也专设了贵宾柜台，甚至还对顶级客户设有私人银行服务。同时，针对不同层次的客户，都有不同的营销人员营销，如贵宾级由客户经理负责，潜力级由个人业务顾问负责，普通级由柜员负责营销服务。

3）以上客户分层服务基础工作完成后，金融企业即可开展针对性的营销活动了，如新基金发行期间，通过数据库资料筛选，找出适合该产品的各层级的客户，贵宾级的由客户经理一对一营销，潜力级的由个人业务顾问邀约营销，普通级的由系统通过群发短信的方式来营销，达到全方位营销的目的。

2. 一对一营销

一对一营销是金融企业针对顶级客户采取的营销模式。在金融业存在普遍的“二八”现象，即20%数量的客户可给金融企业带来80%的利润，因此服务好这类客户就保证了企业的大部分利润。

这类客户的需求往往有它的特殊性，且涉及金额庞大，这就需要每个个案一一研究，因此大多企业采取一对一营销，由专业的客户经理一对一服务。

上节提到的理财方案，就是现在大多金融企业提供给客户的一对一服务。它是针对客户的个人年龄、风险偏好、风险承受能力及资产分布等情况，对客户的一生作出理财规划，并定期根据环境和规划的实施情况进行跟踪修订。

五、金融服务创新

先借用“他山之石”来解读一下服务创新，中外银行在发展过程中都会因地制宜进行服务创新。例如，香港汇丰银行定位于分行最多、实力最强、全港最大的银行，立足于“患难与共，伴同成长”，和服务对象建立起同舟共济、共谋发展的亲密朋友关系；又如美国花旗银行在20世纪80年代进入中国台湾市场时走的是低价路线，简化住房信贷程序和有关担保条款，牢固占领当地住房信贷市场，而在中国内地市场则选择高端客户群体作突破口，实现差别服务。他们的做法也给我们带来一些启示。

1）服务观念的创新。要实施领导为群众服务，机关为基层服务，管理部门为经营一线服务，全员为客户服务，全行为业务经营发展服务的“全方位服务”。

2）服务信息的创新。客户经理定期向所管企业送去本行金融产品信息，调查了解他行最新产品、服务信息、客户特殊需求并及时反馈；参与社会公益等活动，打出本行标识旗帜或宣传语，突出广告效应并弘扬企业文化；充分利用媒体网络等介质作宣传；定期进行新业务和新产品推介。

3）服务组合的创新。把上门服务和产品推介相结合，把承诺服务和限时服务相结合，把一站式服务和绿色通道服务相结合，把电话服务和跟踪服务相结合等。

4）服务方式的创新。根据客户价值建立客户信息档案，划分出服务区域，在非现金、现金、自助、大户室等区域安排不同服务水平的员工进行差别服务，对VIP客户制定准入标准,随时在各大区域间进行客户调整,为高端客户提供超值服务。

5）服务领域的创新。积极拓宽保险、基金、黄金交易等领域，加大银保、银证、银信等代理合作业务，做优财务顾问、代客理财、信息咨询等新型中间业务。

6）服务特色的创新。设立“大学生”、“党员”、“服务明星”等窗口为客户提供高素质服务；外汇业务窗口员工要熟练掌握外语为客户提供知识型服务；大户室要为客户提供一对一服务；客户经理要提高业务技能成为“企业秘书”，为客户提供业务咨询、人性化、个性化服务。

7）服务品质的创新。要做到客户满意，进而让客户感受到完美和物超所值，实现“零距离、零缺陷、零投诉”的量化目标。

8）服务工具的创新。突破传统银行的柜面服务，加速服务技术电子化、信息化建设，把电话银行、网上银行、自助银行、手机银行做出特色，运用短信服务、网络服务、预约服务、提醒服务等来减轻人工劳动。

9）服务设施的创新。更新淘汰不适宜业务操作的机器设备，加大硬件设施投入，减少因电脑、打印机、点钞机、叫号机等设备出现故障而产生的服务效率、服务纠纷问题；针对不同服务区域为客户营造相对舒适的等候环境。

10）服务手段的创新。对优良和重点信贷客户实行特事特办制，为他们提供延时服务、错时服务、优惠服务；在客户办理存、贷、结算、中间业务时由客户经理全程陪同，提供快捷的综合服务；要向同一个（同一群）客户提供多种、相互关联的服务或在一个产品上延伸多项服务内容，提高服务效率和客户使用率。

（资料来源：胡前．2008．对金融服务创新的三点思考．湘潮（理论版），8）

思考与练习

1．以我国商业银行为例，分析银行的基本功能。

2．举例说明金融服务三个基本渠道的作用。

3．试分析客户经理在金融服务过程中的意义。

4．如果你是银行的员工，了解你的客户应注意什么问题。

国外银行业多渠道面向客户的成功实践

随着银行服务方式的增加和客户需求的不断变化，使银行与客户之间的关系面临着由单纯买卖关系向服务关系的急剧转变，银行业为了应对这种改变及其所带来的挑战，需要重新整合原有的业务渠道，构建一个多种形式、多种手段的客户服务体系。

“多渠道零售银行业务不是一个简单的演变，而是一场革命。我们必须重新思考，定义一个能够确保银行与客户双赢的解决方案，我们需要利用各种间接和现实的方式，重新划分银行的零售业务。因此，多渠道零售银行项目不仅仅是一个技术项目，实质上是重新定义银行和客户的关系。”在 2003 年思科金融系统高层论坛期间，来自法国巴黎银行零售业务部的项目总监 Olivier 先生不仅对多渠道进行了精辟的阐述，并同与会者分享了巴黎银行在多渠道建设和管理方面的成功经验。

在巴黎银行的多渠道策略中，将主要通过三种渠道与客户接触：一是电子渠道，主要指网上银行；二是电话渠道；三是物理渠道，或网点。为了顺利实现向多渠道银行的过渡，巴黎银行制定了五年规划，并分三步完成。第一步是发展所有项目的新技术，重新定义所有的工作站和装置，包括多媒体平台等。这是巴黎银行在 2001 年 6 月完成的第一步。第二步从 2001 年到 2002 年，这个阶段的发展重点是实施和强化客户关系管理概念，使银行通过充分利用现有的客户关系以及支持平台，提高每个客户为银行带来的收益。这不仅需要利用多种技术手段和多媒体方式进行，还需要重新打造所有的数据库，搜集更多多渠道的相关战略信息。第三步从 2002 年到 2003 年，这个时期处于多渠道建设的关键阶段，重点是重新设计，打造银行的业务流程，充分利用新技术、新方案，使多渠道银行业务能够快速实现，以便使每个客户都能为银行创造价值。

在实施多渠道策略之前，巴黎银行实际上已经存在多种业务方式，包括网上银行、电话银行、ATM、个人理财服务等。因此，巴黎银行进行多渠道建设的第一转变就是从有多种访问方式的银行过渡到多渠道银行业务，这样使客户不仅可以通过互联网、电话等进行“远端”联系，还可以到任何一个网点与银行员工进行面对面的接触，从而保证了客户和银行员工不受任何时间、地点的限制进行实时联系、分享信息。因此，通过重新定义多渠道平台，合理划分不同渠道的交易优势，不仅使很多网点的职能转化到其他渠道，同时网点依然是为客户提供价值的地方，包括向客户提供售后知识等，从而有机会向客户推销更多的银行服务。

基于上述考虑，巴黎银行建立了一个客户关系中心，集中客户与网点之间的联系方式，利用电话来实现与客户的集中接触，提高效率。目前在巴黎银行的多媒体客户关系

中心，有 500 个座席员工负责与客户用电话联络。迄今为止已经完成了与客户的 1700 万次电话接触。巴黎银行的客户关系中心将电话作为主要的沟通渠道，实现了对客户服务的集中化。

对开一个拥有多渠道的银行来说，如何实现多个不同渠道之间的信息共享，包括不同分行之间客户信息的共享，多媒体网络系统在其中发挥了重要作用。巴黎银行通过对多媒体平台的开发和设计，不仅可以对所有信息进行更好地管理，并及时整理和更新，同时还保证了银行内部信息的一致性。无论是总行，还是分行或网点，都可以为客户提供一致化的咨询服务和答复。多媒体平台已不仅是一个提供营销数据的工具，对于银行员工来说，它还是一个信息提供点，既向客户提供银行的最新动态和服务信息，同时也可以帮助银行及时了解客户需求。

为了实现多渠道的客户接触，在巴黎银行信息系统的开发设计中，面临的另一个挑战就是要如何对网点的员工进行培训，先生认为，即使拥有世界上最先进的技术和设备，如果用户不去使用它，这仍是一个失败。因此作为与客户接触的窗口，网点员工的素质至关重要。为此，巴黎银行在员工的培训上花费了很多时间，并且为了追求最好的培训效果，由多渠道业务部门利用电子学习等形式，独立完成了对所有网点员工的培训工作，以便所有服务于多渠道的银行员工可以快速掌握多渠道项目中所涉及的新技术、新方案以及信息共享等，从而为客户提供更加高效、优质的服务。

巴黎银行自 1998 年开始进行多渠道项目的研究和建设，目前已经取得显著成效，巴黎银行不仅成为法国最大的零售银行业务平台，并在多渠道项目上拥有 600 万零售客户，跨越 2200 个分行。零售银行业务在欧洲就为法国巴黎银行带来了 6500 万欧元的收益，并且正在成为该银行收入增长的重要来源。在未来两年内，零售业务预计将占到该银行所有业务收入的 52%。

（资料来源：http://www.enet.com.cn/article/2003/0312/A20030312236047.shtml）

案例讨论

试分析我国银行多渠道服务的方式。

参 考 文 献

蔡嘉清．2007．文化产业营销．北京：清华大学出版社．

曹礼和．2000．服务营销．武汉：湖北人民出版社．

陈觉．2003．服务产品设计．沈阳：辽宁科学技术出版社．

陈永．2007．产品定价艺术．武汉：武汉大学出版社．

陈祝平．2002．服务营销管理．北京：电子工业出版．

狄振鹏．2006．服务营销技巧．北京：北京大学出版社．

杜向荣．2009．服务营销理论与实务．北京：清华大学出版社．

傅浙铭．2004．产品与服务策略．广州：南方日报出版社．

郭国庆．2005．服务营销管理．北京：中国人民大学出版社．

克里斯廷·格罗鲁斯．2008．服务管理与营销（第3版）．韦福祥译．北京：电子工业出版社．

克里斯托弗·H. 洛夫洛克．2001．服务营销．北京：中国人民大学出版社．

李海洋．1996．服务营销．北京：企业管理出版社．

李欣．2008．服务补救．北京：人民邮电出版社．

李羿锋．2009．精细化服务营销．北京：人民邮电出版社．

林田正光．2007．服务带来奇迹：丽嘉酒店营业总经理的服务心得．刘玮译．北京：人民邮电出版社．

邱华．2004．服务营销．北京：科学出版社．

沈阿强等．2005．电信营销制胜：为客户创造价值．北京：人民邮电出版社．

盛安之．2008．服务的59个满意法则．北京：企业管理出版社．

瓦拉瑞尔·A. 泽丝曼尔，玛丽·乔·比特纳，德韦恩·D. 格兰姆勒．2009．服务营销．北京：机械工业出版社．

王永贵．2007．服务营销．北京：北京师范大学出版社．

韦福祥．2005．服务质量评价与管理．北京：人民邮电出版社．

吴金林．2003．旅游市场营销．北京：高等教育出版社．

杨小平．2001．市场信息学．北京：中国财政经济出版社．

一分钟情景营销技巧研究中心．2009．服务营销．北京：中华工商联合出版社．

于干千等．2006．服务管理．昆明：云南大学出版社．

张金成．2006．服务业的质量管理．天津：南开大学出版社．

郑吉昌．2004．服务业、服务贸易与区域竞争力．杭州：浙江大学出版社．

Fitzsimmons J. A. 2002．服务管理：运营、战略和信息技术（第2版）．张金成等译．北京：机械工业出版社．

http://www.17u. net/bbs/show_10_960717. html.